초등학교 1학년
열두 달 이야기

초등학교 1학년
열두 달 이야기

첫 번째 찍은 날 2019년 12월 26일
세 번째 찍은 날 2023년 3월 2일

글 한희정
펴낸이 이명회 | 펴낸곳 도서출판 이후 | 편집 김은주 | 디자인 조주희

ⓒ 한희정, 2019

등록 | 1998. 2. 18.(제13-828호)
주소 | 10449 경기도 고양시 일산동구 호수로 358-25(동문타워 Ⅱ) 1004호
전화 | (대표) 031-908-5588 (편집) 031-908-1357 팩스 02-6020-9500
블로그 | blog.naver.com/ewhobook

ISBN | 978-89-6157-099-2 03370

이 도서의 국립중앙도서관 출판시도서목록(CIP)은
e-CIP 홈페이지(http://www.nl.go.kr/cip.php)에서 이용하실 수 있습니다.
(CIP 제어번호: CIP 2019049940)

교사와 학부모를 위한 교실 생태계 안내

초등학교 1학년 열두 달 이야기

한희정 지음

이후

차례

1장 1학년 아이들과 함께 보내는 1년
교사를 위한 월령가

초등학교 1학년 열두 달 이야기

2장 아이가 1학년이면 학부모도 1학년
처음 학부모가 되는 분들께

3장　1학년 아이들은 무엇을 공부할까?
교과 학습과 어린이 발달

어린이의 성장과 발달에 대한
오해나 몰이해를 넘어

곧 초등학교에 입학하는 아이를 둔 학부모를 위한 강의를 한지 십 년이 되었습니다. 어떤 사람들은 수십 년 동안 학교가 바뀌지 않는다고 푸념합니다. 그러나 빠르게 변해 가는 사회를 따라 학교도 변화에 맞추려 애쓰고 있습니다. 환경이 변하면 그 속에 살고 있는 사람 또한 바뀔 수밖에 없습니다. 시대의 흐름에 따라 사회문화 환경도 바뀌지만, 무엇보다 학교를 구성하는 학생, 교사와 학부모가 바뀝니다.

지금 학교의 모습은 누가 만든 것일까요? 교사? 학생? 교육부와 교육청? 결국 우리 사회가 함께 만든 것입니다. 여기저기 힘든 이야기들이 들려오고, 교육적 해결과 법적 해결 주장이 양립하는 상황에서 우리가 진짜 주목하고 해결해야 할 것은 무엇일까요? 우리가 바라는 학교를 위해 각자의 자리에서 할 수 있는 최선은 무엇일까요?

가끔 포기하고, 가끔 체념하고, 가끔 비난하더라도 우리의 중심에는 언제나 아이들의 삶과 함께 우리의 삶을 가꾸어 간다는 희망의 언어가 있었다고 생각합니다. 그리고 그런 희망의 언어를 전하고 싶었습니다.

지난해, 교직 생애 처음으로 1학년 담임을 하게 된 동료 교사를 4명이나 만날 수 있었습니다. 6개 학급으로 구성된 1학년 담임교사 중 4명의 교사가 처음으로 1학년을 맡게 된 것입니다. 위기이자 도전이었습니다. '아, 정말 제대로 1학년 교사들과 학습 공동체를 만들 수 있겠구나!' 생각했습니다. 혁신학교에서 동학년 교사 학습 공동체를 해 본 경험 덕을 보았습니다.

교직 경력 5년, 6년, 9년, 10년이 되는 교사들이 처음 1학년 담임이 된다는 것은 어떤 것일지, 기회가 될 때마다 이야기를 나눴습니다. 1학년 담임교사가 된다는 것, 그 긴장과 두려움의 근원이 어디에 있는지, 왜 교사들은 1학년을 특별히 어렵고 힘든 학년으로 꼽는지, 그런 것에 비해 교육대학교의 교육과정은 왜 1학년을 가르치는 것에 대해 준비시켜 주는 것이 전혀 없는 것처럼 보이는지, 무엇이 교사를 힘들게 하고 어렵게 하는지, 왜 1학년 담임을 하면서 인간으로서의 한계를 보고 교직 인생의 밑바닥을 경험하게 되는지 이야기했습니다.

이 책의 첫 장은 바로 그 경험에 기대고 있습니다. 두려움 앞에 굴복하지 않고 설레는 마음으로 희망을 품는, 교식 생애 처음으로 1학년 담임이 되는 교사들을 위한 글입니다. 교과서와 교육과정을 운영하는 것 말고도 교사가 해야 할 일은 언제나 쌓여 있습니다. 때에 맞는 흐름을 타지 못하면 어디선가 구멍이 생깁니다. 그래서 1학년 한해살이를 달마다 정리해 보았습니다.

그리고 2장은 처음으로 1학년 학부모가 되는 이들을 위한 글입니다. 1학년 학부모가 된다는 것도 두렵고도 설레는 일입니다. 여기저기 정보는 넘쳐나지만 꼭 필요한 정보보다 건너들어도 좋을 정보가 더 많습니다. 그래서 '모든 일은 설레임과 두려움에서 시작'되듯 첫아이를 학교에 입학시키는 것조차 그렇다는 것을 인정하고 시작하면 좋겠다는 마음으로 썼습니다. 잘 몰라서 놓치거나 겪지 않아도 될 일이 생기지 않도록 미리 알아 두면 좋을 것들을 정리했습니다.

아이를 키우는 데 만병통치약은 없습니다. 내가 우리 반 아이를 만나는 데, 내가 우리 아이를 만나는 데 가장 중요한 것은 그동안 어떻게 관계를 맺어 왔느냐, 하는 관계의 역사입니다. 그 방식에 따라 진단도 처방도 달라져야 합니다. 그 독특한 고유성을 기반으로 문제를 풀어야 한다는 것이 유일한 일반적인 처방이 아닐까 합니다.

교사를 생각하며 쓴 글도, 학부모를 생각하며 쓴 글도 모두 함께 읽어 주십시오. 이 둘은 서로 상보적인 관계에 있기 때문입니다. 교사가 알아야 할 일을 학부모도 알아 두면 좋고, 학부모가 알아 두면 좋을 일을 교사도 알아 두면 좋을 것이 있습니다.

1학년 담임이 될 때마다 나는 초등학교 입학이 부담이나 두려움보다 축복과 기대가 더 큰 사건이길 바랍니다. 환경의 변화라는 객관적 조건은 나의 대응이라는 주관적 반응에 따라 얼마든지 다르게 작동할 수 있으며, 환경이 나를 바꾸었듯이 나도 내 환경을 바꿔 갈 수 있습니다.

교직 경력 이십 년 중에 담임 경력이 십 년이고, 그중 9년을 장애아 통합 학급 담임으로 보냈습니다. 쌓아온 세월이 만들어낸 기적도 있고, 여전히 어려운 상황도 있습니다. 1학년 교실에 언제나 복병은 기다리고 있기 때문입니다.

그래도 해마다 행복한 착각에 빠집니다. 아무리 난장판을 치며 지지고 볶아도 "우리 반 아이들"이 제일 예뻐 보입니다. 고슴도치도 제 자식 예뻐하듯이, 그렇게 해마다 사랑에 빠졌다가 헤어 나오는 병을 이십 년 가까이 앓고 있습니다. 정신없는 3월을 보내고, 4월과 5월을 함께 부대끼고 나면 1학년 아이들은 6월에 최고로 예쁩니다. 그 아이들과 보내는 남은 하루하루가 귀하고 고맙습니다.

부디 이 책이 처음 1학년 교실을 맡은 교사와 아이를 처음으로 학교에 보내는 학부모 모두에게 도움이 되었으면 합니다.

2019년 12월
교사 한희정

"한 학급을 맡아 담임을 하다 보면
한 개인의 기본적인 성품은 바뀔 수 있는 것일까를 늘 생각하게 됩니다.
비석치기를 할 때도, 공깃돌을 튕길 때도,
공을 던질 때도 친구들이 하는 것을 잘 관찰했다가 따라하는 아이,
자기가 했던 것 중 성공한 것을 지속적으로 시도하는 아이,
다른 친구들이 하는 것과 무관하게 자기 하는 대로 하는 아이,
한 번 해서 안 된다고 그냥 마구 던지는 아이,
아무런 계산이나 생각 없이 되는 대로 하는 아이,
26명 아이들마다 26가지 색이 펼쳐지는 게 교실입니다.
그리고 늘, 적절한 피드백이란 무엇일까를 생각합니다.
정확하게 콕 집어서 얘기해 주는 것만이 능사가 아니고,
둘러 둘러 말해 주는 것도 능사가 아닙니다.
그러니 이런 단순한 활동을 하나 하면서도
머릿속은 매우 복잡하게 돌아갑니다."

1학년 아이들과 함께 보내는 1년

교사를 위한 월령가

설레는 '처음'을 함께하는 나날들

학교는 보통 12월이 되면 다음 학년도의 담임교사 배정을 준비합니다. 먼저 재직 중인 교사들에게 어떤 업무를 맡고 싶은지, 몇 학년을 배정받고 싶은지 희망서를 받습니다. 물론 교사들의 바람을 다 들어줄 수는 없지요. 모든 학교에는 인사 규정 내규가 있습니다. 한 학교에 근무하는 5년(서울시 교육청의 경우) 동안 6학년이나 1학년은 한 번 이상 해야 한다거나, 어려운 학년을 맡을 경우에는 다음 해에 배려를 해 주는 식으로 〈인사 자문위원회〉에서 협의를 하고 학년 배정을 시작합니다. 12월 중에 1차 확정을 하는 학교도 있고, 2월 정기 전보 다음에 확정을 하는 학교도 있습니다.

초등 교사가 가장 어려워하는 학년은 단연 6학년입니다. 그 다음 기피 학년은 1학년입니다. 그럼에도 교직 생애 처음으로 1학년 담임교사가 되셨나요? 원하지 않았는데 어쩔 수 없이 배정되셨다고요? 걱정은 잠시 접어 두세요. 누구에게나 '처음'은 있었고, 선생님 바로 옆에 1학년 전문가가 분명히 있을 테니까요. 초등 교사들의 커뮤니티에 들어가서 경험담도 읽어 보고, 1학년을 경험한 선후배 교사들에게 정보도 얻고, 관련 연수를 찾아다니기도 하겠지요. 그래도 두려울 수 있습니다. 그래서 제가 아이들과 보내는 1년살이를 미리 들려 드리려 합니다. 아이를 처음 초등학교에 보내는 학부모님들께도 유용한 정보일 것이라 믿습니다.

저는 2004년에 처음 1학년 담임교사가 되었습니다. 그때는 1학년만 12학급인 아주 큰 학교에서 막내 교사였습니다. 선배 교사들이 챙겨 주는 내용을 따라가기 바빴지요. 그렇게 교직 경력이 쌓이면서 초등학교에서 1학년이 얼마나 중요한지 알게 되었고, 1학년을 집중적으로 연구했습니다. 그리고 지난 구습들을 벗어내고 새로운 색을 입히려고 애를 써 왔습니다.

1장은 그런 노력들이 응축된 장일 텐데, 여전히 부족함이 느껴집니다. 그러나 언제나 우리는 새롭게 만들어지는 중이고, 이 글 또한 더 나은 미래로 가는 작은 매듭일 뿐이라는 사실에 위안을 얻고자 합니다.

1학년 준비는
12월부터

1학년 시작이 언제라고 생각하시는지요? 1학년은 3월 2일 입학식날 교실에 가서 아이들을 만나는 것이 첫 시작이 될 수 없습니다. 그전부터 많은 준비가 필요합니다. 12월, 학부모들이 취학통지서(온라인 발급 및 제출 가능)를 받을 때 학교에는 입학 예정자 명단이 내려옵니다. 명단에 있는 모든 아이들이 우리 학교로 입학하지는 않습니다. 그래도 이 명단을 기초로 대략의 학급 수를 가늠하고 새 학년을 준비하게 되지요.

이 시기에 가장 중요한 것은 예비 학생과 학부모를 위한 학교 안내 자료를 만드는 것입니다. 몇 년 동안 쓰던 것을 날짜나 이름만 바꾸어서 그대로 사용하는 경우도 있지요. 그러니 우리 학교의 신입생 안내 자료는 어떤 상태인지 미리 확인해 보아야 합니다. 주로 교무부장이 신입생 입학 관련 업무를 하는데 1학년 담임이 확정된 상태라면 신입생 안내 자료를 같이 만들면 좋겠습니다. 너무 오래된 내용, 현실과 맞지 않는 내용이 있으면 적극적으로 수정해 주세요. 신입생 안내 자료는 보통 12월 말이면 편집을 마치고 인쇄소로 넘깁니다.

다음은 신입생 예비 소집이 기다립니다. 교육청마다 다르기는 하지만 대부분 1월 초·중순에 신입생 예비 소집을 실시합니다. 취학통지서를 받은 학생 중 우리 학교로 입학할 예정인 학생을 확인하는 절차라 하겠습니다. 우리 학교에 올 학생과 학부모를 위해 신입생 안내 자료를 나누어 주고 입학과 관련된 내용을 안내합니다. 학부모님들은 돌봄 교실에 몇 명이나 들어갈 수 있는지, 입학식은 언제인지, 방과후교실은 어떤 것들이 있는지, 학사 일정은 어떻게 되는지 같은 것들을 궁금해 합니다. 입학 안내 자료에 되도록 상세하게 정보를 제공하는 것이 좋습니다.

예전에는 입학 예정인 아이들이 곱게 차려입고 부모와 함께 예비 소집에 참여하곤 했습니다. 그러나 요즘은 온라인으로 제출하고 오지 않거나 아이 없이 보호자만 오는 경우가 더 많습니다. 학교를 처음 방문하는 아이들에게 학교에 대한 좋은 첫인상을 심어 주기 위해 몇 가지 프로그램을 준비하는 학교도 있습니다. 대개 교사들이 다섯 명에서 열 명쯤 되는 아이들을 데리고 학교를 돌아보는 정도입니다. 1학년 교실에 들어가서 간단한 게임을 한 가지씩 해 보기도 하고요.(서울시 교육청에서는 예비 소집 때 아이들을 위한 별도 프로그램을 만들어 운영할 것을 권장하고 있습니다.) 교사가 아이들을 안내하는 동안 보호자는 강당에서 학교에 대한 동영상을 시청할 수 있도록 준비합니다.

취학통지서의 새로운 역할

불과 몇 년 전까지만 해도 예비 소집일에 취학통지서를 제출하지 않은 경우 다른 지역으로 이사를 가서 다른 학교에 입학했을 거라고 생각하는 것이 당연했습니다. 취학통지서가 발부되고 예비 소집이 이루어지기까지 몇 주의 시간이 소요됩니다. 그 사이에 이사를 하거나 이사를 할 예정이거나 사립학교에 입학하거나 대기자가 되어 선정을 기다리고 있거나 다양한 상황이 존재합니다. 그러나 이런 제도상의 허점이 부모에 의한 영·유아 살해를 은닉하는 수단이었다는 비극이 드러나면서 상황이 달라졌습니다.

학교는 예비 소집일 당일 오후 4시까지 교육청에 취학 대상자 수를 보고하고, 예비 소집에 오지 않은 아이의 소재를 파악하고 안전한지 살핀 뒤 보고해야 합니다. 예비 소집에 오지 않은 모든 아이들의 소재를 알게 될 때까지, 매일 오후 3시까지 소재 파악 현황 보고를 합니다. 언론은 이 결과를 취합해 '서울시 교육청 소재 미상 아동 몇 명'이라는 기사를 씁니다. 대부분은 사립학교 입학이나 이사로 인한 학교 재배정, 해외 거주나 해외여행 중인 경우들이고, 간혹 소집일을 잊은 경우도 있습니다. 모든 아이들의 소재가 파악될 때까지 긴장을 늦출 수 없습니다. 동사무소, 경찰서, 출입국관리사무소 등에 협조 요청을 보내 소재 파악을 합니다. 이것이 초등 교사가 해야 할 일인가에 대해서는 논란이 많겠지만, 오늘 우리 대한민국의 풍경임은 분명합니다.

이보다 더 바쁠 순 없는
2월

예비 소집일도 지나고, 오지 않은 아이들의 소재 파악도 마무리되면 입학예정자 명단도 정리가 됩니다. 그러고 나면 2월, 이전 학년을 마무리하면서 새 학년 준비도 해야 하는 정신없는 시기를 맞습니다. 2월 초 종업식까지 가는 길도 멀고, 동시에 새 학년을 준비하는 과정도 만만치 않습니다.

먼저 분반 작업을 합니다. 교육청에서 정해 주는 학급 수에 맞게 반별로 아이들을 배치합니다. 사는 동네가 골고루 섞이게 나누기도 하고, 생년월일이 골고루 섞이도록 나누기도 합니다. 학교마다 원칙이 다릅니다. 그러나 아이들의 특성을 잘 모르고 하는 '깜깜이 분반'이기 때문에 모든 반에 골고루 잘 배치하는 것은 낙타가 바늘구멍에 들어가는 것만큼 어려운 일입니다.

2월 초에 분반 작업을 시작한다 해도 3월 입학식 당일까지 입학 명단이 들쭉날쭉하기 때문에 한 번으로 끝나지 않습니다.

이사를 오거나, 사립학교 대기자였다가 순번이 되어 입학하게 되었다며 빠지거나 하지요. 그래서 입학식 당일까지 분반은 계속됩니다. 쌍생아일 때는 같은 반을 원하는지 다른 반을 원하는지 예비 소집일에 부모 의견을 물어봐서 참고해야 합니다.

자, 이렇게 우여곡절 끝에 반을 나누었습니다. 다음은 담임을 정할 차례네요. 보통은 제비뽑기로 담임을 정합니다. A부터 D반까지 반을 나눠 두고 교사들이 A, B, C, D 중 하나를 뽑는 방식이 일반적입니다. 다른 학년 담임을 정할 때도 비슷합니다. 굳이 이런 내용을 쓰는 까닭이 궁금하시지요? 아직도 이 학교는 몇 반에 일등이 들어간다, 아니다로 설왕설래하는 학부모들이 있기 때문입니다. 모두 그렇다고는 할 수 없지만 적어도 20년 넘는 교직 경력 동안 제비뽑기 말고 다른 방식으로 담임을 정하는 경우를 본 적이 없습니다.

2월 말, 학년말 방학이 시작되면 1학년 담임교사에게는 발등의 불이 떨어진 셈입니다. 입학식 준비를 해야 하니까요. 입학식과 관련된 행정적인 것은 교무부장이 진행하지만 세부적인 내용은 결국 교사들의 몫입니다. 예전처럼 경직된 행사가 아니라 모두가 주인공이 되어 따뜻하게 어우러지는 입학식을 준비하려면 더욱 그렇습니다. 한 사람이 빛나는 축사가 아니라 2학년 모두가 함께 불러 주는 노래와 축하 선물, 선생님들의 노래나 편지, 다른 학년 선배들의 축하 공연까지… 입학식은 이미 과거와는 많이 달라졌습니다. 누군가의 수고로 만들어지고 있는 것이지요.

주어진 예산 범위에서 입학 선물을 준비하려면 견적을 뽑아서 예산 계획을 세우고 품의를 하고 주문을 하고 물건을 받아서 포장을 해야 합니다. 이 모든 과정이 교사들의 일입니다. 입학 선물은 학교생활에 필요한 필수 학용품으로 준비하면 좋습니다. 12색 색연필, 크레용, 종합장, 8칸 공책, 가위, 풀, L자 투명 파일 등입니다. 선물로 받은 학용품에 이름표를 붙여 학교로 가져오게 하면 한결 수월합니다.

그 다음은 아이들을 맞이할 교실을 정돈해야 합니다. 초등학교에서 2월은 이사의 계절입니다. 전에 쓰던 교실에서 새로 배정받은 교실로 짐을 옮기고 정돈하는 데 하루를 꼬박 써도 모자랍니다. 너무 힘들어서 가족이나 가사도우미를 동원할 정도입니다. 그런데 1학년 교실은 거기에 "환영합니다" "반가워요" 등 별도의 작업까지 해야 합니다. 그러니 2월 학년말 방학에는 매일 출근입니다.

입학식 당일 나눠 줄 가정통신문 등의 안내문을 정리하는 것도 큰일입니다. 3월 첫 주에 나가는 가정통신문의 양이 어마어마합니다. 개인 정보 이용 동의서, 응급처치 동의서, 식품 알레르기 사전 조사, 가정환경 조사서, 우유 비급식 동의서, 방과후 수강신청서, 방과후 프로그램 안내문, 학교 교육과정 안내 등 스무 장이 훨씬 넘습니다. 모두 법적으로 수합해야 할 것들이기 때문에 빼먹어서도 안 됩니다. 그 많은 종이 인쇄물들을 입학식 당일에 바로 나누어 주기 어렵기 때문에 미리 나눠 두는 게 좋습니다. 그리고 투명 L자 파일에 담아서 한 명씩 나눠 줍니다. 요즘은 애플리케이션으로 대신하는 경우도 있습니다.

자, 드디어 내일이 입학식입니다. 입학식 전날, 걱정으로 잠을 못 이루거나 악몽을 꾸는 교사들이 많습니다. 악몽의 내용은 대체로 입학식에서 실수를 하거나 아이 한 명을 빼놓고 안 데리고 왔다거나 하는 것들이지요. 교직 경력 이십 년이 넘었고 1학년을 몇 년이나 하고 있는 저도 이런 꿈을 꿉니다. 그러니 처음 1학년 담임이 되는 교사들은 오죽하실까요. 걱정이든 긴장이든, 하고 싶은 만큼 그냥 마음껏 하십시오. 누군가의 앞에 서서 그들을 이끌어 가는 일은 두려운 일이 맞습니다. 하물며 그것이 초등학교에 처음 입학하는 여덟 살 어린아이들 아닙니까!

이 모든 일들이 끝났다면 가장 중요한 일이 남았습니다. 바로 1학년 교육과정을 만드는 일입니다. 교과 학습과 창의적 체험 활동을 위한 모든 기본 계획이 이 교육과정 속에 들어가게 됩니다. 1학년 부장을 여러 번 했지만, 언제나 며칠은 밤을 샐 각오를 하고 해야 하는 작업입니다. 새롭게 함께 하게 될 교사들의 의견을 듣는 것부터 학교 전체의 교육과정 운영 방향을 반영하는 것까지, 고려해야 할 것들이 너무나 많습니다. 옛날처럼 그냥 교과서만 가르치면 되는 시절이 아니어서 더욱 준비한 게 많습니다. 힘들긴 하지만 새 학년이 시작되기 전에 학년 교육과정을 탄탄하게 잘 짜 두면 실제 교육활동을 운영하는 데 큰 도움이 됩니다. 같은 학년 교사들이 교육과정의 1년 흐름을 공유하고 시작하면 로드맵이 있는 상태에서 세부적인 것들만 조율하면서 가면 되기 때문에 크게 걱정은 안 하셔도 됩니다.

앉아 있을 틈이 없는
3월

입학식은 신입생을 맞이하는 학교 전체 규모의 큰 행사입니다. 보통은 입학식 전에 반 배정표를 홈페이지 등을 통해 게시합니다. 이때 과도한 개인 정보가 유출되지 않도록 유의해야 합니다. 학생 이름 중 한 글자를 ✱로 표시하고, 보호자 이름 중 한 글자를 ✱로 표시하는 형태로 게시하면 됩니다. 입학식 당일 종이로 게시하는 경우에도 마찬가지입니다. 요즘에는 대부분 사진을 찍어 공유하기 때문에 이름 세 글자가 모두 나오지 않도록 하는 게 좋습니다.

입학식장에 들어오는 아이들은 입구에서 반을 확인하고 담임교사의 안내를 받아 자리에 앉습니다. 두 시간도 안 되는 짧은 행사지만 교사들은 이미 식을 시작하기 전부터 긴장 상태입니다. 그만큼 부담스러운 행사입니다. 입학식 행사 때문에 1학년을 못 하겠다는 교사도 있을 정도입니다. 밖에서 보기엔 그냥 그렇고 그런 행사인데 이 작은 행사를 치르기 위해 교사들이 들이는 공력은 가볍지 않습니다.

입학식이 끝나면 담임교사를 따라 교실로 이동합니다. 아이들은 자유롭게 앉고 싶은 자리에 앉고 보호자는 아이들 뒤에 서도록 합니다. 교실 공간이 허락한다면 모두 둥그렇게 둘러앉거나 'ㅇ'이나 'ㅁ' 자 모양으로 둘러앉도록 책상을 배치하면 좋습니다. 교사는 간단하게 자기소개를 하고 축하의 말과 함께 인사를 나눕니다. 공개수업보다 더 긴장되는 시간이지요. 아이들에게 몇 가지 안내를 하는데, 사실 이 안내는 아이들보다 부모를 향한 메시지인 경우가 더 많습니다. 가정통신문을 나눠 주면서 아이들에게 제가 하는 말입니다.

"이 종이는 학교에서 부모님께 보내는 편지예요. 편지, 알지요?"

"네!"

"오늘부터 여러분이 우체부가 되어서 부모님께 이 편지를 잘 전달해 주어야 해요. 부모님이 답장을 써 주시면 꼭 선생님께 전해 줘야 하고요."

"네!"

아이들은 씩씩하게 대답합니다. 요즘 아이들은 우체부보다 택배기사님을 더 자주 보았을 거 같지만 '편지'라는 의미 때문에 계속 우체통과 우체부의 은유를 사용합니다. 꼭 답장을 받아 와야 하는 편지도 있고, 그냥 알려 주고 싶은 말을 써서 보내는 편지도 있다고 이야기합니다. 그리고 꼭 제출해야 하는 것들을 나열해서 알려 줍니다. 준비물에 대한 안내도 잊지 않아야 합니다.

모든 것이 처음이기 때문에 입학식이 끝나도 다음날부터 전쟁 아닌 전쟁이 벌어집니다. 실내화는 어디에서 갈아 신어야 하는지, 신발 주머니는 어떻게 해야 하는지, 가져온 준비물은 어디에 어떻게 두어야 하는지 하나부터 열까지 다 교사의 손길이 필요합니다. 일단, 오는 순서대로 앉고 싶은 자리나 정해진 자리에 앉고, 물건 가방은 책가방과 함께 책상에 걸어 두게 합니다. 그리고 친구들을 같이 맞이하도록 합니다. 교실에 들어서는 아이들마다 이름을 확인하고 교사와 인사하고, 다른 아이들과 인사한 다음 자리로 가서 앉도록 합니다.

그렇게 모든 아이들이 등교를 한 다음에는 물건을 정리해야 합니다. 일단 개인용 바구니에 색연필, 가위, 풀, 필통을 담아서 책상 밑에 넣어 둡니다. 종합장, 8칸 국어 공책은 개인 바구니 옆에 넣어 둡니다. 그 다음 여벌 옷이나 수건, 크레용, 3단 우산 같은 준비물은 가방 그대로 사물함에 넣어 둡니다. 이쯤되면 화장실에 가고 싶다는 아이도 생길 겁니다.

둘째 날부터 학교 밥상을 먹어야 하니 당연히 우유도 마셔야 합니다. 그러려면 우유는 먹지 않겠다고 한 아이들이 누구인지 교사가 미리 파악하고 있어야 합니다. 아이들의 우체통(투명 L자 파일)을 꺼내서 가정통신문 회신서(식품 알레르기 조사, 우유 비급식 희망서, 응급처치 동의서)를 확인하고 미리 숙지하고 있어야 하지요. 우유 비급식 희망서를 확인할 틈이 없다면 우유를 먹고 싶지 않은 아이들은 먹지 않아도 된다고 하고 아이들 선택에 맡겨 둘 수도 있습니다. 하지만 요즘은 식품 알레르기가 심각한 아이들이 점점 많아지고 있는 추세라 잠시라도 틈을 만들어서 미리 확인하는 것이 좋습니다. 입학식 당일, 보호자와 함께 있을 때 전체적으로 확인을 해 놓아도 좋고, 미리 알려 달라고 공지해도 좋습니다. 우유를 마시는 과정에서도 난관이 존재합니다. 아이 혼자 우유갑을 따지 못하는 경우가 많아서 돌아다니면서 한 명씩 따 줘야 합니다.

아이들에게 화장실 위치와 사용법을 알려 주는 것도 중요합니다. 혼자서도 다녀올 수 있는지 확인도 해야 하고요.

그렇게 가장 급한 일, 교실에서 내 책상, 사물함, 신발장 자리를 확인하고 물건을 정리하고, 화장실 위치와 사용법을 익히고 우유를 마시고 나면 이제 학교 식당 이용법을 배울 차례입니다. 손은 어떻게 씻어야 하는지, 식당 구조는 어떤지 알려 줍니다. 어떻게 가고 어떻게 밥상(식판)을 받고 어떻게 먹고 어떻게 퇴식을 해야 하는지 그림이나 사진을 보여 주면서 설명합니다. 그리고 한 줄로 서서 급식실까지 갔다 오는 연습을 합니다. 우리 교실의 위치를 알아야 하기 때문에 동선은 최대한 간단하게 짭니다. 그러다 보면 진짜 밥 먹으러 갈 시간입니다.

1학년을 오래 하다 보면 이거 뭐 밑 빠진 독에 물 붓기 아닌가 싶을 때가 있습니다. 12월쯤 되면 1년 동안 호흡을 맞추며 서로 성장했던 것이 아까워 2학년에 올려 보내는 게 아쉬울 지경입니다. 다시 3월이 되어 신입생을 맞으면 그 일을 또 해야 하는 게 1학년 교사의 운명입니다. 그래도 1학년은 우리 학교의 꽃이지요. 그것도 제일 예쁜 꽃.

각오가 필요한 한 달

3월의 1학년 교실은 쉬는 시간과 수업 시간 구분 자체가 어렵습니다. 아무리 노련한 교사라 한들 착착 진행하는 게 불가능합니다. 거기에 아침 등교할 때부터 교실에 들어가지 않겠다고 울고 있는 아이가 있다면 정말 하늘이 노랗게 됩니다.

십 년 전만 해도 이런 경우는 정말 극히 드문 현상이었는데 요즘은 어느 반에나 있고, 한 반에 두세 명 이상입니다. 무엇이 문제인 건지, 그 답은 만난 지 며칠 안 된 담임교사보다는 보호자들이 더 잘 알고 있어야 합니다.

3월 한 달은 아이들이 학교에 있는 한 교사는 잠시도 자리에 앉아 있을 틈이 없습니다. 아이들의 요구, 챙겨야 할 것이 줄지어 있기 때문입니다. 아침에 좀 일찍 출근해서 커피 한잔 마시고 일하자 싶어서 전기 주전자에 물을 끓이고 인스턴트커피를 타 놨는데 무슨 일 생겨서 까먹고, 다시 물 끓이고, 또 까먹고, 점심 먹고 마시려고 끓여서 또 까먹다가 아이들 하교한 다음에 겨우 한잔 마시는 것이 1학년 교사의 현실입니다. 그러니 어느 정도 각오를 하고 3월을 맞이해야 합니다.

입학한 지 하루 이틀 만에 "선생님, 사랑해요" 같은 쪽지가 날아옵니다. 하루 만에 사랑에 빠지는 아이들입니다. 그래서 할 수 있습니다. 3월 한 달 고생하고, 1학기 좀 고생하면 2학기에는 신세계가 펼쳐집니다. 바로 아이들의 엄청난 진보입니다.

드디어 공부 시작
4월

3월 한 달 동안 힘들게 입학 초기 적응 활동을 해 왔습니다. 이제 4월부터 공부하게 될 교과서를 나누어 줄 때입니다. 교과서에 자기 이름도 쓰고 어떤 교과서가 있는지 살펴보기도 합니다. 입학 초기 진단 활동과 수업 시간 관찰로, 아이들의 문해 수준이 어느 정도인지 확인해 둔 상태입니다. 읽기가 어려운 아이들이 있으면 교과 학습을 할 때 집중적으로 신경을 써야 합니다. 어떤 교과서를 꺼내야 하는지, 어디를 펼쳐야 하는지 모르기 때문입니다.

아이들과 교과서의 이름을 읽고 익히는 걸 같이 해 주면 좋습니다. 요즘처럼 한글 선행이 일반적인 상황에서 읽기가 안 되는 아이는 인지 발달이 더디거나 난독증 같은 어려움이 있는 경우가 대부분입니다. 그런 경우에는 표지 그림의 특징을 인지할 수 있게 도와줍니다. 개인적인 경험으로 봤을 때 부모

의지에 따른 선택으로 한글 선행을 하지 않은 아이는 1학년이 되어 오히려 더 쉽고 빨리 읽기를 익히고 재미를 붙입니다.

아이들은 교과서를 받고 공부를 하게 되면 진짜 1학년이 된 거 같다고 합니다. 3월 내내 "학교는 공부하러 오는 곳인데 공부는 언제 하냐"고 노래를 부르는 아이들도 있거든요. 다 쉬워서 시시하니까 더 어려운 공부를 해야 한다는 겁니다. 그러다 교과서를 받으니 뭔가 새로운 계기가 됩니다. 이 새로운 계기는 유치원에서 통하던 것이 학교에서는 더 이상 통하지 않게 만듭니다. 읽지 못하는데 외워서 읽었거나 입 모양만 움직였던 아이들이 드러납니다. 국어 교과는 4월부터 시작이고, 4월에는 자음을 배우고 모음을 배우는 시기니까 차근차근 하면 되지만 교사의 안테나는 항상 그런 아이들을 향하게 됩니다. 무엇을 어떻게 도와줘야 할지, 겪고 있는 어려움이 무엇인지 세심하게 살펴야 합니다.

본격적인 교과 학습이 시작됨과 동시에 일주일에 세 번, 5교시 수업이 시작됩니다. 이쯤 되면 아이들과 교사의 피로감이 배가 되지요. 3월에는 "왜 학교는 맨날 일찍 끝나냐?"고 묻던 아이들이 5교시 수입이 시작되고 그 피로감을 일단 맛본 뒤에는 아침마다 "오늘 4교실이에요? 5교실*이에요?" 하고 묻습니다.

어린이집, 유치원에서 5시, 6시까지 생활하던 아이들인데 왜 그게 힘든지 모르겠다는 어른들이 많습니다. 조금만 생각해

---

* '4교시, 5교시'가 익숙하지 않아 '4교실, 5교실'이라 말한다.

보면 답을 알 수 있습니다. 어린이집, 유치원은 생활공간입니다. 공간 규모도 크지 않고 수업 시간과 쉬는 시간이 구획되어 있지도 않습니다. 형식적인 학습보다는 놀이 등을 통한 비형식적인 학습이 주가 되는 곳이지요. 그런데 학교는 다릅니다. 5교시 수업, 그 어려운 시작을 4월에 해야 합니다.

4월의 가장 큰 행사는 학부모 상담 주간과 현장 체험 학습입니다. 학교마다 좀 다르긴 하지만 상담 주간은 3월 말~4월 초, 현장 체험 학습은 4월 중순 이후에 있습니다. 이 또한 교사들에게 과한 업무 부담이 되기 때문에 3월 컨디션 조절을 잘 해야 4월을 건강하게 맞을 수 있습니다. 상담 주간 안내문을 내보내고 회신서를 받아 상담 시간이 서로 중복되지 않게 조율해서 일정표를 만들고 매일 4~6명씩 상담을 하는 것은 매우 고된 일입니다. 특히 1학년은 거의 모든 학부모가 상담을 오기 때문에 체력 비축을 잘 해 두어야 합니다.

현장학습은 2월 교육과정을 계획할 때 사전 계획을 세워 두는 것이 좋습니다. 3월 말 사전 답사, 〈학교 운영위원회〉 심의, 계획서 작성, 기안 승인까지 받은 뒤에 가정통신문을 만들어 배부하는 과정을 거칩니다. 참가 여부 회신서를 받고 수업 시간을 활용해서 사전 교육을 실시합니다. 가장 중요한 것은 우리 반 아이들의 특성을 잘 파악하고 있어야 한다는 것입니다. 만일을 대비해 교사가 여벌 옷 한 벌 정도는 속옷까지 챙겨서 가는 게 좋습니다.

아이들 한 명 한 명 살피는
5월

4월 현장학습을 다녀오고 한숨 돌리는가 싶지만 곧바로 '학생 정서·행동특성 검사'가 시작됩니다. 〈정서행동특성검사협의체〉에서 일정과 계획을 세웁니다. 완료 시점이 지정되어서 내려오기 때문에 학교 실정에 맞게 계획을 잘 세워야 합니다. 담임교사는 〈나이스〉 시스템에 접속해 우리 반 학부모의 인증 번호를 출력해서 각 가정으로 알려 주는 것으로 시작합니다. 부모님들의 응답 여부를 확인하고 정해진 기한 내에 완료할 수 있도록 독려합니다. 보호자의 응답 지수에 따라 정상군과 관심군으로 나뉘어지고, 관심군은 일반 관리군과 우선 관리군으로 나누어집니다. 관심군 어린이는 지속적인 상담이나 전문 상담 기관과 연계될 수 있도록 하는데, 보호자 동의 없이는 진행되지 않습니다.

4월 말은 아이들의 통제되지 않은 행동이 슬슬 드러나기 시작하는 때입니다. 바로 이런 때 정서행동 검사를 해야 합니다. 익숙하지 않아서 드러내지 않았던 여러 행동 특성들이 본격적으로 드러나기 시작하고 갈등이나 다툼이 나타나는 것이 바로 이 시기입니다. 이 시기 교사가 아이들 사이의 문제를 어떻게 중재하는지, 어떻게 문제를 해결하는 방법을 보여 주는지에 따라 한해 교실살이가 달라질 수 있습니다.

소똥 선생님, 개똥이가 나 때렸어요.

교사 정말? 개똥아, 이리 와 봐. 개똥이가 소똥이 때린 거 맞아요?

개똥 아니요. 나는 그냥 지나간 건데.

교사 소똥이를 일부러 때리려고 한 게 아니에요?

개똥 (세상 억울하다는 표정과 함께 끄덕)

교사 그럼 소똥이에게 이렇게 말해 줄까? 소똥아, 나는 너를 때리려고 한 게 아니야. 내가 그냥 지나가다가 부딪힌 거야.

개똥 소똥아, 나는 (……) 했던 거야. 미안해.

소똥 괜찮아.

교사 자, 개똥이는 앞으로 조심하겠다고 소똥이랑 약속해요.

개똥 소똥아, 내가 앞으로 조심할게.

　물론 이 대화는 있었던 그대로 옮겨 적은 것은 아닙니다. 하루에도 두세 번은 저런 대화를 하게 됩니다. 일종의 패턴이 생기는 것이지요. 교사의 말을 잘 따라 하지 못해서 한 구절씩 따라 해야 하는 경우도 많고, 이름이 불리는 순간 울먹거리는 아이도 있고, 쉽고 가벼워 보이는 "미안해"라는 말로 문제 해결이 안 되는 경우도 있습니다. 그럼에도 교사는 둘의 이야기를 다 들어 주고 한 사람이라도 억울한 마음을 품지 않도록 다독여 주는 방향으로 중재해야 합니다.

개똥 선생님, 딱밤 때려도 돼요?

교사 응?

개똥 딱밤 때렸어요.

교사 누가?

개똥 소똥이가요.

교사 왜?

개똥 실뜨기 하는데 내가 틀렸다고 때렸어요.

교사 실뜨기 틀리면 딱밤 맞기로 약속했어요?

개똥 아니요.

교사 소똥아, 이리 와 보세요. 소똥이가 개똥이 딱밤 때렸어요?

소똥 네. 근데 말똥이가 "틀리면 딱밤"이라고 했어요.

교사 그래요? 그럼 말똥이도 와 보세요. 말똥이가 실뜨기 틀리면 딱밤 맞기로 얘기했어요?

말똥 (끄덕)

교사 개똥이는 그 말 들었어요?

개똥 (울 듯이) 아니요.

교사 소똥이는 들었어요?

소똥 네.

교사 소똥아, 개똥이는 딱밤 맞는 거 몰랐는데 틀렸다고 딱밤 맞아서 기분이 나쁜가 봐. 사과할 수 있어요?

소똥 (끄덕)

교사 그럼, 이렇게 사과해 볼까요? 개똥아, 우리가 딱밤 맞기로 약속한 줄 알고 때린 거야. 몰랐다면 미안해.

소똥 (내 말을 한 소절씩 따라 하며) 개똥아, 우리가 딱밤 맞기로 약속한 줄 알고 때린 거야. 몰랐다면 미안해.

개똥 괜찮아.

교사 개똥이랑 소똥이, 이제 마음이 풀렸어요?

개똥 네.

소똥 (끄덕)

교사 소똥이랑 말똥이는 서로 딱밤 맞기로 약속했으니까 그렇게 놀아도 돼요. 그런데 그거 약속하지 않은 친구랑 할 때는 설명을 잘 해 주고 시작해야 해요. 알겠죠?

시간이 흐를수록 아이들의 놀이와 관계는 넓어지고 깊어집니다. 그래서 나타나는 문제 상황은 더 복잡해지기 마련입니다. 교사가 아이들 사이의 관계와 놀이 양식을 잘 지켜보고 살펴봐야 문제가 커지기 전에 적절하게 개입할 수 있습니다. 그리고 아이들이 교사의 중재에 대해 신뢰가 쌓여야 어떤 일이든 스스럼없이 도움을 요청할 수 있습니다.

도움을 요청하는 정도 또한 아이들마다 다 다릅니다. 아주 작은 일도 말해야 하는 아이도 있고, 꼭 얘기해야 하는 경우에도 말을 하지 않는 아이도 있습니다. 그런 경우에는 불러서 꼭 물어봅니다, 괜찮느냐고. 대부분 대수롭지 않게 괜찮다고 하지만 간혹 말을 하고 싶은데 못 하는 아이들이 있습니다. 그런 아이들의 이야기를 들어 주는 게 무엇보다 중요합니다.

같은 환경과 상황에서 어린이 나이에 따라, 어린이의 인격에 따라 그것이 체험되는 방식, 그 상황을 이해하고 인지하고 감지하는 정도는 다를 수 있습니다. 이것은 낱말 의미의 발달과 연결됩니다. 즉, 어린이의 낱말 의미가 어른의 낱말 의미와 일치하지 않는다는 것입니다. 어린이의 연령마다 낱말 의미의 구조가 다르다는 것을 우리는 이해해야 합니다.

심리적으로 인간의 낱말 의미는 일반화의 과정을 겪습니다. 그런데 어린이에게 낱말 의미의 일반화는 성인인 우리와 다르게 구성됩니다. 어린이는 스스로 자신의 언어를 발명하는 것이 아니라 성인의 언어와 성인의 낱말 의미를 배우면서 기존의 사물에 부여된, 이미 만들어진 낱말 의미를 배워 갑니다. 그러나 어린이의 일반화 방식은 좀 더 구체적이고, 시각-도식적이며, 실제적이기 때문에 성인과 다르다는 것을 인식해야 합니다.

어른들이 '포유류'나 '어류', '삼각형'이나 '사각형'이라는 개념을 대할 때 경험적 기술이나 표면적 특성이 아니라 일반적·추상적·논리적으로 접근한다면, 어린이들은 시각적으로 지각한 것, 즉 색깔이나 모양 등을 중심으로 접근합니다. 같은 대상을 지각하며 낱말 의미를 형성할 때 어린이의 지각 방식은 어른과 다르다는 것을, 이해하지 못하는 것이 아니라 이해하는 생각 작용에 차이가 존재한다는 것을 인식해야 합니다.

우리는 흔히 아이들이 자기중심적이라고 말합니다. 그러나 어린이의 생각 발달의 역사와 어린이의 상황 이해 및 지각 방식을 '우리가 이해한다면' 자기중심적이라는 의미는 재해석될 필요가 있습니다. 어린이가 자기중심적으로 해석하며 이해한다는 말은 '부정적' 의미로 통용되기 때문입니다. '자기맥락적'이라는 말이 더 적절할지 모르겠습니다.

어린이의 체험은 외적 상황에 처한 자신의 경험을 정서적으로, 혹은 반성적으로 의미화한 한 단위입니다. 그 체험을 의미화하는 과정에는 인격이 개입하기도 하지만, 개입하는 방식은 매우 복잡하며 유아기, 전前학령기, 학령기, 청소년기마다 달라집니다. 따라서 어린이가 어떤 경험을 자기중심적으로 의미화하는 것은 거쳐야 하는 과정입니다. 여기에 도덕적 가치 부여를 하는 것은 무의미합니다. 다만, 그런 이해 방식을 진단하고 어떻게 그것을 넘어설 수 있도록 도움을 줄 수 있는지가 중요합니다. 이것은 초등학교 1학년 학령기에서 주요한 문제입니다.

"어린이의 일반화는 우리의 일반화와는 다르며, 이는 어린이가 우리와는 똑같지 않은 방식으로 현실을 해석하고 자기 주변에서 발생하는 사건을 이해한다는, 잘 알려진 사실로 우리를 이끕니다. 특정한 사건이 가진 충분한 의미를 어린이에게 언제나 전달할 수 있는 것은 아닙니다. 어린이는 부분적으로 이해하지만 끝까지 이해하는 것은 아닙니다. 어린이는 사건의 한쪽만 이해하고 다른 쪽은 이해하지 못합니다."[*]

* 비고츠키, 성장과 분화, p.164.
* 교사로 살아온 경력이 늘면서 날마다 만나는 아이들에 대한 경험적 지식은 늘어나지만 피상적인 이해를 넘어서려면 또 다른 접근이 필요했다. 그때 만난 것이 레프 비고츠키(Lev Semenovich Vygotsky, Лев Семенович Выготский, 1896년 11월 17일~1934년 6월 11일)였다. 러시아의 심리학자인 비고츠키는 서른일곱 살 젊은 나이에 결핵으로 죽었지만, 십 년 동안의 짧은 연구 활동 기간 동안 폭넓은 분야에서 수많은 실험적·이론적 성과를 남겼다. 발달심리학의 개척자였던 비고츠키의 연구는 북유럽의 학교 교육에 깊은 영향을 미쳤고, 내가 아이들을 만나는 데도 큰 영향을 미치고 있다.

푸릇푸릇 열매처럼 자라는
6월

교사라면 누구나, 아무리 난장판을 치며 지지고 볶아도 "우리 반 아이들"이 제일 예뻐 보이는 병을 앓고 있습니다. 고슴도치도 제 자식 예뻐하듯이, 그렇게 해마다 사랑에 빠졌다가 헤어 나오는 병을 이십 년 가까이 앓다 보니 이 병에 어떤 흐름이 보이기도 합니다. 1학년 아이들은 6월에 최고로 예뻐진다는 사실입니다.

3월은 "혹시나" 모를 온갖 잡다한 사건들이 발생할까 노심초사하기 때문에 마음껏 마음을 풀어내지 못합니다. 그러나 6월쯤 되면 아이들도 학교에 익숙해져 쪼물랑거리는 몸짓으로 책가방을 들고 교실에 들어와 인사를 하고 가방을 내려놓고 해야 할 걸 알아서 찾아서 하는 모습만 봐도 그냥 웃음이 나옵니다. 어쩜 저리 하나같이 예쁠까 싶지요.

그런 와중에 또 6월쯤 되면 1학년 교실에 똘똘이들이 출몰

합니다. 학습이 좀 느린 아이들에게 이것저것 가르쳐 주고 참견하고 싶은 아이들이지요. 그 방식은 여러 갈래입니다. 나는 안다 '아는 척', 너는 그것도 몰라 '잘난 척', 어떻게 하나 보자 '관심 있는 척'인 경우들이 많습니다. 이 아이들 인성이 나쁘다는 식의 품평은 사양합니다. 아이들은 마음 가는 대로 행동하는 것이지 자기 행동이 어떻게 해석될 수 있는지, 행동의 의미를 자각하고 하는 경우는 거의 없기 때문입니다. 그런 행동에 대해 차근차근 얘기하면서 자기 행동이 갖는 의미를 성찰하고 배우는 과정으로 삼아야 합니다.

그래서 이때쯤이면, 학교는 공부를 하러 오는 곳이지, 공부를 했다고 자랑하러 오는 곳이 아니라는 것을 강조합니다. 모르니까 배우러 학교에 오는 거지, 다 아는데 뭐 하러 학교에 오냐, 내가 뭘 알고 뭘 모르는지 알기 위해 학교 오는 거고, 몰랐는데 알게 되는 것이 더 더 더 많을수록 공부를 더 더 더 많이 한 거고, 더 더 더 공부를 잘하는 거라고 얘기를 해 줍니다. 모르는 것, 못하는 것은 부끄러운 일이 아닙니다. 모르고 못 하니까 배우러 학교에 오는 거라는 단순한 진리가 보편적 인식이 되길 바랍니다.

아이들이 자라나는 모습은, 빨갛게 익어 가는 자두 한 알에서도 확인할 수 있습니다. 어느 점심 시간에, 우리 반 개똥이가 학교 화단에 있는 자두를 땄다는 첩보가 들어옵니다. 어서 가서 개똥이를 데려오라고 했지요. 깨끗이 씻어서 아랫니로 갉아

먹은 흔적이 역력한 열매 한 알 들고 개똥이가 교실에 옵니다. 앞니가 빠졌으니 아랫니로 갉아먹은 것이지요. 아이들은 자두라고 했는데, 자두 아니고 복숭아입니다.

"개똥아, 이거 맛있어?"

"네, 엄청 맛있어요!"

"몇 개 달렸어?"

"엄청 많이 달렸어요."

"그럼, 한 개 더 따 와. 왜 따느냐고 누가 물어보면 1학년 3반 샘이 따 오랬다고 그래."

"앗싸~."

하고 휭 달려 나갑니다.

개똥이가 따 온 복숭아를 우리 반 아이들 숫자대로, 27조각으로 나누어 함께 먹습니다. 모두 눈을 감고 입을 벌리라고 하고 한 조각씩 입에 넣어 주었습니다. 3월에 복숭아꽃이 필 때부터 열매가 달리고 점점 자라는 과정을 밥 먹으러 갈 때마다 확인하고 또 확인했던 바로 그 복숭아입니다. 그렇게 우리와 함께 익어 온 복숭아를 따 먹는 건 꿀맛입니다. 실제 복숭아의 당도와 무관하게 그 복숭아에 얽힌 이야기가 복숭아의 맛을 결정합니다.

지난해는 이렇게 복숭아 서리를 감수하는 아이가 있어서 복숭아를 먹었다면, 올해는 아무도 그런 아이가 없어서 우리 반 아이들과 함께 화단에 나가 복숭아 두 개를 따서 나누어 먹었습니다. 올해도 꿀맛입니다. 나누어 먹는다는 건 그래서 더 맛

있습니다. 다른 반 아이들은 모르는 우리 반만의 비밀 이야기를 만드는 것은 소중합니다. 복숭아나무가 없다면, 학교 텃밭의 방울토마토 몇 알, 오이 하나, 딸기 몇 알을 나누어 먹어도 됩니다.

의도와 다른 답을 가져오는 아이들

나눠 먹는다는 것은 아이들 공부에도 예기치 않은 변수를 가져옵니다. 수학 시간입니다. 자두가 열한 개 있는데, 동생이랑 나눠 먹되 동생이 나보다 더 많이 먹을 수 있게 가르기를 해 보자는 문제가 있었습니다.

어떤 아이는 동생에게 열 개를 주고, 자기는 한 개만 가지겠다 합니다.

"왜 이렇게 갈랐어?"

"저는 자두를 싫어하거든요."

대답합니다.

심지어 0:11로 가른 아이도 있습니다. 문제와 아무 상관없이 자기 마음만 이야기하는 아이들입니다. 5:6으로 가른 아이들에게 물었더니, "저는 자두를 좋아하거든요"라고 답합니다. 자두를 아주 좋아하는 아이들은 "내 거 다 먹고 동생 거를 빼앗아 먹을 거예요" 하기도 합니다. 왜 그렇게 갈랐는지 까닭을 물어도, "그냥요" 답하는 아이들도 물론 있지요.

이런 답을 보면 1학년 아이들은 지적 문제 해결의 과정에도 경험적·정서적 반응과 분리되지 않고 있다는 걸 확인하게됩니다. 그런 부분들이 귀여워 보이면서 동시에 답답해 보이게도 하는 원인이 됩니다.

"부장님, 어머니들이 선풍기 청소하러 오신다는데 괜찮을까요?"

"아니요. 그냥 교사들이 한다고 하세요. 그런 도움 받지 않아요. 필요하다면 학교 예산으로 요청해야죠."

학교 청소 예산으로 불가능하다는 걸 알면서도, 결국 교사들이 해야 한다는 것을 알면서도 단호하게 대답합니다. 학년부장이 앞에서 교통정리를 잘해 주지 않으면 1학년은 여기저기서 말이 나오기 딱 좋습니다. 아이들뿐 아니라 학부모도 처음으로 학부모가 되는 경험을 하고 있기 때문입니다. 기존의 관행이나 관습을 깨 주는 것이 정말 중요합니다. 누가 나서서 정리해 주지 않으면 "아니, 세상에 요즘이 어느 시대인데 학부모들이 와서 청소를 해?"라는 말이 나오게 됩니다.

이 상황에서 그냥 어물쩍 넘어가 학부모님 몇 분이 오셔서 선풍기를 닦아 주셨다고 해 볼까요? 가정할 수 있는 최악의 상황은 이런 것입니다. 선풍기 청소를 하러 오신 어머니들은 자원해서 오신 거라 말이 안 나오지만, 정보를 듣지 못했거나 직장에 나가야 해서 청소를 하러 오지 못한 분들이 불만을 표시합니다. 그러다가 학부모들 사이가 악화될 수 있습니다. 학교 기물이나 공간 청소는 학교 예산으로 해야 하는 것이지, 학부모의 노력과 봉사로 해야 하는 것이 아닙니다.

덕분에 선풍기 청소를 비롯한 온갖 일에 교사를 동원하게 됩니다. 학교 청소 예산은 일반 공공기관의 단위면적당 청소 예산에 비해 20분의 1에 불과하기 때문입니다. 구청이나 시청은 한 평당 청소 예산이 1만 원이라면 학교는 5백 원인 셈입니다. 학생을 동원 대상으로 봤던 구습이 여전하기 때문입니다. 그런 구습에서 학부모도 동원하게 되는 것입니다. 교사들이 철저하게 끊어야 합니다. 그걸 하지 못하면 '석면 제거 공사 후 교실 청소를 학부모에게 전가'하는 상황이 만들어집니다.

학부모들께는 자녀에 대한 균형 잡힌 정보와 가정에서의 협력만 부탁드리면 됩니다. 우리 아이가 학교에서 어떻게 지내고 있는지 객관적이고 종합적인 정보를 제공하고 어떻게 가정에서 도움을 줄지 고민하도록 해야 합니다. 7월, 학기말은 바로 그런 작업을 하는 시기입니다. 학교생활기록부가 '좋은 말 대잔치'가 되지 않도록, 꼭 알려야 할 최소한의 것을 어떻게 소통할지 늘 조마조마한 마음으로 한 걸음씩 내딛는 때입니다.

7월쯤 되면 아이들은 3월에 비해 엄청나게 일취월장한 것이 보입니다. 그런데도 교사는 4교시, 5교시만 끝나면 정말 딱 어디서 한 시간만 자고 싶을 정도로 노곤해지는 시기이기도 합니다. 한 학기 동안 체력이 소진되어 할 일이 쌓여 있는데도 진척은 없고 더디기만 한 때입니다. 아이들도 방학을 기다리고, 교사도 방학을 기다립니다. 죽을 거 같을 때쯤 방학이 시작되고, 이제 좀 살 거 같은 때쯤 방학이 끝납니다.

그러나 이것은 어디까지나 교사들 관점이고, 학부모 입장에서는 "선생님, 방학은 언제 끝나는 건가요? 이제 겨우 이틀 지났는데 일주일 에너지를 다 썼어요" 하소연합니다. 가장 최악은 부모이자 교사인 이들이 아닐까 싶습니다. 학기 중에 하지 못했던 부모 노릇 좀 해 준다고 과욕을 부리다가 나중엔 '에라, 모르겠다' 심정이 되어 버리기도 합니다. 네, 경험담입니다.

드디어 방학 시작입니다. 아직 4주 정도 남아 있으니, 부푼 마음으로 평가를 준비합니다. 물론 3월부터 평가를 했고, 수업이나 개별 지도를 하면서 피드백도 했고, 수학 익힘 교과서나 국어 활동 교과서, 봄에 만든 봄 책, 5월에 만든 가족 책, 6월에 만든 여름 책을 가정으로 보내서 피드백을 받아 온 터입니다. 그러나 한 학기를 종합하고 마무리하는 평가는 꼭 해야 합니다. 서울시 교육청은 1-2학년 안성맞춤 교육과정을 들여오면서 1학년의 평가 통지 방법이나 시기, 양식에 자율성을 부여했습니다. 그래서 우리 학교는 다음과 같은 방법으로 평가 통지

우리 이렇게 지냈어요

이 표는 자기 스스로 학교생활에 대해 돌아보고 생각해보기 위해 만든 것입니다.
선생님과 함께 하나 하나 읽어가면서 자기 생각에 맞는 내용에 ○표 합니다.

1학년 __반 이름 _____

1	나는 학교에 오는 것이 즐겁습니다.	그렇습니다	보통입니다	아닙니다
2	나는 학교 공부가 재미있습니다.	그렇습니다	보통입니다	아닙니다
3	나는 선생님께서 책읽어주는 시간을 좋아합니다.	그렇습니다	보통입니다	아닙니다
4	나는 국어를 배우는 게 재미있습니다.	그렇습니다	보통입니다	아닙니다
5	나는 수학을 배우는 게 재미있습니다.	그렇습니다	보통입니다	아닙니다
6	나는 놀이 시간이 즐겁습니다.	그렇습니다	보통입니다	아닙니다
7	나는 학교에서 먹는 밥이 맛있습니다.	그렇습니다	보통입니다	아닙니다
8	나는 몸놀이 시간이 즐겁습니다.	그렇습니다	보통입니다	아닙니다
9	나는 숲체험교육이 재미있습니다.	그렇습니다	보통입니다	아닙니다
10	나는 노래를 담은 시집이 좋습니다.	그렇습니다	보통입니다	아닙니다
11	나는 그림 그리는 것을 좋아합니다.	그렇습니다	보통입니다	아닙니다
12	나는 노래 부르는 것을 좋아합니다.	그렇습니다	보통입니다	아닙니다
13	나는 오리고, 붙이며 꾸미는 것이 재미있습니다.	그렇습니다	보통입니다	아닙니다
14	나는 학교에서 책 읽는 것을 좋아합니다.	그렇습니다	보통입니다	아닙니다
15	나는 학교에서 친구들과 사이좋게 지냅니다.	그렇습니다	보통입니다	아닙니다
16	나는 우리 반 친구들이 좋습니다.	그렇습니다	보통입니다	아닙니다

를 하고 학부모의 피드백을 받습니다.

우리 학교에서는 따로 통지 양식을 만들었습니다. 학교의 공식 통지와 별도로 그냥 담임 재량으로 통지를 내보내고 학부모 회신서를 받기도 합니다.

1학년이지만 아이들의 생각과 느낌은 분명합니다. 그 생각이 정연하지 않더라도 자신의 생각이나 느낌을 분명하게 표현하는 것이 1학년 국어 공부의 목표입니다. 언제나 아이들의 생각이나 느낌을 표현하도록 해야 합니다. 그래서 개인별 체크리스트를 제일 먼저 받습니다. 항목마다 하나씩 읽어 가며 동그라미를 하게 합니다. 그리고 반별로 통계를 냅니다. 교사가 아이들의 경향과 흐름을 파악해야 하고, 또 부모도 우리 아이만의 응답이 아닌 전체적인 응답 속에서 우리 아이의 응답이 어떤지 확인해야 하기 때문입니다.

"아닙니다"라고 응답한 아이는 통지표를 내보내기 전에 왜 그렇게 생각했는지 따로 상담을 합니다. 대개는 아주 사소한 이유들입니다. 그런 상황을 부모에게도 알려 주고 그에 맞게 적절하게 대처합니다. 그리고 담임교사가 아이의 1학년 1학기 학교생활에 대한 전반적인 의견을 기술합니다.

여기에서 1학년 1학기에 선별한 최소 성취 기준이 작동합니다. 그 많은 성취 기준 중 핵심적으로 중요한 성취 기준에서 "부족함"이 있는 경우에는 꼭 기술을 해 줍니다. **국어의 경우 문장 수준의 읽기가 가능한가**(쓰기는 2학기로), **수학의 경우 한**

자리수의 덧셈과 뺄셈이 어느 정도 숙달되었는가, 하는 두 가지입니다. 그 밖에는 일상적인 학교생활에서의 모습을 중심으로 기술합니다. 그리고 교장 선생님의 결재를 받고 가정으로 보내, 부모님들의 회신서를 받습니다.

학교에서 처음 이 방식을 시도할 때 어떤 반응을 일으킬까 걱정하기도 했습니다. 1학년 담임교사들은 모두 "부족함"에 대해 써 주면 학부모의 항의와 민원이 들어올까 봐 두려워했습니다. 그래도 평가 기준 하나마다 '잘함/보통/노력 요함'을 찍어 주는 것보다는 나을 거라는 믿음으로 설득했습니다. 처음 하는 도전이지만 동료 선생님들이 동의하고 협력해 주셔서 감사했습니다. 학부모님들에게 좋은 피드백도 많이 받았습니다.

반마다 통계가 나오면 교사들은 모여서 한 학기 교육과정 운영 평가를 하면서 여러 이야기를 나눕니다. 도서관에서 책을 제일 많이 빌려 읽는 아이인데, 책 읽기를 좋아하느냐는 문항에 "아닙니다"라고 했다는 아이, 애들이 노래를 담은 시집에서 노래 부르는 걸 엄청 잘해서 노래 부르는 거 좋아하는 줄 알았는데 다섯 명이나 "아닙니다"라고 했다는 이야기, 아이들 소근육 발달이 너무 더딘 것 같아서 가위로 오리고 풀칠하고 이런 활동 많이 했는데 그거 싫어하는 아이들이 꽤 있다는 이야기, 15번 '나는 학교에서 친구들과 사이좋게 지냅니다'에 "보통입니다", "아닙니다"로 응답한 아이가 16번 "나는 우리 반 친구들이 좋습니다"에는 모두 "그렇습니다"로 응답한 아이들에 대한 이야기를 나눴습니다. 15번 문항을 아이들은 자신의 문제로 받아들여서 다툰 경험 등을 먼저 떠올리지만, 16번은 우리 반 전체에 대한 느낌을 묻는 문항이라 학급에 대한 긍정적 정서로 응답하는 경향이 있다는 해석을 합니다.

가정에서 학교로

소똥이가 학교에 처음 등교하면서 적응이 어려웠는데, 이제는 학교 가는 것이 즐겁다고 해서 참 감사합니다. 숲 체험, 글씨 쓰기, 악보 만들기 등 다양한 활동들을 통해서 배움의 즐거움을 배워가게 되는 것 같습니다. 집에서도 책 읽기와 책에 있는 내용을 이야기하고 나누게 되면서 학교생활을 통해 많은 것을 배우는 것에 대해 간접적이나마 알 수 있었습니다. 담임 선생님이 세심하게 배려해 주시고 이끌어 주셔서 항상 감사한 마음을 가지고 있습니다. 소똥이를 통해서 학교생활의 즐거움을 듣게 되어 저희도 즐겁습니다.

국어에서는 어려운 게 나와서 "보통입니다"로 했다고 하고, 놀이 시간도 좋지만 공부 시간이 조금 더 좋아서 "보통입니다"로 선택하였다고 합니다. 국어에서 어떤 부분이 어렵게 느껴졌는지 이야기해 보고, 가정에서 다시 천천히 개념을 알려 주는 활동을 해 보겠습니다.

취학 전보다 성격이 많이 밝아지고 활발해졌습니다. 혼자 스스로 수학 교과서 풀기, 등교 준비 등을 아주 잘 합니다. 새로운 취미(딱지치기)가 생겨서 하교 후 수개월 전부터 지금까지 열심히 합니다. 학교에서 전달받은 사항들을 꼬박꼬박 잊지 않고 잘 전달합니다. 방과후 수업도 무척 흥미로워 합니다. 특히 한자를 무척 좋아해서 한자 쓰기, 한자 퀴즈 등을 하루도 빠지지 않고 하고 있습니다. 많은 걸 가르쳐 주시고 재미있게 해 주시는 선생님을 무척 사랑한답니다.

선생님, 입학하면서 정말 걱정을 많이 했는데 이렇게 잘 다닐 수 있었던 것은 모두 선생님 덕분인 것 같습니다. 아직 부족한 점이 많은 저와 용똥이지만 앞으로 더 즐겁게 학교 다닐 수 있도록 열심히 노력하자고 용똥이와 계속 이야기하고 있습니다. 잘 하려는 마음과 잘 되지 않는 현실 사이에서 집으로 돌아와 가끔씩은 울고 속상한 마음도 이야기합니다. 따뜻한 환경에서 용똥이가 부디 바르게 성장하기를 바라고 있습니다.

말똥이가 학교생활을 즐거워하고 친구관계나 학습, 활동에 적극 참여하는 것을 알 수 있게 되어 기쁩니다. 이 모든 게 선생님께서 즐거운 학교생활이 되도록 애써 주신 덕분이라 생각됩니다. 정말 감사드립니다. 그리고 친구의 어려움을 잘 이해하고 돕는다는 점이 감동이네요. 말똥이가 잘 성장할 수 있도록 지원해 주시고 지도해 주셔서 감사합니다. 가정에서도 학교생활 잘할 수 있도록 신경쓰겠습니다.

지난 한 학기 동안 닭똥이를 잘 지도해 주셔서 감사합니다. 자신의 주장이 강한 아이라 학교에서 생활이 어떠할지 걱정도 많이 되었었는데 항상 학교가 재미있고 즐겁다고 이야기하는 것을 보면 선생님께서 잘 지도해 주시고 계신 것을 알 수 있었습니다. 국어와 수학 배우는 것에 대해 흥미가 없는 것 같아 걱정했었는데(학교 생활 돌아보기 설문지를 참고해서 물어보았습니다) 알고 있는 것을 반복한다는 것에 아직 적응을 하지 못한 것 같네요. 기본에 충실한 것이 얼마나 중요한지 이야기를 해 주었습니다. 닭똥이가 교만하지 않고 열심히 할 수 있도록 계속 사랑 어린 관심 부탁드리겠습니다.

뱀똥이는 학교생활에 대하여 평상시에도 늘 호감을 보입니다. 친구들과 노는 게 즐겁고 선생님은 무섭지만 평소에는 친절하시고 재밌으시다고 합니다. 또한 공부도 재밌다고 답해 주어 선생님께서 얼마나 연구하시고 준비하시고 잘 가르쳐 주셨는지 새삼 감사함을 느꼈습니다. 선생님께서 책 읽어 주시는 시간을 가장 좋아하며 일기 쓰기도 재밌다고 합니다. 특히 독서 마라톤에 대한 꾸준한 흥미와 노력하는 모습을 보여 주어 기특하고 대견합니다. 뱀똥이는 여전히 낯을 가리고 소심한 면도 있지만 입학하고 한 학기를 보내면서 굉장히 밝고 적극적인 모습을 보이고 있어서 대단히 흐뭇합니다. 질문 한 번 할 줄 모르고 수업 시간에 화장실을 가고 싶어도 말 못할 것 같던 아이가 '반딧불이 독서교실'에서 모르는 선생님에게 선뜻 질문을 하고 필요한 걸 요청할 수 있는 모습을 보면서 많은 변화를 실감했습니다. 또한 반 회장에 대한 열의와 흥미를 보이는 것에 있어서도 상당히 놀라고 있습니다. 한 학기 동안 여러 가지로 애써 주셔서 진심으로 감사드립니다.

양똥이가 "그렇다"라고 답한 부분에서는 폭풍 칭찬해 주었고, "보통", "아닙니다"라고 표시한 부분에 대해 이야기를 나누어 보았습니다. 평소 학교 가는 걸 즐거워하고 재미있어 하는데 "보통"이라고 대답한 것이 조금 의아했어요. 어떤 부분에서 그러한지 물어보니 즐거운 날이 많지만 5교시가 있는 날은 공부를 많이 하고 쉬는 시간이 적은 것, 그리고 아침에 학교에 가기 위해 일찍 일어나는 것이 힘들기 때문이라고 합니다. 두 번째 항목, 학교 공부가 재밌지 않은 부분에서는 한 개 빼고 다 재미있었다고 합니다. 그 한 개는 박수 치며 띄어읽기하는 건데 언제 박수를 쳐야 하는지 헷갈려서 어렵고 힘들었다고 하네요. 세 번째 학교 급식은 자기가 좋아하는 반찬보다 싫어하는 반찬이 더 많이 나와서이고, 네 번째, 그림 그리는 것을 "보통"이라고 한 이유는 사람을 못 그려서 그림 그리는 게 싫다고 합니다. 다섯째, 선생님께서 책을 읽어 주시는 시간에는 "좋기도 하지만 아무 것도 하지 않고 가만히 앉아서 듣는 것이 지루하기도 해서"라고 했어요. 여섯째, 책 읽는 시간에도 책 읽는 게 지루하다고 합니다. 아직은 1학년 남자아이라 그런지 몸으로 하는 시간들이 훨씬 좋은 거 같네요. 그 외에 국어, 수학, 음악, 미술, 체육 등 모든 과목 시간에 배우는 게 재미있다고 하였습니다. 양똥이가 "보통"이나 "아닙니다" 답한 부분들은 그 항목에서 전반적인 이유가 아니라 어느 한두 가지의 이유여서 크게 걱정할 만큼은 아니라고 생각합니다. 2학기 때에는 지금보다 더 즐겁고 재미있는 학교 생활이 될 거라고 믿습니다.

이제 남은 것은 처음으로 맞이하는 여름방학 준비입니다. 방학 숙제가 부모 숙제가 될 필요도 없고, 부모 숙제를 내서도 안 됩니다.

필수 과제 두 개만 냅니다. 선택 과제는 여러 개를 제시하지만 하고 싶은 거만 하면 되고 결과를 제출할 필요도 없습니다. 필수 과제 중 하나는 일주일에 한 번 이상 그림일기 쓰기입니다. 왜 '한 번 이상'일까요? 개학 전날 몰아서 하는 거짓 그림일기를 쓰지 않았으면 하는 마음이기도 하고, 또 '부족한 아이들'은 방학 중에 좀 더 연습을 했으면 하는 마음이기도 합니다.

다음 필수 과제는 일주일에 한 번 책을 읽고 독후 활동을 하는 것입니다. 독후 활동을 어떻게 할지 잘 모르니까 다섯 가지 양식을 나누어 줍니다. 표지 그리기, 가장 재밌던 장면 그리기,

주인공에게 하고 싶은 말 편지 쓰기, 모르는 낱말 찾아 쓰기, 책 내용에 대해 문제 만들기 정도입니다.

그림일기 양식과 독후 활동 양식은 모두 학교에서 인쇄를 해서 문서 파일에 꽂아 '방학 책'을 만들어서 방학식날 가정으로 보냅니다. 그 파일에는 가족들과 함께 세운 방학 일정표, 방학 안내, 개학 첫 주의 주간 학습 안내 등이 담겨 있습니다. 아이들은 개학날 학교에 올 때 그 파일 하나만 가지고 오면 됩니다.

정서적 경험, 얼마나 중요할까?

1930년대, 러시아에 어머니가 알코올중독인 세 아이가 있었습니다. 막내는 자신에게 일어나고 있는 일에 압도되어 공포를 키워 가고 야뇨증, 말 더듬기, 실어증, 무기력증과 같은 증상을 보입니다. 둘째는 어머니와의 적대적 애정관계라는 양가적 감정으로 내적 갈등을 표출합니다. 엄마에 대한 사랑과 마녀에 대한 공포가 공존하는 상태에서 매우 모순적인 행동을 보였지요. 첫째 아이는 자신이 처한 상황을 인식하며 나이에 비해 성숙함과 배려의 모습을 보여 줍니다. 엄마를 진정시키고 어린 동생들을 돌봅니다.

동일한 환경과 동일한 사건이 서로 다른 연령 수준에 있는 어린이에게 서로 다른 방식으로 영향을 미치는 것을 다양한 사례에서 확인할 수 있습니다. 세 아이 중 막내로 자란 자녀에 대해 부모들은 대체로 "첫째와 둘째는 그렇지 않은데 막내로 자라서 막무가내이고 고집이 세고 제멋대로 한다"고 하소연합니다. 그런 상담 사례를 교사들과 공유하면 "에이, 어떻게 첫째는 잘하는데 막내만 그럴 수 있냐"는 반응을 보입니다. 이런 반응은 환경의 영향을 절대화해서 나타나는 반응이라 하겠습니다.

교사는 동일한 가정에서 자란 형제자매라도 매우 다른 발달 양상을 보일 수 있다는 것을 인정할 수 있어야 합니다. 환경이 주는 영향은 동일하지도 절대적이지도 않으며, 어느 연령에 그런 계기를 접하느냐에 따라 다른 양상이 나타날 수 있습니다. 첫째 아이가 보여 주는 일반적인 특징, 둘째 아이가 보여 주는 일반적인 특징, 외동이거나 막내가 보여 주는 일반적인 특징을 우리는 경험을 통해 쉽게 말하지만, 보편적인 조건에 따른 특성과 개별적이고 고유한 조건에 따른 특성을 구분하고 가려 볼 수 있어야 합니다.

동일한 조건에서 서로 다른 세 명의 어린이에게 서로 다른 영향을 주는 결과를 초래한 것일까요? 비고츠키는 "각각의 어린이가 이 사건과 맺는 관계가 다르기 때문"이며, "각각의 어린이가 이 상황을 정서적으로 다르게 경험했기 때문"이라고 답합니다. 동일한 상황에서 세 가지 서로 다른 경험이 존재하고, 그 정서적 경험의 차이는 발달에서 그 상황이 미치는 영향의 차이로 나타나는 것*이라고요.

우리 반 아이들도 그렇습니다. 다 같이 물총놀이를 하고 나서 각자 느낌을 문장으로 표현을 해도, 같은 책을 읽어 주고 느낀 점을 이야기해도, 같은 식단의 점심을 먹고 평가를 해도 각자가 느끼고 경험하는 방식에 따라 반응이 다릅니다. 같은 상황을 겪어도 어린이 인격에 따라 그 상황을 체험하는 방식은 매우 다를 수 있습니다.

또한, 같은 체험을 해도 어린이 발달에 따라 그 의미가 달라지기도 합니다. 초기 유년기(만1세~3세) 체험은 정서적 경험, 느껴진 경험, 있는 그대로 지각되거나 기억된 경험을 의미한다면, 학령기(만 7세 이후)에는 '숙고된 경험'이나 '인지적, 관념적으로 생각되고 반성된 경험'을 의미할 수 있습니다. 아주 어릴 때 물에 빠진 경험은 전혀 기억하지 못하겠지만, 세 살 이후의 경험이라면 익사의 공포와 연관될 수 있고. 학령기 이후의 어린이라면 무용담처럼 자랑을 할 수도 있습니다.

* 비고츠키, 성장과 문화, p.154.

어린이의 체험은 어린이의 인격적 특성과 상황적 특성이 통합되어 나타납니다. 체험은 정서적으로 경험되는 환경과 내가 환경을 어떻게 정서적으로 경험하는지를 하나로 드러내는 것입니다. 가족의 장례식장이나 병실에서 천진하게 웃고 장난치는 아이들을 보면서 우리는 "아직 뭘 몰라서 그래. 안쓰럽다." 말합니다. 환경과 상황에 대한 어린이의 이해, 인식, 감지 정도에 따른 체험이 달라서 나타나는 현상입니다.

"어린이 발달에 대한 환경의 영향은, 다른 어떤 점들보다도, 환경에서 어떤 일이 벌어지고 있는지를 이해하고, 인식하고, 감지하는 정도에 따라 측정되어야만 합니다. 만일 서로 다른 어린이들이 상이한 의식을 갖는다고 한다면, 이것은 하나의 동일한 사건이 완전히 다른 의미를 갖게 된다는 뜻입니다. 우리는 불행한 사건이 종종 어린이에게 즐거운 의미를 갖는 것을 보게 됩니다. 그 어린이는 사건 자체의 의미를 파악한 것이 아니라, 조용히 말썽을 피우지 않게 하려고 금지된 일이 허용되거나 사탕을 받았을 수도 있습니다. 이 때문에 어머니가 걸린 중병은 어린이에게는 뭔가 생일을 맞은 소년처럼 즐겁고 기쁜 사건으로 인식될 것입니다. 전체 핵심은 이런저런 상황에서 그 영향력이 상황 그 자체의 내용뿐 아니라 어린이가 그 상황을 이해하거나 감지하는 방식에 달려 있다는 것입니다."[*]

* 비고츠키, 성장과 분화, p.159

초등학교 1학년 열두 달 이야기

처음 맞는 개학
8월

길고도 짧은 여름방학이 끝났습니다. 무더위의 끝물과 함께 2학기가 시작됩니다. 교사는 개학 전에 교실에 나와 청소도 하고 수업 준비도 하면서 아이들을 맞을 준비를 합니다. 반가운 마음을 표현하고 싶어서 자음 모음 카드를 갖고 칠판에 하고 싶은 말을 붙여 놓기도 합니다. 나는 보통 일 년에 두 번 머리를 합니다. 2월 말 새학년용, 그리고 8월 개학식용이지요. 새로운 모습과 마음으로 아이들 앞에 서겠다는 일종의 자기주술 같은 겁니다.

아이들로서는 처음 맞는 개학입니다. 요즘 같은 위험 사회에서는 모든 아이들이 건강하게 학교에 나와 주는 것만으로도 감사한 일입니다. 개학식을 마치고 나면 방학 보낸 이야기를 나눕니다. 제일 재밌었던 일이나 속상했던 일을 나눕니다. 그리고 나면 종이를 한 장씩 주고 나서 반으로 접게 한 다음 한

쪽에는 좋았던 일, 한쪽에는 안 좋았던 일을 그림으로 그리거나 글로 쓰게 합니다. 이때쯤이면 거의 모든 아이들의 작품에서 그림과 글이 동시에 나타납니다. 간혹 글만 나타나는 경우도 있습니다.

아이들의 그림을 모아 서로 이어 붙여서 칠판에 말판을 만듭니다. 그리고 주사위놀이를 합니다. 주사위를 돌아가면서 던지고 나온 수대로 말을 움직여서 그 그림이 누구의 애기였는지 알아맞히는 놀이입니다. 이미 나왔던 그림은 뒤집어 놓습니다. 모두 한 번씩 주사위를 던져야 말판놀이가 끝납니다. 놀이가 끝나면 아이들이 그린 그림을 이어 붙여서 우리 반 "여름방학 이야기" 책을 만듭니다.

2학기는 지금까지 했던 교육활동의 열매를 거두는 시기입니다. 그림일기는 글쓰기로, 주말 지낸 이야기는 말하기·듣기·읽기·그리기·쓰기가 중첩된 활동에서 곧바로 각자의 주말 이야기 쓰기로 전환할 수 있습니다. 안정적인 학교생활을 영위하면서도 아이들끼리의 관계는 더 복합적인 문제가 됩니다. 이미 서로 익숙해졌기 때문에 발생하는 사안들이므로 긴 호흡으로 대해야 합니다.

학부모 상담을 준비하는
9월

1학기 학부모 상담도 중요하지만 2학기 상담은 더 중요합니다. 아이의 학교생활에 대해 충분히 파악하기 어려운 3월에 했던 상담과 한 학기를 함께 보내고 난 다음인 2학기의 상담은 경험의 양과 질이 다르기 때문입니다. 1학년은 대체로 모든 학부모님들이 상담에 참여합니다. 그래서 어떤 경우는 하루에 여섯 번 이상의 상담이 잡히기도 합니다. 그럴 때는 상담 기간을 2주로 연장해서 좀 더 여유 있게 진행해도 좋겠습니다.

1학기 통지표를 통해서 아이의 학교생활에 대한 자기 평가, 교사의 평가, 그리고 학부모의 회신서를 받았기 때문에 그 내용을 중심으로 상담을 준비합니다. 회신서를 다시 읽으며 그 아이를 위해서 부모님께 해 주고 싶은 말을 구체적인 사례와 함께 정리해 놓습니다. 글로 써서 표현하는 것보다 직접 만나서 이야기를 나누는 것이 도움이 될 때가 훨씬 많습니다. 부담스럽지만 그 부담은 누구나 느끼는 것이고, 교사는 십 년이 지나도, 이십 년이 지나도 그 부담에서 벗어날 수 없는 존재라는 걸 어느 순간 깨닫게 됩니다.

2학기에는 추석, 10월의 다양한 행사들이 있어서 좀 어수선합니다. 추석이 9월에 있는지 10월에 있는지에 따라 교과 학습 내용이나 순서가 달라져야 합니다. 미리 준비해서 통합 교과의 추석 주제가 실제 경험과 잘 어우러질 수 있도록 합니다. '추석' 주제 학습은 '우리나라의 전통문화' 주제 학습과 연계해서 배우는 것이 좋다는 점도 염두에 두어 주십시오.

요즘은 추석에도 집에서 송편을 만드는 가정이 거의 없어서 아이들이 송편을 만들어 본 경험은 대부분 어린이집이나 유치원에서 한 것들입니다. 학교도 예외는 아닙니다. 고추장 만들기, 김장하기, 떡 만들기 같은 체험 활동은 가정에서의 경험이 아닌 학교에서의 배움으로 들어와 있습니다. 우리 학교도 '동교동락' 사업으로 구청의 지원을 받아 떡 만들기 프로그램을 운영합니다. 1-2학년은 인절미를, 3-4학년은 경단을, 5-6학년은 송편을 만듭니다. 그렇게 만든 떡을 주위 이웃과 나누어 먹는 활동입니다.

떡 만들기 며칠 전부터 클레이에 색종이 조각 뭉친 걸 넣어서 송편 만들기를 두 번이나 연습했는데 인절미를 만든다니 실망하는 아이들도 있었습니다. 그러나 따끈한 찹쌀반죽과 고소한 콩고물을 맛보더니 나왔던 입이 쏙 들어가네요. '찹쌀, 찰

밥, 찰떡, 찰지다'라는 낱말을 배우고 '멥쌀'과 다르다는 것도 배웁니다. 찰밥을 해서 방아를 찧어 찰떡 반죽을 만드는데 너무 힘들어서 요즘은 기계로 한다는 이야기도 해 줍니다. 찹쌀 반죽을 한 번씩 떼어 먹어 보고, 고물로 나온 콩고물, 계피 고물, 빵가루 고물 맛도 봅니다.

교사가 시범을 보이고 나면 아이들은 집에 가져갈 인절미를 만들면서 부지런히 자기 입에 넣고 도시락 통에도 넣습니다. 그동안 교사는 아이들 수만큼 만들어 애들 입에 하나씩 넣어 주고, 교무실, 행정실, 시설 주무관님, 도서관 사서 선생님, 전산실 컴퓨터 선생님, 보안관실 보안관 선생님, 급식실 영양사님과 조리사 선생님들께 보낼 인절미를 부지런히 만들어 통에 담습니다.

추석은 감사의 마음을 전하는 날, 농사짓던 시절에는 하늘에, 조상께 감사했다면 우리는 우리의 학교생활을 안전하고 즐겁게 이끌어 주시는 분들께 감사하는 것이라고 강조하고, 둘씩 셋씩 짝을 지어 심부름을 보냅니다. "선생님이 만드신 거예요. 맛있게 드세요"라고 인사하고 오라고 합니다. 우리 반 아이들은 감사의 마음을 전하면서 더 신나고 즐거워합니다. 나누는 건 어쨌든 기분 좋은 일입니다. 우리 시대 명절은 이런 거 아닐까 싶습니다.

아이가 직접 만든 인절미를 추석 때 할머니께 꼭 드려야 한다며 냉동실에 인절미를 넣어 두고, 엄마 아빠는 두 개씩만 먹으라고 했다는 아이도 있습니다. 아이들의 정서적 체험은 그렇게 의미화됩니다. 그렇게 추석 연휴를 보내고 나서 만나는 아이들과 이제 추석을 어떻게 보냈는지 이야기를 나누며 수업을 구성합니다.

통합 교과서에는 "고향 가는 기차놀이"라는 활동이 나옵니다. 여기서 우리 반 1학년 아이들의 경험을 구성하고 있는 "고향이란 무엇인가?"라는 질문이 나옵니다. 그래서 무조건 이 활동은 추석 이후로 넘겼습니다. 1학년 아이들은 작년의 경험과 기억을 언어로 재구성해서 표현하기 어렵습니다. 1학년 아이들 경험과 의미 구성 발달의 진실입니다.

추석을 마치고 돌아와서 추석 보낸 경험을 이야기했습니다. 기차를 타고 어디에 다녀온 아이는 한 명도 없었고, '부모님', '고향'이라는 낱말은 단 한 번도 나오지 않았고, 우리가 흔히 '고향'이라는 말에서 떠올리는 농산어촌 시골 냄새도 없었습니다. 아이들 입에서 그런 말이 나오지 않는 것은 아이들이 경험 속에 의미로 구성되지 않았기 때문입니다. 그러니 교사/어른의 머릿속에 있는 "고향 가는 기차 타기"라는 경험을 아이들에게 전달한다는 것이 어떤 의미일까를 묻게 됩니다.

추석에 대한 아이들의 사전 경험은 세뱃돈, 달님, 송편 정도로 축약되었고(추석하면 생각나는 것 적어 보기), 추석 이후 아이들의 경험은 대부분 자동차를 타고 가는 여행, 차가 많이 막혔다는 것, 그리고 놀이공원, 영화, 텔레비전, 외식하기 등으로 정리됩니다. 추석 전에 학교에서 미리 배웠던, 그래서 경험의 구성을 돕고자 했던 차례상, 성묘, 송편 만들기, 음식 만들기는 단 하나도 나오지 않았습니다.

여기서 아이들의 현재 경험과 전통의 전승 간의 줄타기가 펼쳐집니다. 그런데 교과서 구성은 이상적인 추석의 모습을 재현하면서 실제 경험과의 괴리를 양산하고 또 그러면서 한쪽으로는 아이들의 실생활의 경험과 연계된 수업을 하라고 합니다. 이런 내용으로 동영상 콘텐츠를 만들어 수업을 표준화해 버립니다. 답답하지만 이게 현실입니다.

어쨌든 그런 갈등 속에서 교사들은 타협합니다. 기차놀이는 통합 교과 중 체육 활동으로 제시된 것이니까 어떻게 할까 고민하다가, '서울-평양'이 생각났고, 같은 학년 선생님들과 얘기하면서 수업 내용을 구체화했습니다. 백두산-평양-서울-한라산, 한라산-서울-평양-백두산 이렇게 왕복 철도를 체육관에 놓았습니다. 보자기를 연결해서 기차를 만들고 기관사와 승무원을 정해 주고 역에서 손님을 태우는 놀이를 했습니다.

2018년, 문재인 대통령과 김정은 위원장이 백두산에 오른 장면을 아이들 모두 보았기 때문에 불과 몇 달 전만 해도 낯설었을 김정은, 평양, 백두산 같은 낱말이 아이들의 말 속에 살아 있습니다.(아이들은 3월에 'ㅕ' 자가 들어가는 말을 찾을 때 텔레비전에서 본 컬링 경기에서 들리던 "영미! 영미!"를 외쳤고, 'ㅌ' 자가 들어가는 말을 찾을 때는 "트럼프, 볼턴"을 외쳐 댔습니다.) 이 내용은

'우리나라' 대주제의 통일 주제와도 연관됩니다. 이 수업을 하고 난 다음 아이들이 쓴 글을 읽으면서 다시 고민합니다. 1학년 수준에서 전통 교육이란 무엇인가, 통일 교육이란 무엇인가? 더불어 아이들의 글을 통해 그 경험이 어떻게 의미화되고, 어떻게 언어로 조직화되는지를 알게 됩니다. 그래서 아이들의 말과 글이 보배이며, 그 말과 글이 교육과정 재구성의 토대가 되어야 한다는 것도 다시 깨닫고 깨닫습니다.

한껏 자라는
10월

점심을 먹고 교실로 뛰어 들어오던 말똥이가 미끄러지면서 하필 이마를(아니, 다행히 이마를) 책상 모서리에 찧어서 혹이 났습니다. 우리 반 말똥이는 발달장애가 있지만 완전 통합으로 수업에 참여하고 있습니다. 당연히 보조 강사 지원을 받아야 하는데, 인력 부족으로 1학년인데도 한 시간도 지원을 못 받고 있습니다. 이게 우리나라 특수교육의 현실입니다. 오로지 담임교사와 특수교사, 부모의 노동 쥐어짜기로 허덕허덕 이어 왔다는 느낌을 받습니다.

　20년 넘는 교직 경력 중 절반은 교과 전담 교사를 해서 담임교사 경험이 10년밖에 안 되고, 그중 6년이 1학년 담임, 그중 9년이 특수교육 통합 학급 교사였습니다. 특수 아동이 있는 학급을 자원하기도 했고, 힘들어하는 선생님을 위해 바꿔 주기도 한 까닭입니다. 아무 지원도 없으면서 의무만 배가되는 특수 아동을 완전 통합으로 경험하면서 힘들고 어려운 점이 너무나 많았지만, 그래도 좋은 점은 교사에게 이보다 좋은 배움의 기회는 없다는 것입니다. 우리 반 아이들에게도 마찬가지입니다. 나와 다른 누군가를 만나는 것은 새로운 세상을 만나는 것과 같습니다. OECD가 미래 세대의 핵심 역량으로 "이질적인 집단에서 상호작용하는 능력"을 꼽은 데는 이유가 있는 것입니다.

아무튼 말똥이는 무척 민감해서 "보건실, 의사, 병원"을 극도로 싫어하고 거부합니다. 그래서 혹이 났는데도 울지도 않고 씩씩하게 "저는 괜찮아요. 1반에도 이마에 뭐 붙이고 다니는 애가 있어요." 하면서 보건실 대신 이를 닦으러 화장실로 갑니다. 피멍이 들어 부어오른 게 심상치 않아서 보호자에게 문자를 드렸습니다. 많이 부어올랐는데 보건실을 안 가고 이를 닦으러 갔다고요. 이를 닦고 들어온 말똥이에게 엄마랑 통화를 하는 게 어떻겠냐고 물었더니, 좋다고 합니다.

그리고 내 휴대전화를 유심히 보더니 "우리 엄마도 아이폰이라 영상통화를 할 수 있어요." 합니다. 말똥이는 자기가 하고 싶은 말을 직접 표현하지 않고 이렇게 우회적으로 표현합니다. "엄마랑 페이스타임 하고 싶어?" 물어봤더니 고개를 끄덕이네요. 엄마랑 영상통화를 하면서 혹이 난 이마를 보여 주고 대화를 나누도록 했습니다. 그렇게 엄마와 통화를 하면서 마음을 가라앉히고 함께 손을 잡고 보건실에 다녀왔습니다. 보건 선생님은 얼음찜질 처방을 해 주셨습니다. 다행히 아이도 씩씩하고 한 시간 정도 뒤에 보니 부기도 많이 가라앉았습니다. 5교시 수업을 하는데 말뚱이 엄마에게 문자가 왔습니다.

"선생님, 많이 놀라셨지요? 보건실 치료는 하는 데까지만 하고 하교해서 치료하겠습니다. 감사합니다."

이 정도의 문자에 감사의 마음이 불뚝 솟습니다. 학교라는 곳이 아이 단속을 못 해서, 안전지도를 못 해서 사고가 나는 것이 아니라 사고는 늘 일어날 수밖에 없습니다. 그걸 조금만 이해해 준다면 교사 노릇하기 좀 편할 거 같다는 생각을 늘 합니다. 말뚱이 어머니는 오후에 "병원에서도 큰 이상은 없는 거 같다"고 진단했다는 문자를 주셨습니다.

우리 반에 아이들이 26명 있다면 대응 방식 또한 26개가 있어야 합니다. 그리고 10월쯤이면 교사는 이 26개의 소통 방식을 어느 정도 통달하고 있어야 합니다. 그래야 감정적 소진이 일어나지 않습니다. 그러나 한 번 삐끗하면 도미노처럼 우르르 다 무너지게 마련입니다. 그러니 교사는 늘 감정 노동을 하는 존재가 됩니다. 그리고 대부분은 자책합니다.

참여 교사 할 수 있는 일이 거의 없는 거 아닌가, 그런 생각이 들죠. 내가 연수 같은 걸 받아도 대집단 상황에서 연구를 한 게 아니기 때문에 사실 도움이 되는 게 하나도 없더라고요. 무기력한 아이, 우울한 아이들을 위한 연수라던가 그런 걸 들어 봐도 교실에서는 전혀 도움이 안 되고요. 그런 건 거의 상담 기법이기 때문에 아이를 이해하고 수용하는 쪽만 이야기해 주니까요. 그래서 뭘 해 줄 수 있을까, 뭘 해야 할까 그럴 때 내가 주로 쓴 방법이 아이들과 함께 고민해 보는 거였는데 그걸 못 하니까 내가 진짜 어떻게 하지? 그런 거요.

연구자 그래도 한번 해 보는 건 어때요?

참여 교사 무서워요. 엄마들이 예민하니까요. 이 아이의 엄마가 어떻게 받아들이는지 모르겠고요.

연구자 휴직을 생각하고 있다?

참여 교사 네, 언제나 휴직을 하고 싶어요.

연구자 휴직을 생각하는 이유는 힘들어서? 교사가 이런 직업일 줄 몰랐어서?

참여 교사 아뇨. 이런 직업이라는 걸 모르지는 않았는데 좀 놓고 싶다는 생각이 맨날 들어요. 내가 이렇게 살려고 태어났나, 그런 생각을 해요.

교직 생애 처음으로 1학년 담임을 하면서 교사들이 겪는 어려움입니다. 주로 20~30대 교사들이 겪는 어려움인데, 이들이 겪는 이런 두려움과 무력감의 근원이 무엇인지 우리 사회는 잘 돌아봐야 합니다. 교사에게만 강요할 것이 아니라 왜 엘리트로 성장해 교육대학에 들어가고 임용고시를 통과해서 교사가 된 이들이 이런 무력감을 느껴야 하는지, 그것을 단순히 교사들의 잘못으로만 몰아세워도 되는지 고민을 하게 됩니다.

10월이 한껏 자라는 시기라는 말은 동시에 위기의 시기라는 뜻이기도 합니다. 어린이 발달에서 위기는 언제나 새로운 도약을 위한 계기가 되어 줍니다. 1년 학교생활의 열매를 잘 거두기 위한 세 번째 위기가 도래하는 시기가 바로 10월입니다. 3월의 위기, 5월의 위기, 10월의 위기. 이 위기의 부정성 너머에 있는 도약 계기를 잘 포착해야 합니다. 가끔 그런 위기의 시기들을 보낼 때마다 그런 생각을 합니다.

'아, 이런 위기를 얼마나 더 겪어야 하는 걸까?'

언제나 답은 알고 있습니다. 아이들의 배움과 함께 해야 하는 교직을 그만두기 전까지는 끝나지 않을 고민입니다.

초등학교 1학년이 되기까지 아이들은 네 번의 위기를 겪습니다. 신생아의 위기, 1세의 위기, 3세의 위기, 7세의 위기입니다.

신생아의 위기는 출생과 함께 어린이가 어머니로부터 생리적으로는 분리되지만, 생물학적으로는 분리되지 못한 데서 생깁니다. 즉, 영양분을 섭취하고 체온을 조절하며, 외부 환경으로부터 보호를 받거나 이동하는 모든 것이 전적으로 보호자에게 의존할 수밖에 없는 상황입니다. 영양 섭취, 깨어 있음과 수면의 구분이 주된 발달 노선입니다. 태어나자마자 서서 뛰어다닐 수 있는 여타의 포유동물과 달리 인간은 보호자에게 전적으로 의존할 수밖에 없는 긴 유년기를 특징으로 합니다. 신생아의 감각과 정서는 미분화되어 있고, 체험 역시 단일한 전체로 미분화되어 있습니다. 신생아와 대상, 대상과 사람 역시 미분화되어 개별 대상이 아닌 전체로 경험되는 본능적이며 원시적인 정신생활이 출현합니다.[*]

신생아기와 함께 시작되는 유아기乳兒期는 점차 먹고 마시며 스스로 이동할 수 있게 되면서 생물학적으로는 독립적이나 사회적 접촉에 필요한 말의 결핍으로 사회적으로는 의존적인 상황에 처하게 됩니다. 영양 섭취, 깨어 있음과 수면의 구분이 자유로워지면서 주변적 노선으로 물러나고 주의와 흥미, 관심과 지적 모방이 발달의 중심 노선으로 등장합니다. 사회적으로 의존적인 상황은 '공유된 주의'라는 신형성[**]을 창조합니다. 공유된 주의는 조건적 반응과 연관된 대뇌피질

[*] 비고츠키, 연령과 위기, pp.168-170

의 발달을 이끕니다. 이것은 분산 인지의 발생이며 사회적 상호작용과 연관됩니다. 눈 맞추기나 사회적 미소 짓기와 같은 사회적 행동이 발생하며 '원시적 우리'라는 의식의 신형성이 나타납니다. 원시적 우리는 자신의 의식과 타인의 의식을 아직 구분하지 못하는 상태를 말합니다.

1세의 위기에서 어린이는 생물학적으로 독립적이지만 사회적으로는 의존적인 상황을 역전시켜 원시적 말을 만들어 냅니다. 원시적인 말은 어린이가 스스로(마음대로) 만들어 낸 말입니다. "푸푸"와 같이 단편적 모방으로 만들어진 소리이며, "빨가면 사과, 사과는 맛있어, 맛있으면 바나나, 바나나는 길어, 길으면 기차"를 지시하는 이질적 의미의 사슬복합체의 속성을 보입니다. 따라서 상황을 공유하지 않으면 지시 대상을 공유할 수 없는 의사소통적 모순을 내포합니다. 걷지만 걷지 않고, 말하지만 말하지 않으며, 자기 자신을 조절하지만 조절하지 않습니다. 원시적 말은 초기 유년기 발달의 사회적 상황을 예비합니다.

1세의 위기에서 나타난 비체계적이며 비소통적인 원시적인 말은 초기 유년기(만 1세~3세) 발달의 사회적 상황이 됩니다. 초기 유년기의 시작 단계에서는 보고 듣고 느끼는 감각처럼 자신이 바라는 것이나 원하는 것 역시 타자와 직접적으로 공유된 것으로 지각하는 '원시적 우리'가 존재합니다. 사회적

** 신형성neo-formation: 비고츠키의 이론에서 발달이란 '앞선 단계에는 없었던 새로운 것이 끊임없이 나타나고 형성되는 과정을 통해 이루어지는 인격 형성의 과정'이다. 신형성은 이런 발달 과정에서 앞선 단계에는 없었던 것이 새롭게 나타나게 된 것이다. 어린이 발달은 시간에 따라 일어나는 역사적 과정으로 한 연령기에서 다른 연령기로 질적 변화를 수반한다. 이런 질적 변화의 중심에는 이전에는 존재하지 않았던 새로운 형성, 신형성이 있으며, 이는 어린이의 인격이 변화하는 지속적인 자기 운동의 과정이다. 신형성은 인격과 그 활동을 구성하는 새로운 유형, 그리고 신체적·사회적·심리적 변화를 의미한다.

상황에서 자신과 대상을 구분하기는 하지만, 자신의 의식이 타자의 의식과 동일하다고 가정합니다. 초기 유년기의 후기 단계에서 어린이는 '나'에 대해 말하기 시작하며, 나의 지각이 타인과 공유되지 않는다는 것을 이해하기 시작하고, 감각장으로부터 벗어나기 시작합니다. 시각-도식적 구조와 발생적으로 다른 의미적 구조가 출현합니다.[*]

초기 유년기 어린이는 낱말을 사용해서 원하는 것을 요구하고 획득할 수 있게 되면서 사회적으로 독립적이지만 주변 환경에 감정적으로는 여전히 의존적인 상황에 있습니다. 이 시기에 어린이의 행동은 원시적 말이 아닌 낱말을 통한 의사소통의 성공(공동일반화), 시각·청각·촉각 등 지각의 안정화, 유사놀이로 발달합니다. 안정적인 발음과 대상의 속성과 이름을 동일시하는 명명하기, 안정적 지각에 기반한 지시적인 말이 발달합니다. 어린이의 생각은 말 발달과 함께 의미적이며 체계적 구조로 발달합니다. 초기 유년기의 신형성은 지각한 것을 말로 표현하는 언어화된 지각, 원시적 말의 소멸과 동시에 출현하는 말, 체계적이며 의미론적인 의식의 출현입니다.[**]

3세의 위기는 어린이가 환경에 대한 감정적 의존에서는 벗어나면서 원시적 의지가 출현하는 것으로 설명됩니다. 이 시기 발달의 사회적 상황을 비고츠키는 7성좌(부정성, 고집, 완고함, 독선, 저항-반항, 비난, 독재 혹은 질투)로 표현했습니다. 어린이는 실제로 자신이 원하는 것임에도 "싫어"라는 말로 거부하거나, 원하지 않는 것인데도 하겠다고 고집합니다. 혼자

[*] 비고츠키, 연령과 위기, pp.311~319.
[**] 비고츠키, 의식과 숙달, pp.88~93.

서 할 수 없는데도 혼자 하겠다고 독선을 부리거나 타인을 향한 다툼으로 저항을 표현하고, 거절하고 무시하는 말로 대상을 비난하기 시작합니다. 부모를 통제하려는 독재와 형제자매를 향한 질투는 권력에 대한 지향을 나타냅니다. 이 시기 어린이는 사회적으로는 독립적이지만, 자기 행동을 스스로 통제하지 못한다는 점에서 심리적으로는 의존적입니다.*

3세의 위기에 나타나는 발달의 사회적 상황은 어린이가 진정한 심리적 자율성을 향한 첫걸음으로 '원시적 의지'라는 신형성을 창조합니다. 원시적 의지는 대상이나 상황을 지향하는 행동이 아닌 사회적 관계를 지향하는 행동을 출현시킵니다. 즉 자기 주변의 가족이나 형제, 자매, 친구들을 향해 행동하게 됩니다. 모든 징후들은 권력에 반하며 겉보기에는 제멋대로인 자율성을 향합니다. 원시적 의지는 오히려 어린이의 행동을 추동하는 것이 아니라 마비시키는 것이지만, 감정과 의지의 분화를 보여 주는 징후입니다.

감정과 의지의 분화로 출현한 원시적 의지는 충족되지 않은 욕망과 실현되지 않은 경향성이라는 전학령기 초기 발달의 사회적 상황으로 나타납니다. 원하면서도 거부하고, 원하지 않으면서 고집하는 것은 나의 욕망대로 실현되지 않는 상황을 만들어 내는 것입니다. 전학령기 어린이는 이제 감정과 의지의 분리를 다시 연결합니다. 하고 싶은 것을 수용하고 하고 싶지 않은 것을 거부할 수 있는 놀이와 의미 기반의 의지가 출현합니다.

전학령기에는 기억 기능이 빠르게 발달하며 이는 발달의 중심 노선과 관련됩니다. 전학령기 어린이는 구체적인 역할

* 비고츠키, 의식과 숙달, pp.162~167.

과 일반화된 규칙이 있는 역할놀이에서 일반화된 역할과 구체적인 규칙이 있는 놀이로 이행합니다. 원시적인 형태의 서사를 사용할 수 있고, 이야기가 나타납니다. 전학령기 어린이의 놀이, 말, 생각은 모두 지각적일 뿐 아니라 서사적인 것이 됩니다. 개념은 아니지만 일반화된 표상이 발달하고, 감정의 공동일반화가 발달하며, 상상놀이나 그리기 같은 창조적 활동이 발달합니다. 따라서 자생적인 학습뿐 아니라 반응적 교수-학습이 가능해집니다. 소비에트의 유치원 교육에 대한 비고츠키의 보고 내용을 통해 우리가 확인할 수 있는 것은 전학령기 어린이는 읽고 쓰기를 배울 수 있지만 반응적 교수가 아닌 자생적 방식으로 시작해야 한다는 점입니다.[*]

전학령기의 어린이는 이미 반응적·수용적 학습이 가능합니다. 기억하기, 시간과 공간의 공동일반화, 이상적 상황과 상상의 인물 창조하기, 놀이에서 정해진 규칙을 이해하고 따르기와 같은 능력들이 요구됩니다. 이런 전학령기의 신형성은 그대로 남지만 발달의 사회적 상황은 사라지고 새로운 위기적 국면이 시작됩니다. 7세의 위기를 맞으며 어린이는 우쭐대거나 허세를 부리고, 변덕스럽거나 철없는 행동을 보여줍니다.

7세 위기의 사회적 상황은 환경에 대한 심리적 의존으로부터 벗어나 자아의 토대를 확립하는 것입니다. 외적 인격과 내적 자아의 분화를 통한 원시적 자아라는 신형성이 나타납니다. 지각의 의미화를 통해 외적 세계에 대해서는 공유된 의사소통이 가능하지만, 개인의 체험을 의사소통을 통해 의미화하는 공동일반화가 필요합니다. 지성화된 행동(내가 무슨 행동

* 비고츠키, 의식과 숙달, pp.192~207.

을 하는지 알게 되는 것), 지성화된 말(내가 무슨 말을 하는지 의식하는 것), 체험의 공동일반화(나의 개인적 체험을 다른 사람에게 이해시키는 것), 원시적 자아(겉으로 드러나는 인격과 속마음 사이에 새로운 층이 생기는 것)가 바로 7세 위기의 신형성입니다. 내적 느낌과 외적 행동이 동일하게 드러나는 순진한 일치성과 어린이다운 즉각성이 상실됩니다.[*]

어린이 발달은 생물학적 발달, 신체적 발달, 언어적 발달, 정신기능의 발달이 매우 복합적이고 중층적으로 엮이고 꼬이는 과정임과 동시에 어린이와 어린이를 둘러싼 환경 또한 복합적으로 엮이고 꼬이는 과정이기 때문에 간결하게 정리해서 어떻게 해야 한다는 '지침'을 내리는 것이 매우 어려운 일임을 깨닫게 됩니다.

[*] 비고츠키, 의식과 숙달, pp.229~232.

한 해의 열매를 거두는
11월

개똥이는 발달장애 학생입니다. 특수교육 대상자지만 특수실무사 같은 지원은 전혀 받지 못하고 완전 통합으로 온전히 우리 교실에서 생활하고 있습니다. 인지적인 측면보다 심리적·사회적인 면에 어려움이 있습니다. 소위 말하는 '과잉행동장애'라고 할 수 있는데 '어떤 상황이 만들어 내는 심리적 압박'을 견디지 못하고 자해를 하거나 공격적 행동을 합니다. 잘 훈련된 매뉴얼이나 규칙은 잘 지키지만 '돌발 상황', 즉 경험하지 못했던 것이나 과거에 부정적 경험으로 기억된 것에 대해서는 매우 흥분을 하고 제대로 대응하지 못합니다.

1학년 수학 교육과정에서 연산 영역은 1부터 100까지의 수와 받아올림과 내림이 있는 두 자리 수의 덧셈과 뺄셈으로 구성되어 있습니다. 4월 교과 학습이 시작되면서 2월 마칠 때까지 이런 내용을 다양한 활동으로 배우게 됩니다. 이제 세 수의

　　　　　초등학교 1학년 열두 달 이야기

덧셈과 뺄셈을 배울 시기가 되었습니다. 어제는 공깃돌을 튕겨서 나오는 점수를 더하는 활동을 하고, 오늘은 놀이 활동과 접목해 바구니 세 개를 두고 공을 던져서 몇 점이 나왔는지 더해 보는 활동으로 운영하였습니다. 세 수를 더하는 것은 모두 어려움 없이 할 수 있는 수준이지만, 관찰하고 조준하고 내 몸을 놀려서 움직이는 것에는 매우 느린 아이들의 상태 때문에 준비한 수업입니다.

한 학급을 맡아 담임을 하다 보면 한 개인의 기본적인 성품은 바뀔 수 있는 것일까를 늘 생각하게 됩니다. 비석치기를 할 때도, 공깃돌을 튕길 때도, 공을 던질 때도 친구들이 하는 것을 잘 관찰했다가 따라하는 아이, 자기가 했던 것 중 성공한 것을 지속적으로 시도하는 아이, 다른 친구들이 하는 것과 무관하게 자기 하는 대로 하는 아이, 한 번 해서 안 된다고 그냥 마구 던지는 아이, 아무런 계산이나 생각 없이 되는 대로 하는 아이, 26명 아이들마다 26가지 색이 펼쳐지는 게 교실입니다.

그리고 늘, 적절한 피드백이란 무엇일까를 생각합니다. 정확하게 콕 집어서 얘기해 주는 것만이 능사가 아니고, 둘러 둘러 말해 주는 것도 능사가 아닙니다. 그러니 이런 단순한 활동을 하나 하면서도 머릿속은 매우 복잡하게 돌아갑니다.

모든 학생들이 돌아가면서 바구니에 공 넣기 활동을 합니다. 3점 바구니에 세 번을 모두 성공한 아이는 딱 한 명입니다. 내가 시범을 보일 때는 모두들 성공할 줄 알았지만 의외로 어렵다는 것에 약간 좌절한 분위기가 되지요. 공이 바구니 밖으로 튕겨 나갈 때, 엉뚱한 곳으로 떨어질 때마다 개똥이는 "빵!", "빵!", "빵!"을 외쳤습니다. 불러서 주의를 줍니다. 너무 크게 말해서 시끄럽고, 또 실패한 친구들 기분이 나쁠 수도 있으니 하지 않으면 좋겠다고요. 그리고 두 번째 도전을 마쳤지만 여전히 성공한 아이들은 없었습니다.

"한 번 더 기회를 줄까?"

더 도전해 보겠다는 아이, 실패에 기분이 나빠져 안 하겠다는 아이, 별 반응이 없는 아이… 다양합니다. 그래서 이번에는 도전하고 싶은 사람만 하기로 했습니다. 개똥이 차례가 되었습니다. 처음에는 조준을 잘해 보려고 했는데 엉뚱한 곳에 떨어지자, 실망한 나머지 공을 아무렇게나 던집니다. 아이들이 "빵 더하기, 빵 더하기, 빵 더하기, 빵"이라고 외쳤습니다. 내가 모니터를 보여 주면서 수식을 적자 아이들이 수식을 읽은 것입니다. 이에 흥분한 개똥이는 공을 주워서 친구들에게 던졌습니다. 그 와중에 웃긴 행동을 많이 하는 소똥이가 맞았고, 소똥이는 "어, 무서워! 어, 무서워!" 하며 호들갑을 떨었습니다. 개똥이는 나에게 달려와 외쳤지요.

"친구들이 저한테 빵점이라고 했어요."

"개똥아, 개똥이도 아까 친구들에게 빵, 빵 그렇게 했잖아. 그러니까 먼저 친구들에게 공 던져서 미안하다고 사과하자.

자, 이렇게 말해, '너희들이 빵점이라고 했다고 공 던져서 미 안해.'"

개똥이는 몸을 획 돌려서 자기 자리로 그냥 들어가 버렸습 니다. 그리고 내 얼굴을 외면하네요.

"개똥이 앞으로 나오세요. 선생님이랑 하던 말 계속해야죠."

그 찰나의 순간에 수백 가지의 생각들이 스쳐 지납니다. 과 연 이것으로 오늘의 씨름을 시작할 것인가, 그냥 개똥이가 너 무 화가 나서 그런 것이니 이해해 주자 하고 넘어갈 것인가, 그 렇게 돌다리를 무수히 두드립니다.

"흥!"

"개똥이 앞으로 나오세요."

이렇게 몇 번을 해도 아이가 꿈쩍하지 않으면 교사가 학생 에게 걸어가게 됩니다. 그러나 몸도 무겁고 마음도 무거워진 나는 그냥 말로만 합니다. '선생님이 너에게 가지는 않을 거야' 생각합니다. 마음속으로는 개똥이가 교실 밖으로 뛰쳐나가거 나 자해를 하는 행동을 하지 않을까 염려되면서도 나는 또 하 나의 돌다리를 건너면서 다음 돌다리를 두드립니다. 1학기 말 에 이제는 됐겠지, 하며 시도했다가 실패했던 일입니다.

"개똥아, 네가 오늘 앞에 나와서 이야기를 잘 끝내면 너는 한 단계 더 나아가서 성장하게 되는 거고, 오늘 이렇게 그냥 끝나게 되면 니는 성장할 기회를 놓치 는 거야."

개똥이가 그 말을 듣더니 순순히 앞으로 나옵니다. 그리고 나를 바라봅니다.

"우와, 우리 개똥이가 아주 큰 용기를 냈어요. 개똥이 얘기를 들어봅시다. 개똥아, '친구들아, 빵점이라고 했다고 화를 내서 미안해'라고 사과하자."

"친구들아, 너네가 빵점이라고 했다고 내가 화내서 미안해."

여기까지는 잘 건넌 것 같았습니다. 그러나 언제나 또 다른 복병이 기다리고 있습니다. 친구들은 다 감동한 상태로 그 말을 받아 주려는 태도가 되었습니다. 그런데 그냥 '괜찮아'라고 해야 할지, 뭐라고 해야 할지 몰라 망설이는 사이에 개똥이는 "친구들이 내 사과를 받아 주지 않아" 하면서 달려 나가서는 소똥이를 한 대 때리고 맙니다. 나는 개똥이 손을 잡고 어깨를 두드려 주면서 말합니다.

"개똥아, 친구들이 너의 사과를 받아 주지 않은 것이 아니라 무슨 말을 어떻게 해야 할지 몰라서 그랬던 거야. 잠깐 기다려 봐."

"얘들아, 개똥이가 아주 용기를 내서 사과를 했어. 그러니까 너희들은 '개똥아 네가 용기를 내서 사과해 줘서 고마워'라고 얘기해 주자."

"개똥아 용기를 내서 사과해 주어서 고마워."

그리고 소똥이 차례. 이번에는 소똥이가 나왔습니다. 그리고 내가 개똥이에게, "소똥아, 내가 때려서 미안해."라고 사과를 하라고 했습니다. 그랬더니 소똥이 옆으로 가서 귓속말로 뭐라 뭐라 합니다. 소똥이가 환하게 웃어 주네요. 그리고 마무리.

"개똥아, 오늘 큰 용기를 냈어. 개똥이는 앞으로 더 크게 성장할 거야. 잘했어."

우리 반 모두 기분 좋게 손을 씻고 밥을 먹으러 갑니다. 개똥이는 평소에는 먹지 않았던 깍두기를 알아서 다 먹었습니다. 점심을 먹고 돌아오니, 어떤 아이가 개똥이에게 말하는군요.

"개똥아, 우리 이거 하고 놀까?"

"아니, 나는 이미 말똥이랑 이거 하기로 하고 기다리고 있어."

이런 작은 '성공'의 경험은 어디에서 왔을까요? 교직 경력 20년 중 담임 경력 10년, 그중 9년을 장애아 통합 학급 담임으로 보낸 세월의 힘입니다. 그냥 하루아침에 된 것이 아니라 쌓아 온 세월이 만들어 낸 것입니다. 나도 주저앉거나 뒹구는 아이를 힘으로 일으켜 봤고, 의자에 강제로 앉히기도 했고, 그 아이를 붙잡기 위해 온 학교를 뛰어다니기도 했습니다. 그러나 이 작은 성공이 얼마나 갈지, 얼마나 유효할지는 아무도 모릅니다. 언제나 복병은 기다리고 있으니까요.

개똥이 같은 특수교육 대상자가 같은 반에 있다는 것은 축복이 될 수도 있고 지옥이 될 수도 있습니다. 어떨 땐 지옥과 같다가 어떨 땐 환희가 넘치는 축복이 되기도 합니다. 완전 통합 학급이 정답이지만, 그것을 정답으로 만드는 과정은 매우 지난하고 어려운 싸움의 과정입니다. 그냥 밖에서 보고 들은 것으로 한 단면만 잘라서 판단하는 것은 매우 위험합니다.

11월이 되면서 1학년은 '우리나라'에 대해 배웁니다. 우리의 전통문화와 국가적 상징에 대해 배우는 주제 통합 교과인데 너무나 다행스럽게도 아이들의 전통놀이로 이 대주제를 시작하는 것으로 구성되어 있습니다. 땅따먹기, 사방치기 같은 놀이를 해 본 아이가 얼마나 될까요?

전지를 이어 붙여서 땅따먹기를 해 보고, 교실 바닥에 사방치기를 두 개 그려 놓고 틈날 때마다 합니다. 아이들은 온몸으로, 진심으로 땅따먹기와 사방치기를 사랑합니다. 어떻게 하면 저걸 할 수 있을까 궁리하고 서로 작전을 가르쳐 주고 잘 되는 것을 기뻐해 주고 실패한 것을 안타까워합니다. 이 얼마나 아름다운 광경인지요!

수요일 점심시간이었습니다. 남자아이들과 여자아이들로 나뉘어서 사방치기를 하는 모습이 보기에 참 좋았습니다. 나는 그 틈을 타 교실 사물함 교체 대장을 작성하고 있었습니다. 분명히 한가로워 보였는데 그 잠깐 동안 싸움이 일어납니다. 개똥이는 울며불며 "닭똥이랑 뱀똥이가 저한테 '아웃!'이라고 했어요! 저한테요. 저한테요!" 하고 달려 나옵니다. 닭똥이랑 뱀똥이도 씩씩거리며 "선생님, 개똥이가요. 이렇게 하는 거라고 알려주는데도 자꾸 자기 맘대로 하고 아웃이 아니라고 하고 우리를 때렸어요!” 합니다.

자초지종을 듣지 않아도 개똥이 나름대로 해석한 규칙과 부자연스러운 몸놀림이 똘똘하고 약삭빠른 닭똥이나 뱀똥이에게는 이해하기 어려웠던 것이었으리라 짐작할 수 있었습니다. 일단 개똥이를 진정시켜야 했습니다.

“개똥이가 지금 차분하게 말할 수 있어요?”

“아니요, 나는 지금 매우 매우 매우! 화가 났어요.”

“그럼, 개똥이는 차분하게 말할 수 있을 때까지 여기에서 조금 기다릴 수 있어요?”

“네.”

개똥이를 내 의자의 안쪽으로 분리시켰습니다. 당장 달려들어 또 때릴 거 같은데 그걸 교사가 힘으로 제압하면 아이의 분노를 배가시킬 거 같아서였어요. 한쪽으로 물러선 개똥이 옆에서 닭똥이와 뱀똥이에게 어떻게 된 일인지, 뭐가 억울한지 말해 보라고 했습니다.

“개똥이는요, 한 발 뛰기 할 때도 다 두 발로 뛰고요. 우리가 자꾸 아웃이라고 하는데도 아니라고 하면서 우릴 때렸어요.”

그 얘길 듣고 있던 개똥이가 끼어듭니다.

“저 차분해졌어요. 그런데, 그런데, 그런데 그게 아니에요. 닭똥이랑 뱀똥이가 저한테 먼저 아웃이라고 했어요.”

말을 하면서 다시 흥분이 고조되고 울음 범벅이 됩니다.

"나는요, 나는요, 용똥이 말고 우리 반 애들 다 싫어요. 내 친구는 용똥이밖에 없어요."

이렇게 오고 가는 대화 사이에 다른 아이들은 뛰어다니고(점심시간이니까), 이것저것 물으러 나오고, 나는 또 돌다리를 두드리면서 개똥이가 다시 공격적 행동을 하지는 않을까, 뛰쳐나가지는 않을까, 안 그래도 똘망똘망한 저 닭똥이와 뱀똥이는 분을 삭이지 못하고 있는데 어떻게 해야 할까, 동시에 판단하고 생각해야 하는 것들 사이에 범벅이 되어 있었습니다.

"얘들아, 우리 일단 자리에 앉자. 닭똥이와 뱀똥이는 자리에 들어가세요. 그리고 우리 개똥이 얘기 좀 들어 보자."

개똥이는 겁을 잔뜩 먹고(일단 자기가 먼저 때렸다는 것에 대해 겁을 먹고 있고, 또 그런 문제는 어린이집, 유치원을 거쳐 지금까지 무수히 있었던 일이므로) 자기 자리로 들어가고 싶어 했습니다.

"개똥아, 선생님이랑 얘기 좀 하자."

"저는 들어가고 싶어요."

"그래, 그럼 자리에 들어가. 마음 차분하게 하고 다시 얘기하자."

그리고 1분이나 지났을까, 개똥이를 불렀습니다.

"개똥아, 이제 이리 나와 봐. 개똥이는 사방치기를 하고 싶었어요?"

"네."

"누구랑 같이 했어요?"

"닭똥이랑 뱀똥이랑 말똥이랑 또 누구지?"

"그래요. 그런데 무슨 일이 있었어요?"

"어어, 내가 하고 있는데 닭똥이랑 뱀똥이가 '아웃'이라고 했어요."

"닭똥이랑 뱀똥이는 왜 아웃이라고 했을까요?"

"……."

"그럼 선생님이 왜 아웃이라고 했는지 알려 줄까?"

개똥이 손을 잡고 사방치기 앞으로 갑니다.

"봐봐, 개똥아. 개똥이는 이렇게 했지.(두 발 뛰기를 하는 시범을 보이고), 그런데 닭똥이랑 뱀똥이는 이렇게 했어(한 발 뛰기 시범을 보이고), 두 가지 방법이 같은 거야, 다른 거야?"

"달라요."

"그래, 맞아, 닭똥이, 뱀똥이가 하는 규칙이랑 개똥이가 하는 규칙이 달랐던 거야. 그래서 친구들이 아웃이라고 했던 거야."

"그럼, 나는 절대 사방치기 안 할 거예요."

"아니야, 개똥아. 친구들한테 개똥이 규칙으로 하자고 해서 친구들이 좋다고 하면 개똥이 방법으로 할 수 있어."

"싫어요. 나는 안 할 거예요. 절대 안 할 거예요."

"음, 그럼 개똥이는 또 한 번 성장할 기회를 놓치게 되는 건데 도전해 보지 않을 거야?"

"나는 절대로 안 할 거예요."

"그래, 그럼 개똥이는 다른 놀이를 하면 되겠구나. 그래도 언제든 사방치기를 하고 싶으면 얘기해."

그렇게 다른 친구들은 사방치기를 하고, 개똥이는 알까기 놀이를 하게 되었습니다.

하루에 하나씩 마무리되는 것도 아니고, 그 시간에 꼭 그것이 마무리되어야 하는 것도 아니니 이럴 땐 시간이 약입니다. 그럼에도 이런 경험이 불편하지는 않았는지 싶어서 개똥이에게 물었습니다.

"개똥이, 오늘 기분은 어때요?"

"저는 아주 좋아요. 저는 용똥이랑 알까기 놀이를 했어요."

"개똥이는 우리 반 친구들이 좋아요?"

"네, 저는 우리 반 친구들이 모두모두 좋아요."

그리고 다음날. 개똥이는 사방치기 근처에는 얼씬도 안 했고 다른 놀이를 하며 놉니다. 그러다 알까기를 하는데 다른 친구가 잘 못한다며 비웃었다고 다시 그 친구를 때리는 일이 있었고 서로 가볍게 사과를 하고 넘겼습니다.

바로바로 사과를 하고(무엇을 사과하는지 내용을 구체적으로 밝히며) 인정을 하고 억울함이 없다고, 서로 웃으며 헤어지는 일들이 더 많이 일어나야 한다는 '계시'를 이미 나는 받았습니다. 그렇게 지난 1년을 보내고 있습니다. 그런데 왜 이렇게 갑자기 집중적으로, 거의 매일 일어나는 까닭은 무엇일까, 헷갈리기 시작했습니다. 내가 돌다리를 바르게 건너고 있는 것은 맞는 건가, 하는 의구심.

"어머니, 시간 되실 때 학교에 한번 방문해 주세요."

개똥이 부모님께 연락을 드렸습니다. 늘 노심초사하는 개똥이 부모님은 선생님이 문제가 있는데도 밝히지 않는 건 아닐까 염려하셨습니다. 그러나 실제로 1학기에는 이렇게 물리적 폭력을 친구들에게 쓰는 경우가 딱 두 번뿐이었습니다. 10월부터 1학기보다 너무 민감해 보이기에 혹시 무슨 일이 있는 건지 여쭈었습니다. 의사의 권고에 따라 (행동을 더 개선해 보자고) 복용하는 약의 양을 더 늘렸다고 하십니다. 개똥이가 소리나 행동에 전과 다르게 매우 민감하게 반응하니 의사 선생님께도 꼭 전해 달라고 했습니다.

단순히 복용량의 증가가 이렇게 민감도를 높이는 것인지, 아니면 교실 환경의 변화는 없었는지 고민하게 되었습니다. 부모님과 이야기를 나누면서 2학기가 되면서 아이들의 놀이 규칙이 훨씬 더 세밀해지고, 놀이에 참여하는 아이들의 수도 늘어나고(대부분 두 명이 하던 놀이에서 7~8명까지 참여하는 놀이로), 또 그만큼 복잡해지면서 개똥이가 생각해야 할 변수들이 더 늘어난 거 같다는 말씀을 드렸습니다. 그리고 나의 지금 단기 목표는 개똥이가 다시 사방치기를 하겠다고 얘기해 주는 것이며, 언젠가 꼭 그럴 거라 믿고 있다고 말씀드렸습니다. 개똥이에게 선생님이 심부름도 잘하고 친구들이랑 문제가 있을 때 사과도 잘 하더라고 말했다고, 전해 달라고 했습니다.

그리고 금요일. 아이들이 단청 무늬에 색칠을 하고, 한복 접기를 하려고 준비하는 사이에 개똥이는 벌써 색칠을 끝내고 내 주변을 왔다 갔다 합니다. 사방치기용 플라스틱 조각을 만지작거리기에 물었지요.

"개똥아 사방치기 해 보려고?"

"네, 제가 해 보려고요."

그래서 아이들은 색칠을 하고, 개똥이랑 나는 사방치기를 했습니다.

"자, 1에다 던져 봐."

"한 발, 한 발, 두 발, 한 발, 두 발, 모둠발, 다시 두 발, 한 발, 두 발, 한 발, 한 발……."

마지막 돌멩이를 줍는 과정에서 개똥이는 계속 옆으로 쓰러지면서 실패합니다.

친구들이 자기를 보고 있다는 걸 깨달은 개똥이가 갑자기 얼굴을 들어 친구들을 살폈습니다.

"와, 얘들아. 개똥이 엄청 대단하지? 지난번보다 엄청 달라졌지?"

"네!!!"

"와, 개똥이 잘한다고 박수쳐 주자."

개똥이는 웃으며 어깨를 으쓱하더니만 다시 도전합니다. 2번 칸에서 1번 칸에 있는 돌멩이를 줍는 걸 결국 성공하고야 말았습니다.

"와, 개똥아, 대단하다. 잘했어!"

아이들은 내 말이 없었는데도 이제 알아서 박수를 쳐 주고 칭찬을 해 줍니다. 개똥이는 2단계에 도전하고, 실패하고, 다시 도전하고 그렇게 3단계까지 나갔습니다.

"어머니, 오늘 개똥이가 사방치기 도전하고 3단계까지 잘했어요. 칭찬해 주세요."

하교 후에 부모님께 이렇게 문자를 보내 드렸습니다. 개똥이와 우리 반 25명의 아이들은 오늘 무엇을 배웠을까요? 나는 또 무엇을 배웠을까요?

11월이 되어 한해살이의 열매를 만끽한다는 것은 이런 것입니다. 아주 작은 진보지만 그 작은 진보를 서로 확인할 수 있는 것. 그래서 나는 이런 진보의 기록들을 잊지 않기 위해 기록합니다. 그 다음은 기록을 통해 기억을 갱신하고 오늘을 갱신하는 것입니다.

놀이란 무엇인가?

2012년부터 5년 동안 혁신학교에서 근무했습니다. 블록 수업과 넉넉한 놀이 시간 확보에 공들이고, 학부모 동아리와 함께 방과후 놀이터를 안정적으로 운영하는 데 함께 했습니다. 그런데도 요즘 정치권에서 이것을 교육 차원이 아니라 정치적 문제로 이슈화하는 것은 불편하기만 합니다. 놀이밥 학교(강원도 교육청), 더 놀자 학교(서울시 교육청), 더 놀이학교(저출산고령사회위원회, 초등 저학년 3시 하교 정책) 같은 정책들을 가만히 살펴보면 정작 중요한 질문은 빠져 있는 느낌입니다. 아이들은 왜 놀아야 할까요? 물었더니 그저 "아이들이 즐겁게 학교생활을 하도록 하기 위해서요"라는 엉뚱하고도 낭만적인 답변을 하고 있는 셈입니다. 그도 아니면 사회적 돌봄의 의미로 학교에서 더 오래 놀다가 오면 안전하고 좋을 거라는, 어른 중심의 답변을 찾을 수 있을 뿐입니다. 도대체 놀이란 무엇일까요? 왜 놀이가 중요할까요?

비고츠키는 놀이의 의미를 새롭게 정립한 학자로도 유명합니다. 어린이의 놀이를 일상적인 행동을 되풀이하면서 학습하는 과정, 즐거움을 추구하는 활동, 현실에서 실현할 수 없는 것을 놀이를 통해 실현하는 과정 등으로 설명하는 이들이 있습니다. 그러나 비고츠키는 놀이는 어린이의 근접발달영역을 창조하며, 어린이 발달을 결정하는 선도적인 역할로 어린이 의식의 내적 구조에 변화를 가져온다고 이야기합니다.

놀이가 일상의 행동을 되풀이하면서 학습하는 과정이라

고 보는 관점은 동물의 행동 연구에서 출발했습니다. 사자가 사냥하는 법, 공격하는 법 등을 놀이를 통해 가르치듯이 어린 아이들도 놀이를 통해서 생활에 필요한 기본 기능들을 학습한다고 보는 오래된 관점입니다. '유사놀이' 단계에서 일부 그런 측면들이 있기는 하지만 이것이 놀이의 전부는 아닙니다. 오히려 전학령기는 역할놀이를 통해 실제 현실과 다른 상황과 맥락을 도입하고 그런 역할을 하면서 자기 규제 능력을 학습하는 측면들이 나타나고, 학령기는 규칙 기반 놀이를 통해 규칙에 자신을 종속시키는, 매우 비일상적인 활동을 한다는 것을 확인할 뿐입니다.

또한 놀이는 어린이에게 즐거움을 주는 활동이라고만 정의할 수는 없습니다. 놀이보다 다른 활동이 더 많은 즐거움과 만족을 주는 경우들이 있으니까요. 엄지손가락을 빠는 것이 놀이보다 더 좋을 수 있습니다. 놀이를 하는 활동 자체가 즐겁지 않은 경우도 상당히 많습니다. 이런 놀이는 주로 전학령기부터 나타나는데 놀이의 결과가 좋으면 즐겁지만 나쁘면 상당히 불쾌해지고 그 결과 다투고 울기도 합니다. 아이와 함께 놀이터에 간 부모들은 이렇게 하면서까지 애들을 놀이터에서 놀려야 하는 것인지 모르겠다고 합니다. 놀이의 일부만 이해하고 일부는 이해하지 못했기 때문입니다.

놀이는 어린이의 욕구와 필요를 충족시키기 위한 것, 즉 즉각적으로 실현할 수 없는 의도를 놀이를 통해 실현하는 것이라는 관점 역시 어린이 발달에서 놀이가 하는 역할을 충분히 설명하지 못합니다. 어린이의 발달은 총체적 변화와 관련됩니다. 따라서 연령기에 따른 필요나 동기가 어떻게, 왜 변화하는지 설명할 수 있어야 합니다. 초기 유년기 어린이는 자신의 욕구를 즉각적으로 충족시키려는 경향이 있지만 또 그만큼 쉽게 잊고 다른 것으로 바꾸게 됩니다. 이것은 놀이라고 하기 어렵습니다. 그러나 전학령기 어린이는 역할놀이를 통해 가상의 상황에 따른 규칙을 만들 수 있고 학령기 어린이는 규칙이 있는 놀이를 통해 규칙에 따른 가상의 상황을 만들 수 있습니다. 이런 놀이의 질적 변화 과정은 어린이 발달과 통합되어 진행됩니다. 단순히 욕구의 충족으로만 설명할 수 없는 부분이 존재합니다.

놀이는 어린이 발달과 함께 설명되어야 합니다. 놀이는 어린이가 현실과 맺는 독특한 관계이며, 가상의 상황을 창조하거나 한 대상의 속성을 다른 대상으로 전이하는 과정입니다. 유아기(0~1세)는 기계적 행동을 반복하는 비非놀이의 특성을 보여 줍니다. 초기 유년기(1세~3세) 어린이의 놀이는 놀이처럼 보이지만 진정한 놀이라고 할 수 없는 유사놀이입니다. 두 살 어린이가 자유자재로 인형을 어르며, 인형에게 엄마나 유모처럼 행동하지만 놀이가 아닌 이유는 인형을 어린아이로 생각하고 다루는 것이 아니라 인형으로, 사물의 본래 그 속성으로 다루기 때문입니다. 유사놀이는 전학령기(3세~7세)에 출현하는 역할놀이와의 차이에서 드러납니다. 겉보기에는 놀이처럼 보이지만 발생적 측면에서 가상의 상황을 만들어 내고 그 상황에 따른 역할과 그 역할에 따른 행동 규칙이 나타나느냐의 차이입니다. 유사놀이에서 놀이 상황은 현실 상황의 연장이며, 이 둘은 분리되지 않습니다.

전학령기 어린이는 놀이 상황과 현실 상황을 분화시킵니다. 놀이와 현실을 구분할 수 있게 되며, 놀이에서 가상의 상황을 상상할 수 있게 되고 이는 역할놀이로 나타납니다. 더 어린아이들에게 시계를 약국이라고 말해 주면 그것은 시계이지 약국이 아니라고, 약국이라고 말할 수 없다고 합니다. 책을 숲이라고 말해 주면, 그것은 책이지 숲이 될 수 없다고 말합니다. 이 시기 어린이에게 낱말(이름)은 곧 사물의 속성이 되어 이 둘을 분리할 수 없습니다. 그러나 3세 이후 어린이는 어느 덧 낱말(기호)과 의미가 분리될 수 있다는 것을 놀이를 통해 보여 줍니다. 놀이를 하면서 어린이는 시계는 약국, 잉크 뚜껑은 마차, 책은 숲이 되게 할 수 있습니다. 마차를 타고 의사가 숲을 지나 환자에게 가서 진찰을 하고 약국에 가서 약을 산다는 이야기를 만들면서 놉니다.

어린이 자신이 상황을 창조해 내는 이 순간이 중요한 것은 사물에서 하나의 속성을 분리해서 그것을 다른 것으로 상상할 수 있게 되었기 때문입니다. 낱말(이름)은 사물의 속성이 아니라 상징(기호)이라는 것을 아직 이해하지는 못했지만 그 역할을 정하면서 사물의 속성에서 추출된 것을 역할과 연결할 수 있게 된 것입니다. 약국과 시계, 숲과 책, 마차와 잉크 뚜껑은 분리된 속성과 역할 간의 직접접인 연결이 있습니다. 시계의 숫자판이 선별되어 약국이 되고, 책 표지가 초록색이기 때문에 숲이 되고, 뚜껑 안에 들어갈 수 있어서 마차가 됩니다. 사물 자체의 구체적 속성을 선별해서 역할을 지정합니다. 그리고 가상의 상황을 창조하고, 그 상황에 맞추어 행동하게 됩니다. 그리고 가상의 상황은 행동의 규칙을 만들어 어린이의 행위를 제약합니다.

소꿉놀이를 하는 어린이나, 가족 역할놀이를 하는 장면을 상상해 봅시다. 일곱 살 개똥이는 엄마 역할을 맡았습니다. 이 가상의 상황 속에서 개똥이는 어린이지만 엄마 역할을 해야 하고, 엄마처럼 행동해야 한다는 규칙이 발생합니다. 실제 상황에서는 규칙이 없이, 전혀 의식하지 않고 행동하지만, 역할놀이에서 어린이는 그 가상의 상황이 만들어 낸 행동 규칙을 지켜야 합니다. 가상의 상황이 만들어 낸 규칙을 어린이들은 놀이에서 자발적으로 수행합니다. 놀이와 자기 규제 능력의 연결은 이런 이해를 토대로 하는 것입니다. 그래서 전학령기의 역할놀이는 원시적 자아와 원시적 의지라는 신형성을 만들어 냅니다.

학령기 어린이들의 놀이는 어린이 발달에 어떤 기능을 할까요? 전학령기가 끝나 갈 무렵 규칙 기반 놀이가 출현합니다. 이미 정해진 규칙이 있는 놀이를 할 수 있게 되는 것이지요. 보드게임에서 규칙은 가상의 상황을 만들어 냅니다. 모든 게임 참여자에게 똑같이 적용되는 규칙은 규칙이 적용된 가상의 상황을 머릿속에 펼쳐놓습니다. 이 단계에서 중요한 것은 역할놀이에서는 가상의 상황이 그 역할에 맞는 규칙을 만들어 냈다면, 규칙 기반 놀이에서는 이미 정해져 있는 규칙이 가상의 상황을 만들어 낸다는 것입니다. 상황과 역할이 규칙을 지배하던 것에서 규칙이 상황과 역할을 만들어 내는 것입니다. 이것은 어린이의 행동이 의미를 지배하던 것에서 어린이의 의도와 의미가 행동을 지배하는 것으로 바뀝니다.

역할놀이에서 엄마라는 역할을 엄마처럼 행동해야 한다는 규칙을 만들어 내고, 엄마와 같은 행동이 의미가 됩니다. 규칙 기반 놀이에서 게임의 규칙은 참가자의 역할과 행동을 제한하고, 이것은 나의 역할에 따라 의도를 갖고 행동을 해야 하는 질적으로 전혀 다른 상황을 창조해 냅니다. 교실 상황에서 친구들과 잘 지내기 위해서는 정해진 약속과 규칙을 잘 지켜야 합니다. 갈등이나 다툼을 해결하려면 약속과 규칙에 따라 문제를 풀어갑니다. 이는 규칙이 나의 행동을 제한한다는 것을 이해해야 가능합니다.

"학교 시기에 놀이는 사라지는 것이 아니라 현실에 대한 태도에 스며든다. 놀이는 학교 수업과 공부(규칙에 기초한 의무적 활동) 속에서 그 내적 연속성을 가지게 된다. 의미장과 시각장 사이의 새로운 관계, 즉, 생각 속의 상황과 실제 상황 사이의 새로운 관계를 창조하는 것이 놀이의 핵심이다. 겉으로 보기에 놀이는 놀이가 이르게 하는 복잡한 매개적 사고 형태와 의지 형태와는 닮은 점이 거의 없다. 오직 깊은 내적 분석을 통해서만 놀이의 변화 과정과 발달에서의 놀이의 역할을 결정하는 것이 가능하다."[*]

규칙 기반 놀이가 어린이 발달에 갖는 함의는 학령기 어린이의 신형성인 의식적 파악과 숙달의 전제가 되며, 청소년기 낱말 의미와 개념적 사고의 발달을 예비하는 것에 있습니다. 단순히 즐겁고 행복하기 때문에, 자유와 해방을 느끼기 때문에 놀이를 한다는 것은 놀이의 겉모습만 보고 본질을 파악하지 못한 것입니다.

놀이 시간은 곧 자유 시간인 것처럼 해석되어 마음껏 할 수 있다는 것을 전제해서는 안 됩니다. 정해진 규칙을 지키며 규칙이 만든 상황과 역할을 수행하면서, 또 다른 새로운 규칙들을 만들고 합의하면서 상황에 지배되는 인간이 아니라 상황을 바꾸고 규칙을 바꾸고 나의 역할을 바꿀 수 있다는 것을 배우는 과정입니다. 규칙 기반 놀이는 교수-학습 상황과 긴밀하게 연결되어야 하고, 연결될 수밖에 없습니다.

[*] 비고츠키, 마인드 인 소사이어티, p.162.

충분히 사랑해 주는
12월

길고 지난했던 한 해가 저물어 갑니다. 1학기 때는 아침마다 아이들과 함께 피아노를 치며 "노래를 담은 시집" 노래를 부르며 나를 '정화'했고, 2학기에는 아침마다 아이들의 글쓰기 공책을 읽으며 나를 '정화'합니다. 아이들이 커 가는 모습을 보는 게 좋고 아이들이 해 주는 말이 좋습니다.

우리의 전통문화에 대해 공부하면서 우리 옷 한복에 대해 배울 때였습니다. 한복이 있는 아이들이 한복을 가져오면 전시를 하고 교사는 큐레이터처럼 한 벌 한 벌 그 한복의 특징에 대해 설명을 해 주는 시간입니다. 아이들은 자기 한복이니까 엄청 집중해서 듣습니다. 그리고 두 모둠씩 돌아가면서 맘에 드는 한복을 골라서 입고, 나에게 세배를 합니다. 나는 한 명씩 덕담을 해 주고, 세뱃돈으로 젤리를 한 봉지씩 나눠 주었습니다.

아이들 한 명 한 명에게 진심을 담아 잘하는 점과 노력할 점

을 얘기해 주었습니다. 1학년인데도 모두 귀를 쫑긋하며 듣습니다. 한편으로는 부끄러워하고 또 한편으로 즐거워하고 그랬지요. 몇 명에게 해 주는 덕담을 듣던 아이들이 그럽니다.

"맞아, 선생님 말이 딱 맞아, 딱 맞아!"

12월은 아이들을 충분히 사랑해 주는 달입니다. 한 해 동안 함께 겪었던 그 모든 배움을 통해 좋은 말만 해 주는 한쪽 사랑이 아니라 잘하는 것을 토대로 잘 안 되는 것도 잘 할 수 있도록 북돋워 주는 그런 사랑을 주는 달입니다. 진심으로 말하고, 진심으로 듣고, 진심으로 가르치고 배우는 자기 경험적 고백으로 사는 때입니다.

전통놀이로 연을 만들면서 연에다 소원을 적어 보자고 했습니다. 한 해 마무리 활동으로 참 좋아요. 그런데 2018년엔 우리 반 아이들 3분의 2가 통일이 되게 해 달라고 소원을 적었습니다. 문재인 대통령과 김정은 위원장이 만나고, 트럼프와 만나고, 문재인 대통령이 평양에 가고 그런 것들을 텔레비전과 뉴스에서 보면서 1학년 아이들에게도 통일이 자기 소원으로 다가온 겁니다. 통일 밥상 차리기 공부도 해 보고, 통일 윷놀이도 하고, 통일 기차 놀이도 했지만 그런 모든 계기 수업은 역사적 맥락 속에서 의미가 있고, 아이들의 소원은 그 역사적 맥락을 고스란히 담고 있습니다. 이 다음 아이들의 연에는 어떤 소원이 나올지 사뭇 궁금합니다.

오늘도 1학년 우리 반 아이들 글을 읽으며 보람을 느낍니다. 함께 애쓰고 공부한 공력이 글쓰기 공책에 고스란히 담겨 있네요. 이제 주제를 주고 5분에서 10분만 시간을 주면 뚝딱 씁니다. 2학기에 글쓰기 공책을 시작할 때는 "떡 만들기", "공 던지기 놀이", "산책하면서 만난 것들" 이렇게 구체적으로 주제를 주지만 어느 정도 익숙해지면 "밥상", "기차", "무궁화", "우리나라"처럼 일반적인 주제를 줍니다. "올해 우리나라는 평화롭고, 사람들 얼굴에서 웃음을 보았다"는 아이의 글을 보니, 난 올해 참 잘 살았다 싶어 스스로 즐거워합니다.

이런 즐거움도 있지만 12월은 한 해를 마무리하는 작업이 만만치 않는 시기입니다. 한 해 교육과정 운영 평가, 학생 평가, 생활기록부, 겨울방학 준비 등등 여유 있게 한해를 잘 마무리하기엔 곳곳에 복병들이 숨어 있습니다. 이런 복병들을 잘 해결하면 이제 겨울방학입니다.

겨울방학에도 여름방학처럼 필수 과제는 두 가지입니다. 주제가 있는 글쓰기와 독후 활동. 여름방학에 사용했던 파일에 필요한 학습지를 덧끼워서 겨울방학 과제 파일로 활용합니다. 그래서 파일 제목이 '우리들의 방학 이야기'입니다.

다시 **2월,**
헤어짐이 아쉽다

4주 정도의 겨울방학이 끝날 때쯤이면 언제나 아쉬움이 몰려옵니다. 2학년으로 그대로 데리고 올라가고 싶기도 합니다. 그러나 그것은 교사만의 착각일 수 있습니다. 그래서 한 번도 실행해 본 적은 없어요. 그래도 한번쯤은 꼭 해 보고 싶습니다. 2월은 정말 부지런하게 한해살이를 정리하고 마무리하면서 2학년을 준비하도록 도와줘야 하는 달입니다.

겨울방학이 끝나고 내내, 지난 1년 동안 배운 것들을 돌아보고, 작품집으로 묶고 정리하는 활동을 합니다. 그렇게 모은 것들을 지퍼가 있는 파일에 담습니다. 그 지퍼 파일을 열어서 보면 그 아이의 성장 기록과 이야기들이 고스란히 전해 옵니다. 그것은 교사인 나와 그 아이가 나눈 이야기의 기록인 셈입니다.

아직 공기가 차지만 날씨가 맑은 날을 골라 지난 해 아이들이 손으로 빚었던 찰흙 작품을 자연으로 돌려주는 활동을 합니

　　　　　　　　초등학교 1학년 열두 달 이야기

다. 각자 자기가 만든 그릇을 들고 우리 학교 잣나무 숲으로 갔습니다. 그리고 곳곳에 잘 숨겨 둡니다. 이렇게 단단한 그릇이 어떻게 자연으로 돌아가게 되는지 궁금하면 2학년이 되어서도 가끔 찾아와서 확인하자고 합니다. 그리고 놀이터에서 놀았습니다. 노는 놀이도, 활동 반경도 확연히 달라진 게 느껴집니다.

3월 입학식 영상을 함께 보기도 합니다. 그때의 어리숙했던 모습, 긴장했던 얼굴들을 보면 모두 얼마나 컸는지 놀랍네요. 그때 받은 노래 선물과 선물 보따리를 기억하냐고 물어봤더니, 당연히 기억하고 있다네요. 그럼, 우리도 내년 후배들을 위해 선물 가방을 만들자고 합니다. 부직포 가방을 1학년 준비물비로 구매해서 거기에 축하의 말을 쓰고 그림을 그립니다. 정성을 다하는 아이들 모습을 보는 것이 즐겁습니다.

마지막으로, 선생님이 너희들에게 생일마다 편지를 써 주었던 것처럼 너희들도 선생님에게 편지를 써 주면 좋겠다고 했습니다. 아이들 생일 카드를 쓰는 종이를 한 장씩 나눠 주니 질문 폭발입니다.

"선생님은 뭐 좋아해요?"

상대방이 좋아하는 걸 해 줘야 한다는 걸 아이들도 알기 때문입니다. 음~ 뭐라고 할까, 고민되네요.

"음, 선생님 딸이 두 명이거든."

"진짜요? 선생님 결혼했어요?"

1학년 하는 참맛이 여기에 있습니다. 하하하!

"그럼. 그래서 선생님은 아이들이 없을 때 집에 혼자 조용히 있는 거, 카페에 혼자 있는 거 좋아해."

"아하, 우리 엄마도 우리가 없는 거 좋아해요."

"하하하."

"맞아, 엄마들은 다 그래."

"선생님, 무슨 차 좋아해요?"

"커피 좋아하지."

"아니요. 그런 차 말고 타고 다니는 거요."

"아하, 트럭!"

"와, 선생님 트럭 좋아한대. 나는 트럭 좋아한다는 사람 처음 봤어."

"선생님, 무슨 옷 좋아해요?"

"선생님은 공주 옷 좋아하지."

"좋아하는 음식은 뭐예요?"

"김치랑 나물."

"진짜요?"

"그럼, 너네들 급식 받을 때 선생님이 고기 더 달라고 하는 거 봤어? 맨날 김치랑 나물이랑 샐러드랑 이런 거 많이 달라고 하잖아."

"아, 맞아 맞아."

"그럼 과일 중에서는 뭐 좋아해요?"

"사과를 좋아했어. 근데 요즘에는 레드향 좋아해."

아이들이 써 준 편지에는 이런 대화의 기록이 고스란히 다 담깁니다.

2월 14일, 발렌타인데이 아침입니다. 우리 반 소똥이가 초콜릿 봉지를 내밉니다. 엄마랑 만들었대요. 작은 초콜릿 네 개. 김영란법 때문에 '이걸 다시 아이 손에 들려 집으로 보내야 하나?' 생각하는 내가 무참해집니다. 그냥 아이들 나누어 주어야겠습니다.

"얘들아, 오늘 소똥이가 초콜릿을 가져왔어. 모두 네 개야. 우리 이거 어떻게 나눠 먹을까?"

"에이, 작은데 어떻게 나눠 먹어요?"

"아니에요. 그거 엄마가 선생님 드리라고 한 거예요."

"그래, 맞아. 선생님. 우리 반에는 선생님이 스물일곱 명이 있어. 서로가 서로에게 선생님이야. 선생님도 어린이 선생님들을 보면서 배우는 게 있거든."

"아닌데, 그거 선생님 드리라고 했는데……."

"자, 우리 반 친구들 중에 친구들한테 배운 게 있는 사람 손 들어 봐."

모두 손을 들었습니다. 그래서 우리 모두는 서로가 서로에게 선생님이 되었습니다. 초콜릿 네 개를 스물일곱 조각으로 잘라서 입에 한 조각씩 넣어 주었습니다. 그렇게 우리 반에는 스물일곱 명의 '서로 선생님'들이 있고, 교실 뒤에 붙어 있던 "내 얼굴 그려서 모았더니 우리 반 얼굴" 그림판 속의 내 얼굴은 이제 각자의 작품집으로 들어와 함께 있었다는 기억의 흔적으로 남습니다.

발달이란 무엇인가?

어린이 발달은 인간됨, 즉 인격이 형성되면서 드러나는 과정이며, 앞선 과정을 통해 준비된 새로운 것들이 지속적으로 출현하는 경로입니다. 비고츠키에 의하면, 발달은 "새로운 자질의 출현에 의해 성취되는 인간 형성 과정 즉, 인격 형성 과정이며, 그 새로운 인간 고유의 형성물은 이전의 모든 발달에 의해 준비된 것이지만, 초기 단계에서 완결된 형태로 포함되어 있던 것이 아니"라 합니다.

어린이 발달을 내적 잠재성의 발현으로 보는 자연주의적 접근은 개인의 성향과 유전적 특성으로 모든 것을 설명하면서 환경의 영향을 극소화한다면, 환경에의 적응으로 보는 기계론적 접근은 환경의 영향을 절대화하면서 개인의 성향이나 유전적 특성, 어린이의 능동적·주체적 작용은 극소화합니다. 이런 두 가지 접근에 대한 변증법적 지양은 발달에 대한 새로운 이해로 연결됩니다.

우리가 발달을 고민하면서 염두에 두어야 할 것 두 가지는 다음과 같습니다. 하나는 발달에는 무언가 새로운 것이 나타난다는 것입니다. 발달은 태어날 때부터 타고난 것이 아닙니다. 이는 전성설에 토대한 자연주의적 접근에 대한 지양이라고 볼 수 있습니다. 발달 과정에서 출현하는 새로운 무엇은 하늘에서 뚝 떨어지는 것도, 땅에서 불쑥 솟아나는 것도 아닙니다. 앞선 발달 경로를 통해 준비된 것으로 이전 과정과의 필연적 관계를 통해 형성된 깃입니다. 비고츠키는 자연주의적 접근에 대해 "첫 번째 이론을 버리면서 그것을 전적으로 폐기할 수는 없"는데 이유는 "이 이론에도 진실이 있기 때문"이라고 말합니다. 이 이론에서 말해 주는 진실은 발달의 다음 단계는 과거와의 소통이며, 그 과거는 현재와 미래의 발생에 즉각적인 영향을 준다는 것입니다. 우리는 과거 위에 삽니다.

또 하나는 새로운 것이 출현하는 인간의 발달은 고유한 발달의 법칙 하에 일어난다는 것입니다. 즉, 백지 상태의 인간이 적응해 가는 과정처럼 밖으로부터 도입되는 것도 아니고, 어린이와 상관없이 갑자기 하늘에서 떨어진 것처럼 태어날 때부터 타고난 것도 아니며, 어떤 생명력에 의해 마법처럼 창조되는 것도 아닙니다. 새로운 것의 출현은 이전 단계에 의해 준비되는 것이며, 그런 의미에서 발달은 곧 역사입니다.

"모든 새로움은 설렘과 두려움에서 시작됩니다.

그렇지 않은 새로움은 없습니다. 자녀가 처음으로 학교에 입학하는 것은

부모에게나 아이 자신에게나 중요한 사건입니다.

인간 발달에 대한 연구에서 일곱 살의 위기가

가장 먼저 파악되고 가장 많이 연구된 이유와도 맞물려 있습니다.

그러나 막연한 두려움이 아니라

우리 아이가 성장하고 발달하는 중요한 계기가 되는 시기라는 것을

인식하고 준비하는 것은 여러 모로 도움이 될 것입니다."

2장

아이가 1학년이면 학부모도 1학년

처음 학부모가 되는 분들께

집이 제일 좋아!

1박 2일 연수라도 다녀오면 "아, 집이 제일 편해!" 외치곤 합니다. 밖에서 노는 것도 좋지만, 집에 들어오면 안도감, 편안함을 느끼는 건 어쩔 수 없는 심리적 현상입니다.

1학년 아이들에게 "학교가 좋아? 집이 좋아?" 물어보면 당연히 집이 좋다고 합니다. 어른들에게 "회사가 좋아? 집이 좋아?" 물어보는 거랑 마찬가지입니다. 우리 반 아이들에게 물어보면 학교 오는 것도 좋고 학교 끝나고 집에 가는 것도 좋다고 합니다. 아이들에게 학교 다니는 게 힘드냐고 물어보면 당연히 "힘들다"고 합니다. 그래서 학교 다니는 게 싫으냐고 물어보면 또 "그건 아니"라고 합니다. 아이들 답이 오락가락하는 게 아니라, 우리가 아이들을 모르기 때문에 오락가락하는 것처럼 보이는 것입니다.

1학년 아이들이 학교 다니는 게 힘들다고 하면 일단 부모는 걱정합니다. 학교가 이상한 거 아닌가, 담임이 이상한 거 아닌가 싶어서요. 담임인 나도 아이들이 날마다 "선생님, 오늘 5교실이에요? 4교실이에요?" 하고 물으면 맘이 상하기도 합니다. 속으로 '야, 샘이 너희들 재밌게 해 주려고 엄청 노력하는데 5교시가 힘든 거야?' 싶어서 약간 서운해지기도 하는 겁니다.

그런데 이런 우려나 걱정, 서운함은 우리가 정말 아이들을 모르기 때문에 생기는 것입니다. 물론 아이들의 정서 반응 중 부정적인 부분들이 갖고 있는 함의는 매우 큽니다. 그러니 이런 반응을 간단하게, 가볍게만 처리하는 것은 "나 도와주세요" 신호를 놓치는 것일 수도 있으니 항상 유의해야 합니다.

학교는 집이 아니에요

일단, 학교는 집이 아니기 때문에 힘듭니다. 어른들도 사회적 관계 속에 들어가서 생활해야 하는 공적 공간에서의 삶에서 매우 스트레스를 받습니다. 아이들도 마찬가지입니다. 이 공적 공간에는 나만의 공간이 없을 수밖에 없습니다. 이런 불편함과 스트레스는 학교의 공간이 닭장처럼 획일적이고, 책상 의자가 딱딱하고, 조명이 어둡고, 흡음제나 냉난방, 공기청정 시설이 부족한 물리적 상황이 그 요인이기도 하지만, 그래도 학교는 심리적으로 힘든 공간입니다. "집과 같은 학교"는 있을 수도 없고 있어서도 안 됩니다. 〈구글〉 같은 외국계 회사처럼 아무리 이런 저런 편의 시설을 갖다 붙여도 회사는 회사입니다. 학교 역시 마찬가지입니다.

공동생활에서 자유도 제한은 필연

학교는 공동생활을 하는 공간입니다. 스무 평 남짓(67.5㎡)한 공간에서 스물여섯 명이 생활해야 합니다.(2019년 서울시 교육청 초등학교 학급당 학생 수 기준) 스물여섯 개의 책상과 의자, 사물함, 교구장, 교사용 책상과 의자, 칠판 등이 들어오면 아이들이 뛰거나 뒹굴 공간은 확보하기 어렵습니다. 비좁은 공간에서 생활하게 되니까 결국 "뛰지 마라", "장난치면 다친다" 같은 잔소리를 연발하게 됩니다. 물리적 상황이 이렇다면 심리적 상황은 어떨까요? 한마디로 매우 고됩니다.

처음 들어온 낯선 공간에서 낯선 친구들, 낯선 교사와 얼굴을 익히고, 이름을 익히고, 관계를 맺고 공부를 하고 놀이를 하는 과정 자체가 사실 아이들에게는 모두 스트레스입니다. 대학생이 되어 학교에 입학했을 때, 신입 사원으로 회사에 첫 발을 내딛을 때만큼의 스트레스를 초등학교 1학년도 갖고 있습니다. 이런 심리적 상황에서 개인의 욕구와 자유도는 제한될 수밖에 없으니 아이들은 더 피곤합니다. 자유도가 높은 것이 좋다는 걸 모르는 사람이 어디 있을까요? 그러나 '15명이 넘는 조직'에서의 자유도와 '15명 이하 조직'에서의 자유도는 천양 지차입니다. 담임교사가 비민주적이고, 강압적이기 때문에 나타나는 문제가 아니라 구조적 문제입니다. 학교는 '학습'을 하는 공간이면서 동시에 '생활'을 하는 공간이기 때문입니다. 그것도 늘 15명 이상의 아이들이 말입니다.

학습은 고도의 두뇌 활동

스물여섯 명의 아이들이 스무 평 남짓한 공간에서 매일 생활하는 공간에서 학습이 이루어집니다. 초등 1학년의 학습 내용은 별 거 없으니 그냥 논다고 생각하는 이들이 많습니다. "가르칠 것이 뭐가 있냐?", "나도 가르치겠다"고 쉽게 얘기합니다. 바로 거기에 1학년 담임교사의 어려움이 있습니다. "가르칠 게 없는 데 가르쳐야 한다는 것" 말입니다. ㄱ이 "기역" 소리가 난다고, ㄱ이 ㅏ를 만나서 "가"라는 소리가 난다고 가르쳐야 합니다. 1 더하기 1은 2가 된다는 것을 가르쳐야 합니다. 이게 뭐가 힘드냐면, 너무 당연한 것을 이해하지 못하는 아이들에게 그걸 이해시켜야 하기 때문입니다.

이 과정이 1학년 아이들에게는 무척이나 힘든 고도의 두뇌 활동입니다. 초등학교 1학년의 핵심 교육과정인 읽기, 쓰기,

셈하기, 그리기는 기호라는 매개적 기능을 사용하여 주의, 지각, 감각운동, 기억을 일차적 정신기능에서 고차적 정신기능으로 '발달'시켜 가는 과정의 외적 활동입니다. 소리가 들리는 대로 다 따라다니고, 뭐가 나타났다고 하면 우르르 몰려가고, 보이는 대로 다 말하고, 생각나는 대로 다 말하는 아이가, 필요한 것을 보고 집중하고, 들어야 할 것을 듣고, 말해야 할 것을 말하는 것 자체의 모든 활동이 자연적 정신기능을 고등정신기능으로 '도약'시키는 '학습'과정입니다. 그래서 우리가 보기에 너무나 쉬운 것을 공부하고 있는 것처럼 보이지만 아이들은 항상 최고의 것을, 최선을 다해 배우고 있는 중입니다. 그래서 힘들고 에너지도 많이 쓰게 됩니다.

놀이 시간이 많기만 하면 되는 걸까?

회사에서 일은 다섯 시까지만 하고 일곱 시까지는 회사에서 놀라고 하면 어떨까요? 워터파크나 테마파크처럼 엄청난 놀이 시설을 갖춘 곳이라면 또 모르겠네요. 그런 곳도 가끔 가야지, 매일 간다면 시시해질 것 같습니다. 학교라는 장 구속력이 있습니다. 이 장 구속력은 지금도 위세가 대단합니다. 그래서 잠깐 쉬는 시간, 잠깐 점심시간, 잠깐 체육 시간에 노니까 재미있는 겁니다.

세 시까지 같은 교실에서 하루 종일 있는 것과 한 시까지는 교실에서 있고, 그 후에는 돌봄 교실이나 방과후 교실로 이동해서 또 다른 장으로 들어가는 것, 어떤 것이 덜 지루할까요? 오전에 교실에서 생활하는 모습과 오후에 돌봄 교실이나 방과후 교실에서 생활하는 모습은 어떻게 다를까요? 북유럽 학교에서 수업 공간과 방과후의 돌봄 공간을 분리하는 이유가 무엇일까요?

집과 부모를 대신할 수 있는 학교와 교사는 없다

당연합니다. 물론 우리 반 애들 중에는 나를 "엄마"라고 잘못 말하는 아이도 있고, '엄마 놀이'를 하면서 나를 졸졸 따라다니는 아이들도 있습니다. '우리 반'이 제일 좋다고 하고, 시시콜콜 뭐든지 다 얘기해 주고 싶어 하는 아이도 있지만, 아무리 그래도 학교는 학교이고 교사는 교사입니다. 교사 같은 엄마가 최악이듯이, 엄마 같은 교사도 최악입니다. 아이들에게는 쉴 공간과 함께할 부모가 필요하지, 학교와 교사가 더 필요한 것은 아닙니다.

흔히 겉으로 드러난 현상만 보고 이해하거나 판단하게 됩니다. 이면에 감추어진 본질, 차이에 주목해야 합니다. 우리는 아이들에 대해, 우리 아이들의 발달에 대해, 그 과정에서 겉으로 드러나는 빙산의 일각이 아닌, 아래 잠겨 있는 엄청난 변화의 소용돌이에 대해 이해하려고 노력해야 합니다. "유치원에서도 다섯 시까지 있는데 학교에서는 왜 안 돼?" 겉으로 보기에는 유치원에서 보내는 여덟 시간이나 학교에서 보내는 여덟 시간이 똑같아 보이지만, 아이들은 유치원 때보다 나이도 더 먹었고 더 자랐습니다. 그 아이들이 겪는 발달의 사회적 상황은 질적으로 전혀 다를 수밖에 없습니다.

학교에 대한 괴담과 언론을 장식하는 비교육적인 사건들은 학부모에게 두려움을 불러일으킵니다. 혹시라도 내 아이가 그런 교사나 친구를 만나지는 않을까 싶어 걱정되는 마음은 모든 부모가 마찬가지입니다.

그러나 또 한편, 많은 학부모들이 어린이집이나 유치원처럼 늦게까지 학교에서 돌봐 주면 좋겠다고 생각합니다. 학교가 정말 신뢰받지 못하는 공간이라면 이런 요구를 하지 않겠지요.

"울 선생님은 의리가 있으셔!"

5학년 딸아이가 뜬금없이 이런 말을 했습니다.

"왜?"

"응, 4학년 때 선생님은 자기만 난로 두 개나 켜고 핫팩 같은 거 막 감싸고, 우리는 춥고 그랬는데 5학년 선생님은 안 그래. 선생님 난로 따로 쓰지 않아."

"헐? 그건 지금 담임 선생님은 남자 선생님이라 열이 많아서 그런 거겠지. 추위를 느끼는 건 사람마다 다른 거야."

"그래도 우리랑 같이 느끼잖아."

가만 생각해 보니, 아이의 4학년 때 담임 선생님은 10월 말에 출산휴가를 마치고 복직하신 분이었습니다. 그런 분이 아직도 골마루에 단열 장치가 허술한 교실에서 그 겨울을 보내려면 난로 두 개가 문제겠습니까. 핫팩 가마니 속에라도 들어가고 싶으셨을 것 같습니다. 그런데 아이들은 '의리가 없는 선생님'이라 평가하니, 아찔합니다.

"지난겨울에 엄마가 매일 등이랑 어깨, 무릎이 시리다고 한 거 기억나지?"

"응."

"엄마가 처음부터 등이랑 어깨가 시렸던 게 아니야. 너희 낳고 난 다음부터 그렇게 된 거야. 왜 그런 줄 알아?"

그렇게 5학년 딸을 앉혀 놓고 4학년 담임 선생님을 위한 '교육'을 했습니다. 그러다 보니 서글퍼지더군요. 서울시에 아직도 골마루인 관공서, 공공건물이 어디 있을까요? 골마루

사이로 들어오는 냉기는 겪어 본 사람만 압니다. 학교에서 겨울에 신는 실내화가 어그부츠입니다. 너무 발이 시리고 발목이 시린데 개별 난방을 하지 못하게 하니 어쩔 수 없는 궁여지책입니다. 실내화 바닥이랑 등에 핫팩을 붙이고 다닌 적도 있습니다. 그런데 출산한 지 3개월도 안 된 산모였던 선생님은 오죽할까요?

교사의 의리나 편파성 문제가 아닙니다. 기본적인 학교의 환경과 시설 문제를 교육청과 교육부, 국회의원들에게 요구해야 할 문제입니다. 그러나 우리는 너무 쉽게 아이들 말만 듣고 맥락적 사고를 하지 못합니다. 아이들 인권도 중요하고 교사의 노동권도 중요합니다. 교사와 학생들이 함께 잘 지낼 수 있는 안전하고 따뜻한 공간도 중요합니다.

교사로서의 정체성과 학부모로서의 정체성을 동시에 지닌 저는 각 정체성이 혼돈되지 않고 서로 교섭하는 경험을 언제나 하고 있습니다. 그래서 우리 아이들이 학교와 교사에 대해 불만을 토로할 때 그 교사는 왜 그랬을까를 먼저 생각하고, 우리 반 아이들을 보면서는 내 모습이 아이들에게 어떻게 보일까를 먼저 생각합니다.

인공지능을 탑재한 로봇이 우리의 친구로 한결 가까이 온 지금, 인간에게 가장 필요한 것은 공감 능력이라고 합니다. 우리 사회가 공감하는 사회가 되면 좋겠습니다. 그래서 더 이상 북유럽의 어느 사회를 부러워하지 않아도 되면 좋겠습니다. 아름다운 사회는 우리 스스로 만드는 것입니다.

1학년 교사는 언제 화장실에 갈까?

역설적이게도, 수업 시간에 가는 것이 가장 안전합니다. 다른 학년도 마찬가지지만 1학년 담임교사는 특히 더, 아이들이 교실에 들어오는 순간부터 하교하는 순간까지 잠시도 쉴 틈이 없습니다. 이 모든 시간을 담임교사 혼자 다 감당해야 하고, 사고라도 나면 담임교사의 책임이 되기 때문입니다. 아이들의 이런 저런 요구를 들어주고, 노는 모습을 지켜보고, 갈등을 중재하다 보면 쉬는 시간에 잠시 화장실에 다녀오기도 어렵습니다.

점심시간도 마찬가지입니다. 식판에 밥을 받는 것부터 식판을 잘 들고 들어가서 자리에 앉을 때까지 긴장을 늦출 수 없습니다. 아이들이 밥을 다 먹을 때까지 지켜보는 사이사이 교사도 밥을 먹습니다. 그러다 보면 화장실에 갈 틈도 없고 여유도 없습니다.

그러다 보니 1학년 교사들이 화장실에 가기 가장 좋은 시간은 수업 시간입니다. 수업 시간, 아이들이 각자 제자리에 앉아서 색칠하거나 글쓰기, 그림 그리기 같은 과제를 하고 있을 때 잠시 다녀오는 것입니다. 서로 뒤엉켜서 놀고 있는 쉬는 시간, 이런저런 요구가 많은 점심시간보다 교사가 화장실 다녀오는 데 가장 안전한 시간은 수업 시간입니다.

축하와 걱정이 동시에,
취학통지서

12월 중순이면 입학통지서가 각 가정으로 전해집니다. 서울의 경우 보통 통장이 직접 방문해서 전해 줍니다. 요즘은 온라인 발급 서비스를 병행하고 있습니다. 서울의 경우 보통 12월 초부터 중순까지 온라인 발급을 실시하고, 온라인 발급을 받지 않은 가정에는 종이 취학통지서를 배부합니다. 온라인 발급은 서울시 홈페이지에 공인인증서로 인증을 받고 접속하면 됩니다. 온라인으로 발급을 받으면 바로 온라인 제출이 가능합니다. 온라인으로 취학통지서를 제출했다면 굳이 1월에 있는 예비 소집일에 학교에 가지 않아도 됩니다.

　첫아이의 취학통지서를 받으면 여러 가지 생각과 감정들이 교차합니다. 임신을 확인했을 때, 출산 후 아이의 모습, 자라면서 겪었던 무수한 일들이 그 짧은 시간에 파노라마처럼 지나갑니다. 벌써 이렇게 컸나 싶기도 하고 이제 학교를 보내면 어떻게 뒷감당을 할까 싶기도 합니다. 그러나 일단 나의 모든 감정은 재빨리 수습하고 아이에게 축하의 말을 전해 줍니다. 취학통지서를 보여 주면서 우리 개똥이가 초등학교에 입학하게 된 사실을 알려 주고, 축하의 마음을 전합니다.

이미 그전부터 입학을 준비하며 노심초사했겠지만 취학통지서를 받고 난 다음부터는 마음이 더 급해집니다. 학교에 대한 정보도 모아야 할 것 같고 우리 아이가 얼마나 준비가 된 건지 조급해지기도 합니다. 이때쯤 각 지역 교육청, 구청, 건강가정지원센터, 마을 도서관, 학부모 단체 등에서 예비 학부모를 위한 교육 프로그램을 운영합니다. 대부분 무료로 운영되니까 한번쯤 참여해 보는 것이 좋습니다. 그런 자리에서 강의를 십 년쯤 했는데 아이가 이제 다섯 살이나 여섯 살인데도 미리 알고 싶어서 오셨다는 분들도 있었습니다. 이런 강의는 대개 직장 다니는 엄마들이 참여하기 어려운 오전 열 시쯤 열립니다. 직장맘지원센터, 건강가정지원센터 등에서는 토요일이나 퇴근 후 시간에 운영하는 경우도 있으니 챙겨 두었다가 도움을 받으면 좋습니다.

설렘과 흥분,
예비 소집일

예비 소집일은 배정받은 학교에 취학통지서를 제출하는 날입니다. 취학통지서를 받았지만 이사, 사립학교 입학, 취학 유예 등으로 입학하지 않는 경우를 확인하고, 해당 학교의 최종 입학 인원수를 확인하는 절차입니다. 입학 인원수 확정은 매우 중요한데 그 인원수에 따라 해당 학교의 학급 수가 결정되기 때문입니다. 한 학급당 학생 수 기준이 25명일 때, 입학 예정자 수가 76명이면 4학급으로, 75명이면 3학급으로 편성됩니다. 한 명만 더 오면 한 반이 19명이 되는데 한 명이 부족해서 25명이 되는 셈입니다. 한 명 차이가 결국 엄청난 차이를 불러옵니다.

취학 예정 인원수를 교육청에 보고하는 것은 예비 소집일 당일 오후 4시까지 해야 합니다(2019년의 경우). 뒤늦게 다음 날에 가져오거나 다른 학교로 제출했다가 다시 이사를 하는 경우는 학급 수 산정과 전혀 무관한 추가 인원이 됩니다. 75명이 와서 3학급이 됐는데 1~2월 중에 3명이 더 오게 되면 학급당 학생수가 26명이 되어 버리는 것입니다.

한 학급에 한두 명 더 있는 게 얼마나 차이가 날까 싶으시지요? 그게 교사에게는 정말 하늘과 땅 차이만큼 크게 느껴집니다. 26명을 데리고 수업을 한 적도 있고, 22명을 데리고 수업을 한 적이 있습니다. 일단 24명이 넘어서면 아이들이 한눈에 들어오지 않습니다. 한 명 한 명 봐 주는 것도 너무 힘듭니다. 그러나 이것도 남는 교실이 있어서 학급 수를 늘릴 수 있는 학교에나 해당되는 말입니다. 교실이 없어서 한 반에 서른 명이 넘는 아이들이 생활하는 학교도 많습니다. 신도시, 재개발된 아파트 밀집 지역이 그렇습니다. 그러니 학급당 학생 수는 전국 평균, 서울 평균으로 잡았을 때 엄청난 왜곡이 발생합니다. 바로 옆 학교는 1학년 교실에 38명이 생활하는데 그 옆 학교는 18명인 경우도 있습니다.

예비 소집일에 정확하게 취학 인원수가 확정되는 것은 그래서 중요합니다. 예비 소집일의 1차 목적은 정확한 취학 인원수 파악에 따른 각 학교의 1학년 학급 수 산정이며, 이는 그해 3월 1일자 교원 발령과도 연관이 있습니다. 그러나 요즘은 취학 인원수 확정보다 더 중요한 목적이 생겼습니다. 앞에서도 말씀드린, 출생 신고 이후의 안위를 초등학교 입학 여부로 확인하게 만든 사건 때문입니다. 입학 예정자 명단에 있지만 취학통지서 온라인 제출도 하지 않고, 예비 소집일에 참석도 안 한 아이들을 모두 파악해야 합니다. 2019년 우리 학교에는 오지 않은 아이들이 모두 38명이었습니다. 전체 입학 예정자가 160여 명이라는 점을 감안하면 상당히 높은 비율입니다. 동사무소, 출입국관리소, 경찰서 등과 협력해서 소재를 파악해서 완료될 때까지 매일 교육청에 보고를 해야 합니다. 출입국관리소를 통해 확인된다고 하더라도, 거주 목적으로 출국한 것인지, 단순 여행 중인지 다시 파악해야 합니다. 혹 이 기간 중에 어디 여행을 가실 거라면 입학할 학교에 미리 알려 주시면 정말 좋겠습니다. 이걸 전국의 모든 학교에서 하고 있습니다.

취학통지서 온라인 제출이 없었던 시절에는 대부분의 아이들이 부모님의 손을 잡고 예비 소집일에 학교를 방문했습니다. 그런데 한껏 기대를 하고 온 아이들에게는 그냥 보호자가 취학통지서만 제출하고, 학교에서 주는 학교 안내 자료만 받아서 돌아가야 하는 매우 시시한 날이 되기도 했습니다. 물론 교문 앞에서 나눠 주는 각종 학습지와 학원 안내 자료도 상당합니다. 지금 살고 있는 지역에 대한 정보가 부족하다면 그런 홍보물도 충분히 도움이 되겠지요.

그러나 요즘은 학교에서 어린이를 위한 별도의 프로그램을 마련할 것을 교육청에서 권고하고 있고, 실제로 그런 프로그램을 준비하는 학교들이 늘어나고 있습니다. 저는 교육청의 권고가 없었을 때, 혁신학교에 근무하던 2012년부터 프로그램을 준비해 왔습니다. 그랬던 것이 이제는 일반 학교로도 많이 확산되고 있습니다. 따라서 취학통지서를 받고 예비 소집일이 다가오면 학교에 전화를 해서 아이들도 가면 좋은지 문의하고 같이 갈지 정하는 게 좋습니다. 별도 프로그램이 없더라도 운동장이나 놀이터 등을 둘러보고 오는 것도 의미가 있긴 합니다.

예비 소집일이 학부모에게 가장 의미 있는 것은 각 학교마다 직접 제작해서 나누어 주는 '학교 안내 자료'입니다. 이 자료에 해당 학교의 방과후 프로그램, 돌봄 교실, 입학식 등에 대한 안내가 들어 있기 때문입니다. 따라서 온라인 제출을 했더라도 학교의 안내 자료를 받으러 가거나 주변 사람 등을 통해 안내 자료만이라도 챙겨 받으면 도움이 될 것입니다.

학부모 최대 관심사,
돌봄 교실

예비 학부모 연수를 하다 보면 많은 학부모들이 궁금해 하는 것이 돌봄 교실입니다. 돌봄 교실은 학교의 정규 수업이 끝난 다음 오후 시간에 별도로 마련된 돌봄 교실에서 돌봄 전담사와 함께 시간을 보낼 수 있도록 지원하는 프로그램입니다. 1~2학년 중 맞벌이, 저소득층, 한부모 가정 등 돌봄이 꼭 필요한 학생을 대상으로 합니다. 시·도 및 학교 여건에 따라 담임 등이 추천한 학생(일시적 실직, 일시적 경력 단절 등으로 구직 중인 가정)도 포함할 수 있습니다. 점차 전체 학년으로 확대할 계획이지만, 교실이 부족한 학교에서는 돌봄 교실 확대에 어려움을 많이 겪고 있습니다.

돌봄 교실의 시작은 '초등 보육 교실'이었습니다. 주로 저소득층 밀집 지역 학교에 보육 교실을 설치하고 저녁까지 돌보는 일을 했습니다. 2010년 '초등 돌봄 교실'로 명칭을 바꾸고 희망 학교를 중심으로 확대했습니다. '엄마품 온종일 돌봄 교실'을 시범 운영하면서 아침 돌봄(6:30~9:00), 오후 돌봄(방과후~17:00), 저녁 돌봄(17:00~22:00)으로 나누어 운영(2011년~2013년)한 적도 있지만 학교의 자율적인 선택이었지, 필수적인 정책 사업은 아니었습니다. 그러나 2014년부터는 모든 초등학교에 돌봄 교실 설치가 의무화되었습니다. 3학년부터 6학년 학생들을 위해서는 '방과후학교 연계형 돌봄 교실'을 만들었는데 이는 맞벌이, 저소득층, 한부모 가정 등의 학생이 방과후학교 프로그램에 참여하면서 별도의 공간에서 이루어지는 돌봄 활동입니다.

현재는 모든 초등학교에 돌봄 교실이 있습니다. 돌봄 교실이 몇 개나 운영되는지는 학교마다 다 다릅니다. 학교에 빈 교실이 얼마나 있는지, 돌봄 수요가 얼마나 되는지가 관건입니다. 정부의 정책은 언제나 희망하는 학생 전체를 수용하는 것을 지향하지만 실제 현장에서 그것을 현실화하는 것은 몹시 어렵습니다. 일반 교실도 부족해서 학급당 학생 수 기준 25명을 훨씬 초과해서 30명 넘게 수용해야 하는 학교도 있습니다. 사정이 이런데 별도의 돌봄 교실을 만드는 것이 합리적인 것일까요? 그래서 신설 학교에는 초기에 건축을 할 때부터 돌봄 교실 공간 배치를 의무화하고 있습니다.

빈 교실이 생기는 대로 돌봄 교실을 계속 만들고 있지만 수요를 채우기 어려운 지역이 있습니다. 그러다 보니 돌봄 교실당 학생 수는 25명 안팎입니다. 가능하면 많은 학생을 수용하고자 하는 고육지책입니다.

오후 5시 이후의 저녁 돌봄은 5명 미만인 경우 지역의 돌봄기관으로 연계할 것을 권장하고 있고, 별도의 추가 예산 지원이 없습니다. 돌봄 교실 이용 희망자는 신청서를 제출하고 각 학교에서 요구하는 재직증명서 등의 증명 서류를 제출해야 합니다. 적격 희망자가 배정 학생 수보다 많은 경우에는 추첨을 하기도 합니다. 최근의 수용률은 점차 높아지는 추세입니다.

학교마다 다르긴 하지만 돌봄 교실에 들어갈 아이들이 확정되면 2월 중에 돌봄 교실 학부모를 위한 오리엔테이션을 진행합니다. 돌봄 교실 이용 방법, 프로그램, 급간식비, 방학 중 이용 등에 대해 안내하고 서로 인사하는 자리입니다. 대체로 저녁 시간이나 토요일을 이용해서 오리엔테이션을 하기 때문에 되도록 참석해서 정보를 나누는 것이 좋습니다. 돌봄 교실에는 〈돌봄 교실 운영위원회〉가 있습니다. 돌봄 교실을 이용하는 학부모가 참여해서 급식이나 간식 모니터링, 급식 업체 선정, 프로그램 운영 등에 대해 사전 심의를 합니다. 최종 심의는 〈학교 운영위원회〉에서 합니다. 관심이 있으면 돌봄 교실 운영위원으로 활동을 해도 좋습니다.

학기뿐 아니라 방학 중에도 돌봄 교실은 운영합니다. 아주 특별한 상황이 아니라면 미세먼지 등으로 인한 휴업일에도 돌봄 교실을 운영할 것을 권장하고 있습니다. 방학 중에는 오전

9시부터 오후 5시까지 종일 프로그램으로 운영하며 점심식사를 위한 급식비 이용료가 추가됩니다. 방학 중에 돌봄을 이용하지 않을 경우도 있으므로 사전 수요 조사를 합니다. 개교기념일과 같은 학교 자율 휴업일에도 사전 희망 조사를 통해 돌봄 교실 참여를 선택할 수 있습니다.

학생 수는 많은데 교실이 부족한 학교에서는 돌봄 교실을 따로 두기가 어렵습니다. 그래서 돌봄 겸용 교실을 두게 되지요. 교실이 부족하니 오전에는 정규 수업 교실로 활용하고, 오후에는 돌봄 교실로 활용하는 것입니다.

제일 큰 어려움은 그 교실을 사용하는 학급의 어린이도, 돌봄 교실로 오는 어린이도 온전한 우리 교실을 갖지 못한다는 데 있습니다. 주로 정규 학급을 위한 교실로 사용하니, 돌봄 교실 아이들의 별도 사물함이나 물건 등을 비치하기 어렵고 비치한다고 해도 관리가 어렵습니다.

어려움을 겪는 것은 교사들도 마찬가지입니다. 담임교사들은 교실을 돌봄 교실에 내주고 나서 갈 곳이 없어 학교를 전전해야 합니다. 초등학교에는 교사의 사무용 컴퓨터와 물품이 모두 교실에 있습니다. 교무실에는 자리가 없습니다.

신입생 예비 소집일, 각 학교에서 나누어 주는 안내 자료에 '학습 준비물'이 안내되어 있습니다. 이 안내 자료를 받은 다음에 준비물을 준비하는 것이 좋습니다. 대체로 실내화나 학용품에 대한 간략한 안내이긴 하지만 참고하면 도움이 됩니다. 입학식 당일 담임교사가 별도의 준비물을 세세하게 안내하는 경우가 있는데 이는 담임교사의 학급 운영 방식에 따라 차이가 큽니다.

무엇보다 중요한 것은 각 광역자치단체와 시·도 교육청마다 학생 1인당 학습 준비물비 예산을 각 학교에 목적경비(정해진 목적에 맞게 사용해야 하는 돈)로 내려 보낸다는 점입니다. 금액은 지역마다 다 다른데 서울의 경우 1년에 1인당 2만 6천 원(2019년 기준)을 학교로 지급합니다. 각 학교에서는 학년별 학생 수에 맞는 예산을 각 학년에 배정을 하고, 교사들은 협의를 통해 어떤 준비물을 구입할지 결정합니다. 보통 도화지, 색종이, 색지, 악기, 미술 도구 등과 같은 필수 공통 준비물을 구입하는 데 사용하고 나머지 금액으로 학년 교육과정 운영에 필요한 특별 준비물, 수업에 필요한 재료 등을 구입하는 데 씁니다.

1인당 2만 6천 원이라는 예산은 언제나 부족합니다. 교실마다 수업용 교구나 재료가 잘 구비되지 않은 경우들이 대부분이기 때문입니다. 수업용 자료를 준비하는 데 예산을 사용하다 보면 필수 공통 준비물비가 부족하게 되고, 필수 준비물을 구비하다 보면 수업용 자료 준비가 부족하게 됩니다. 그런 경우 어쩔 수 없이 개인 준비물로 가져오도록 합니다. 개인 학습 준비물은 최소화하는 것이 원칙입니다. 연필, 공책, 지우개, 가위, 풀 정도의 소모품 외에 휴지 심, 빈 병, 신문지 같은 재활용 물품 정도만 개인이 준비하도록 합니다.

그런데도 아직 학기 초에 온갖 가지 준비물을 다 준비해 오라는 지역이나 학교가 있다면 먼저 그 지역의 학습 준비물비 예산이 얼마나 되는지 확인하고, 그 예산이 주로 어떻게 사용되는지 확인해 보아야 합니다. 학습 준비물비가 없었던 시절에 하던 관행대로 여전히 개인 부담으로 해결하려는 경우도 있기 때문입니다. 꼭 필요하지 않은 준비물은 과감하게 선택 사항으로 돌려야 합니다.

학습 준비물은 아니지만 준비물에 화장지나 물티슈를 사오라는 경우가 많습니다. 학교마다 청소 예산이 있는데 2019년 우리 학교는 한 교실당 1년 청소 예산이 4만 원이었습니다. 그 돈으로 빗자루, 걸레, 비누, 화장지, 물티슈 등을 구입해야 합니다. 4만 원으로는 1년 동안 우리 교실에서 사용할 화장지, 물티슈, 개인 빗자루 등을 모두 살 수 없습니다. 그러면 어쩔 수 없이 개인용 휴지와 물티슈를 준비하라고 합니다. 학부모는 어린이집에서부터 일상적인 준비물이었기 때문에 당연히 그러려니 합니다. 그러나 특별히 개인이 선호하는 제품이 있는 경우가 아니라면 학교 예산으로 구입한 것을 함께 쓰라고 권하고 싶습니다. '내 거 내 맘대로 쓰는 것'이 아니라 함께 쓰는 물건에 대해 공부하는 계기를 만들고 싶기 때문입니다. 예산이 부족하면 교사와 학부모가 함께 청소 예산 증액을 교육청 등에 요구해야 합니다.

게다가 1학년 아이가 혼자 쓰는 백 장짜리 물티슈는 뚜껑을 잘 덮지 않아 두 달이 못 돼서 그냥 말라 버립니다. 그래서 매수가 적은 것(10~20매)을 권장합니다. 자기 책상, 의자, 사물함 등을 닦는 데 쓰는 물티슈는 한 장으로 책상을 닦고, 빨아서 의자를 닦고, 다시 빨아서 사물함을 닦는 데 씁니다. 환경에 주는 부담을 늘 생각하고 한 장으로 할 수 있는 최선을 찾는 걸 같이 공부합니다.

아이와 의논하고 선택하는
방과후학교

방과후학교는 "학생과 학부모의 요구와 선택을 반영하여 수익자 부담 또는 재정 지원으로 이루어지는 정규 수업 이외의 교육 및 돌봄 활동"입니다. 방과후에 학교에서 여러 문화, 예술, 체육, 과학 등과 관련된 별도의 프로그램을 운영하는데, 프로그램 선정 및 운영은 학교의 장이 학교 여건과 학생·학부모의 요구를 고려해서 〈학교 운영위원회〉 심의를 거쳐야 합니다. 따라서 방과후학교의 프로그램은 학교마다 천차만별입니다.

수요가 꾸준하고 참가자가 많은 학교는 매우 다양한 프로그램을 지속적으로 운영하지만, 수요가 많지 않은 경우는 준비했던 많은 프로그램이 폐강되기도 합니다. 초등학교의 방과후학교는 예체능 관련된 '사교육비'를 줄이려는 목적을 도입되었던 특기 적성 교육활동에서 출발했습니다. 2004년부터 '방과후학교'라는 명칭으로 바뀌었고, 모든 학교에서 방과후학교를 운영하면서 방과후에도 학교에 남아 있는 아이들이 많아졌습니다.

현재 방과후학교는 보통 4분기로 나누어 실시됩니다. 봄 학기, 여름 학기, 가을 학기, 겨울 학기로 평균 3개월, 10~12주 수업으로 진행되는데요. 분기마다 개설되는 프로그램 안내문이 가정으로 배부되면 신청서를 작성해 제출하면 됩니다. 수강료는 스쿨뱅킹을 통해 자동이체됩니다. 1분기는 대체로 3월 첫째 주에 신청서를 받고 둘째 주부터 수업을 시작합니다. 분기마다 학부모 공개 수업이 있고, 만족도 조사를 실시합니다.

방과후학교가 처음 학교에 도입되었을 때는 교사들이 가장 기피하는 업무 1순위였을 정도였습니다. 과로사하는 교사가 생겼을 정도로 업무가 막중했지요. 그 많은 강사들을 채용하는 과정, 매일 몇 개씩 돌아가는 프로그램을 관리하는 것이 보통 일이 아니었습니다. 담임 업무와 병행해야 하는 경우가 대부분이었기 때문에 그 피해는 또 고스란히 그 반 학생들에게 전가되기도 했습니다. 그런 고충을 완화하고자 방과후 업무를 주당 15시간 이내의 범위에서 지원해 주는 보조 인력을 파견하기도 했습니다.

요즘은 방과후학교를 외부 업체에 위탁하여 운영하는 학교가 늘어나고 있습니다. 학교에서 사회적 기업을 만들어 지역사회와 함께 운영하는 경우도 있고, 시청이나 구청 등 지자체에서 이런 방과후학교의 기능을 이관해 가는 경우도 있습니다. 그러나 무엇보다 방과후학교의 장점은 학교가 끝나고 이동 부담 없이 바로 학교에서 다양한 수업을 받을 수 있다는 점이기 때문에 지자체 이관은 어려움이 상존합니다. 빈 교실이 충분하면 돌봄 교실로도, 방과후학교용으로도 전용할 수 있지만 여전히 도심 지역의 학교 대부분은 저학년 교사들이 일주일에 한두 번씩 교실을 비워 주고 나가야 하는 상황입니다.

방과후학교 운영의 행정적인 어려움, 즉 분기별 수강 신청 확인 및 수강료 산정, 스쿨뱅킹을 통한 교육비 및 교재비 납부, 분기별 만족도 조사 통계 및 긴급 사항에 대한 문자 안내 등은 온라인 서비스를 이용하는 것으로 도움을 받습니다. 그렇기 때문에 입학하면 수십 개 항목에 대한 '개인 정보 이용 동의서'를 제출하게 됩니다. 이런 온라인 서비스를 이용하는 것 자체도 개인 정보 이용 동의를 받아야 하기 때문입니다.

그러나 무엇보다 중요한 것은 방과후학교 프로그램이 아무리 좋다고 해도 1학년 1학기부터 참여하는 것이 좋은지 아이의 의견을 들어야 한다는 것입니다. 아이와 충분히 대화를 나누고 아이의 상태를 고려해서 결정해야 합니다.

"방과후학교 가기 싫어요."

입학 후 둘째 주 월요일 아침, 개똥이가 교실에 들어가지 않
겠다고 울고 있었습니다. 입학식을 마치고 첫 주까지는 문제
없이 학교에 잘 오던 개똥이였습니다. 그런 개똥이 옆에서 할
아버지는 어쩔 줄 몰라 하셨지요. 일단 개똥이를 다독여서 교
실로 들어왔습니다. 개똥이는 3교시까지 수업도 잘 마치고
점심도 잘 먹었습니다. 그런데 4교시가 되니 또 울기 시작합
니다. 차분히 얘기를 나눠 보았습니다.

"방과후에 가기 싫어요, 엉엉."

개똥이 집에 전화를 하고 사정을 말씀드렸습니다. 수업을
마칠 때쯤 할아버지가 오셨습니다. 개똥이는 할아버지를 만
나서 1학년 방과후 안내를 받기 위해 친구들과 같이 도서실
로 갔습니다. 방과후는 대개 입학 둘째 주부터 시작되는데,
학교 곳곳에서 펼쳐지기 때문에 1학년 아이들이 스스로 찾아
가기 어렵습니다. 그래서 3월에는 2주 동안 아이들을 도서실
에 모이라고 하고 방과후 강사가 도서실로 와서 아이들을 데
리고 갑니다. 그동안 담임교사는 방과후에 참여하지 않는 아
이들을 데리고 하교 지도를 합니다.

돌봄 교실로 가는 아이들을 보내 주고, 나머지 아이들 하
교를 돕기 위해 교문 앞 도로까지 하교 안전 지도를 다녀왔습
니다. 그런데 다녀와 보니, 개똥이가 도서실 앞에서 또 울고
있는 겁니다. 방과후 하는 동안 할아버지가 기다리고 있겠다
고 해도 싫다고 울기만 합니다. 이번에는 엄마와 통화를 했습
니다. 그날은 그냥 집으로 돌아갔습니다. 다음 날 아침, 개똥

이는 교실 앞에서 또 울었습니다. 확인해 보니 개똥이의 방과후 시간표는 월요일부터 금요일까지 빠짐없이 차 있었습니다. 결국 어머니와 상담을 했습니다.

개똥이도 걱정이지만, 이런 상황은 교실에 남아 있는 나머지 25명의 아이들에게도 영향을 줍니다. 1학년 교실에서는 거의 날마다 돌발 상황이 일어납니다. 아침에 갑자기 교실에서 토하는 아이, 토할 때 하필이면 옆에 앉은 아이에게 토하는 아이, 우유를 마시다 쏟는 아이, 갑자기 배가 아프다고 하더니 교실에서 실수를 하는 아이, 수업 시간에 화장실에 가겠다고 해서 보냈는데 교실로 돌아오지 않는 아이 등 너무나 다양한 일이 벌어집니다. 그동안 나머지 아이들을 진정시키고 뭐라도 하고 있도록 지도하면서 그 상황을 매끄럽게 잘 처리하는 것은 고도의 전문성과 숙련도를 필요로 하는 일입니다.

공부를 하고 있는 개똥이 어머니는 개똥이를 돌볼 여력이 없어 할아버지와 할머니 도움을 받고 있는 상태였습니다. 개똥이 어머니는 개똥이를 돌보아야 하는 어르신들의 부담을 조금이라도 덜어 드리려고 일주일 내내 방과후를 신청한 것입니다. 그러나 마음이 여린 개똥이는 날마다 방과후를 하느라 집에 늦게 가게 되고, 그만큼 엄마를 볼 시간이 줄어드는 것이 슬펐던 것입니다. 개똥이 마음을 잘 헤아려 주시고 개똥이랑 얘기를 하신 다음에 결정하는 것이 좋겠다고 말씀드렸습니다. 3월 한 달 동안, 다섯 개였던 방과후 프로그램은 줄이고 줄여 하나도 하지 않는 것으로 정리되었습니다.

그랬던 개똥이가 2분기(여름)에는 한 개를 신청해서 문제 없이 잘 다녔고, 4분기(겨울)에는 세 개를 신청해서 즐겁게 다니게 되었습니다. 물론 처음부터 다섯 개를 신청해서 매일매일 잘 다니는 아이들도 있습니다. 그런데 아직 마음의 준비가 되지 않은 아이들에게는 어려운 일일 수 있으니 아이의 의견을 충분히 들어주는 것이 좋습니다.

아이들에게 돈 거둘 일 없게 해 준, 스쿨뱅킹

스쿨뱅킹은 학교에 납부해야 하는 여러 가지 수익자 부담 비용을 학부모의 계좌에서 자동이체하거나 신용카드로 납부하도록 도입된 제도입니다. 초등학교에서 학부모가 비용을 부담해야 하는 것은 대체로 현장 체험 학습비(교통비, 입장료, 프로그램비 등), 방과후학교 참가비(교육비, 교재나 교구비), 돌봄 교실 급간식비, 교육 여행이나 수련회 참가비 등입니다. 2018년까지만 해도 학교에서 지정해 주는 은행에 계좌가 있어야 가능했는데 2019년부터 변경되어 모든 은행 계좌로 등록이 가능하고, 신용카드로도 납부 가능합니다.

3월 입학식 이후 바로 스쿨뱅킹 자동이체 신청서 및 개인 정보 이용 동의서를 제출하라는 가정통신문이 배부됩니다. 계좌이체나 신용카드 납부 중 하나를 선택해서 제출하면 됩니다. 카드사마다 스쿨뱅킹 자동납부 카드 발급 혜택을 주고 있으니 비교해 보고 선택하시면 될 것 같습니다. 어린이집 보육료 납부 전용 아이행복카드와 비슷한 것이라 보면 됩니다.

혹시라도 방과후학교 프로그램을 전학 등의 사유로 중도에 그만두게 되면 학교마다 정해진 수강료 환불 규정에 따라 환불을 해 줍니다. 다만 이미 배부한 교재비나 교구비는 제외됩니다. 규정 사유에 적합한 경우 각 학교의 홈페이지에서 환불 신청서를 내려받아 작성한 후 방과후 담당자에게 제출하면 됩니다. 현장 체험 학습이나 교육 여행, 수련회의 경우도 당일 갑자기 참여하지 못하게 되면 교통비와 숙박비를 제외한 부분은 환불을 해 줍니다. 이런 경우는 환불 신청 절차가 따로 없고 담임 교사가 프로그램 운영 후 사업 정산을 하면서 환불 대상자와 금액을 규정에 맞게 지정해 주면 학교 행정실에서 환불 처리를 합니다.

스쿨뱅킹 도입으로 아이들이 학교에 현금을 가져와야 하는 경우는 극히 드물어졌습니다. 불우이웃돕기 성금이나 크리스마스 씰 구입 등이 있지만 이런 경우도 희망자에 한해 진행합니다. 20년 전까지만 해도 불우이웃돕기 성금액을 반별로 통계 내고, 크리스마스 씰 구입 실적을 통계 내고, 국군 장병 성금 모금을 통계 내서 교사들을 부추기곤 했습니다. 참 무지막지한 시절이었습니다. 그러나 지금은 그런 잘못된 관행은 사라진 지 오래입니다. 그러니 정말 사고 싶을 때, 하고 싶을 때, 교육적으로 의미가 있을 때 하면 됩니다.

아이와 함께 신입생 마음으로, 신입생 학부모 연수

거의 모든 학교에서 신입생 학부모를 위한 연수를 진행합니다. 학교생활과 관련한 안내뿐 아니라 학부모가 의무 연수로 들어야 할 것들이 많이 있기 때문입니다. 대표적인 것이 학교폭력 관련 연수와 '공교육정상화법'에 따른 선행 학습 근절에 대한 연수입니다. 사실 학부모에게 법적 의무로 연수를 해야 할 항목은 열 개도 넘습니다. 문제는 학교가 학부모에게 연수를 제공해야 할 의무는 있지만, 학부모들이 이런 연수를 받아야 할 의무는 없다는 것입니다. 어쨌든 학교는 해마다 어떤 방식으로든 학부모 연수를 실시해야만 하고, 그 실적을 보고하는 공문을 작성해야 합니다.

사정이 이러하니 신입생 학부모 연수라고 해서 잔뜩 기대를 안고 찾아간 학부모들 입장에서는 정말 원했던 정보가 아니라 일방적인 정보만 잔뜩 늘어놓는 연수를 받게 될 수도 있습니다. 이런 사정이 알려지면 학부모들의 연수 참여율이 떨어지게 되지요. 이런 문제를 직시한 학교에서는 '연수'를 연수답게 운영하기 위한 다양한 시도를 하고 있습니다.

먼저 학부모 연수를 입학식 다음날이 아닌 2월 말에 실시합니다. 주중 낮 시간이 아니라 토요일 오전이나 오후에 해서 학부모 참여 기회를 넓혀 줍니다. 입학식 당일 반 배정 발표를 하면 기대감은 있지만 안내가 너무 늦어지거나 어수선해지는 단점이 있고, 학교 홈페이지를 통해 사전 공개하면 정보 접근성은 좋지만 개인 정보 유출 관련 문제가 있습니다. 그래서 2월 말, 학부모 연수에서 반 배정 발표를 하고, 혹시 있을지도 모를 반 배정 오류에 대한 정보를 취합해 입학식 전에 수정합니다. 쌍생아라서 같은 반에 가면 좋겠다 했는데 전달이 안 되었거나 문제가 생겨 서로 다른 학급으로 배정된 경우가 대표적입니다.

연수 내용에도 변화를 줍니다. 법적으로 해야 할 연수 내용은 가급적 간략하게 진행하고 1학년 학교생활과 교육과정 운영에 대해 1학년 담당 교사가 안내를 하고 질의응답을 받는 형태로 운영하는 것입니다. 정말 궁금한 것은 학교마다 조금씩 다르기 때문에 그 학교의 담당자만 정확한 정보를 알려 줄 수 있습니다. 학교의 교육과정도 마찬가지입니다. 학부모들이 학교를 디니던 시절과는 너무나 달라진 교육과정이나 학교의 다양한 프로그램에 대해 여러 궁금한 점을 묻고 답할 수 있도록 합니다. 그래서 1학년 담당 교사뿐 아니라 교육과정 부장, 방과후학교 부장도 함께 질의에 답을 해 주도록 합니다.

　서울의 경우 몇 년 전까지만 해도 몇몇 혁신학교에서 시도하던 이런 학부모 연수 운영 방식이 점차 확대되고 있는 추세입니다. 우리 사회에서 혁신학교가 의미 있는 것은 과거의 관행과 구습을 새로운 시대와 요구에 맞게 조금씩 바꾸어 가고 있고, 그런 실험의 결과를 주변의 일반 학교로 전파하면서 공교육의 새로운 표준을 만들고 있다는 점에 있습니다. 혁신학교에서 혁신적인 문화를 경험한 교사는 일반 학교에 가서 기존의 것을 혁신적인 문화로 바꾸려고 노력합니다. 이런 노력은 학부모 연수뿐 아니라 교육과정, 수업, 학습 준비물, 예산 사용 등 전반에 걸쳐 있습니다.

한글 공부는 얼마나 하고 입학해야 할까요?

입학 후에 아이들에 대한 사전 정보를 얻고 싶어서 자라는 과정에서 특별히 기억나는 점, 교사에게 부탁해야 할 점, 꼭 조심해야 할 점 등을 써 달라고 부탁을 드립니다. 십여 년 전과 달리 절반 정도의 학부모님들이 "아직 한글이 안 되어서 걱정이니 잘 부탁드린다"는 내용을 써서 보내십니다. 그러나 "한글을 떼지 못했다"는 판단의 기준이 다 달라서 어떤 경우는 능숙하게 읽고 쓸 수 있는 정도를 의미하고, 또 어떤 경우는 글자를 읽을 수 있는 정도를 의미하기도 합니다.

그렇다면 입학 전 한글 공부는 얼마나 하고 입학해야 할까요? 저는 자기 이름을 읽고 쓰는 정도면 된다고 생각하고 있습니다. 더 중요한 것은 듣고 말하는 태도, 발음, 우리말 표현력입니다. 부모와 주변의 어른, 친구들과 자기 생각이나 느낌을 말하고 듣고 이해하는 능력과 태도는 모든 학교 공부의 가장 기본입니다. 읽기와 쓰기는 1학년 교육과정에 따라 자음에서 모음, 글자에서 낱말, 낱말에서 문장으로 학습을 통해 배우면 됩니다. 그러나 부모의 확고한 의지가 없다면 이런 상태로 학교에 입학하기 어려운 것이 보편적인 환경입니다.

3년을 유치원에 다니고 한글 학습지를 했는데도 1년이 다 되도록 받침 없는 글자를 읽기 어려워하는 경우도 보았고, ㄱ도 모르는 상태로 입학해서 두 달 만에 문자 읽기를 끝내는 경우도 보았고, 캐나다에서 태어나 한국에 와서 입학 전에 부모가 아무리 한글을 가르치려고 해도 안 하겠다고 고집을 부리는 통에 엄청난 걱정을 안고 입학했지만 석 달도 되지 않아 문자를 읽을 수 있게 되는 경우도 보았습니다. 여름방학이 끝나 2학기가 되었는데도 받침 없는 글자를 읽지 못해서 가정에도 도움을 달라고 하니 "글자를 못 읽어도 애만 행복하면 되는 거 아닌가요?"라고 했다는 옆 반 학부모 얘기도 들었고, 다문화 가정에 문해력이 매우 떨어지고 학습 능력이 떨어져서 가정방문 학습 프로그램을 비롯, 여러 프로그램을 추천해도 "우리가 사는 데 문제가 없는데 왜 그런 지원을 받아야 하느냐?"고 거부하시는 학부모 얘기도 들었습니다.

모두 내 맘 같지 않고 내 생각과 같지 않습니다. 정말 다양한 사람들이 모여 있는 공간이 학교입니다. 그럼에도 1학년을 마칠 때 집중해서 듣기, 자기 경험을 정리해서 말하기, 이야기를 읽고 내용을 이해하기, 자기 경험을 간단한 글로 써서 표현하기가 안 되면 이후의 학습을 따라가는 것이 매우 힘들어지는 것이 현실입니다. 이런 경우는 2학기부터라도 집중 지원 학습을 받을 수 있게 해야 합니다. 집중해서 듣는 것은 내용을 읽고 이해하는 것과 연결되고, 자기 경험을 정리해서 말하는 것은 글로 써서 표현하는 것과 연결됩니다. 이런 능력의 토대는 자기 주변 사람들과 눈을 마주하고 앉아 대화를 나누면서 공감하는 경험에 있습니다.

그래서 진짜 문제는 한글을 읽고 쓸 수 있느냐가 아니라 선생님과 친구들과 대화를 나누고 집중해서 듣고 자기 생각이나 경험을 말할 수 있느냐입니다. 그 뿌리는 가정의 언어 환경에 있습니다.

아이 인생의 첫 통과의례, 초등학교 입학식

아이가 자라서 초등학교에 입학하게 되는 것은 부모에게나 아이에게나 큰 사건입니다. 먹먹한 감회와 두려운 마음이 교차합니다. 입학식 일정을 확인하고, 축하의 마음과 함께 꽃다발을 준비하고 입학식장에 아이 손을 잡고 걸어 들어가는 과정은 살짝 떨리기까지 합니다.

이전과는 좀 달라진 입학식을 기대했는데 별반 다를 것 없는 입학식에 실망하기도 하고, 입학식장에서 처음 만난 담임교사의 모습과 행동에 온갖 시선이 집중되기도 합니다. 무엇보다도 엄마 손을 잡고 입학식장에 들어갔지만 그 다음에는 담임교사의 손에 이끌려 자기 자리를 찾아가서 혼자 앉아 있는 아이 모습을 살피느라 식이 어떻게 진행되고 끝났는지 기억도 안 나기도 합니다.

입학식은 의례적인 절차입니다. 인생 초기의 의례적인 절차는 그 사건의 의미를 되새기고 앞으로의 전진을 다짐하는 중요한 계기가 됩니다. 아이에게 말해 주고 싶은 것, 필요한 부분들을 이 입학식이라는 행사를 거치면서 대화를 통해 나누면 입학식의 의미는 더 커질 것입니다. 부모의 손을 놓고 자기 자리를 찾아가 앉아서 한 시간 정도의 입학식을 치르는 경험을 잘 숙고하면서 학교의 의미를 확장할 수도 있습니다. 이날의 작은 사건들을 기록해 두는 것은 훗날의 대화에 큰 의미로 다가옵니다.

과거와 달리 입학식도 변화를 겪고 있습니다. 형식적이고 의례적인 것을 최소화하고 입학하는 어린이들이 주인공이 될 수 있도록 입학식 행사를 기획합니다. 교장 선생님이 인사말을 하면서 동화책을 읽어 주기도 하고, 담임교사들이 나와서 축하의 노래를 불러 주거나 동시나 편지를 낭독해 주기도 합니다. 대표 학생 한 명이 나와서 축사를 하기보다는 6학년이나 2학년들 모두가 나와 공연을 해 준다거나 한 명씩 짝을 지어 입학식장에 앉혀 주고 옆에서 도움을 주기도 합니다. 입학식날 짝이 된 선배들은 한 해 동안 서로 보살펴 주는데, 보통 '어깨짝'이나 '이촌'이라고 합니다. 학교를 둘러보고 공간 구조를 배우는 활동을 할 때도 한 명씩 손을 잡고 도움을 주고, 도서관에서 만나 같이 책을 읽어 주기도 합니다.

우리 아이가 입학하는 학교의 입학식은 여전히 옛날 방식인 거 같다면 아쉽기는 하겠지만 실망할 필요는 없습니다. 입학식의 의미는 부모가 충분히 다른 형식으로 채워 줄 수도 있고, 관습적인 입학식에 대해 새로운 인식을 이끌어 내는 계기가 될 수도 있고, 1학년 어린이에게 그 경험 자체는 관습적인지 혁신적인지 여부가 가늠되지도 않으며 그저 '새로움'으로 다가올 것이기 때문입니다.

혁신적인 입학식을 보면 부모들은 감동을 받습니다. 그러나 그 감동이 아이들에게도 동일한 감동일 수는 없습니다. 그렇게 멋진 입학식에서도 아이는 부모와 떨어지지 않겠다고 우는 경우도 있으며, 계속 뒤를 돌아보며 엄마의 위치를 확인하려는 아이도 있습니다. 주어진 환경과 조건을 새롭게 창조하고 재해석하는 것은 부모, 교사, 학생 모두에게 주어진 발달의 과업입니다.

학교가 부모에게 보내는 편지, 가정통신문

한 해 동안 학교에서 발송하는 가정통신문의 양은 4백 개~6백 개 정도 됩니다. 어마어마한 양입니다. 수업 일수 기준이 190일 정도인 것을 감안하면 공식적인 가정통신문만 하루 평균 두세 장을 내보낸다는 말입니다. 그만큼 학교에 쏟아지는 사회 각계의 요구 사항들이 많다는 것입니다. 사회에 큰 사건이 터지면 가정통신문은 더 많이 늘어납니다.

사실 이런 방식은 구시대적인 문화입니다. 정부가 전달하고자 하는 어떤 정보나 내용, 계몽적인 사안들을 국민 다수에게 제대로 전달할 방법이 없던 시절에 어쩔 수 없이 학교를 통해 전달하던 방식이 그대로 굳어진 것이라고 볼 수도 있습니다. 구청에서도, 시청에서도, 교육청과 교육부에서도, 보건복지부에서도, 여성가족부에서도 주요 사안이 있으면 학교에 협조 공문을 보내 가정통신문으로 각 가정에 전달해 줄 것을 요구합니다. 그럼 교사는 가정통신문을 만들고 일련번호를 붙이고 학교장의 결재를 받아 복사를 합니다.

1학년 학부모가 되면 엄청난 가정통신문 양에 놀라게 될 것입니다. 특히 입학 첫 주에 나오는 가정통신문은 모두 중요한 것들이라 하나도 소홀하게 취급할 수 없습니다. 그걸 종이로 받으면 통계를 내거나 입력하는 것은 모두 담임교사의 일입니다. 그런 일을 하다 보면 이 지능 정보화, 초연결시대에 무슨 짓인가 싶을 때가 한두 번이 아닙니다. 그래서 앱을 이용해 가정통신문을 발송하고 회신서를 수합하는 학교들이 점점 늘어나고 있습니다.

그러나 온라인 가정통신문 서비스 앱은 학부모에게 개인 정보 제공 동의를 받아야 하고 일 년에 백만 원이 넘는 예산을 사용해야 한다는 문제가 있습니다. 종이에 인쇄하고 배부하고 수합하고 통계 내는 수고에 비하면 백만 원이 큰돈이 아니겠지만, 목적 경비, 경상비와 인건비를 제외하고 학교가 가용할 수 있는 실제 예산이 한 해에 4천만 원 정도밖에 안 된다는 것을 생각하면 큰돈이 아닐 수 없습니다. 각 학교에 기본 예산이 충분히 제공되거나 교육부나 교육청이 그런 서비스를 이용할 수 있는 플랫폼을 무료로 만들거나 하는 방법밖에는 없다고 봅니다.

가정통신문에 대한 아이들의 반응도 재미있습니다. 1학년 때는 모든 편지를 소중히 전해 주지만 2학년만 되어도 어떤 게 중요하고 어떤 건 필요하지 않은 것인지 금세 알아차리고 선택적으로 전달합니다. 더 고학년이 되면 담임교사가 몇 번을 닦달해야 전하기도 합니다. 그런데 현장학습이나 교육 여행, 수련회 관련 가정통신문 전달율과 회수율은 학년과 무관하게 모두 백 퍼센트에 가깝습니다.

아이도 교사도 떨리는
학부모 공개 수업

한 해에 한 번 이상 학부모 공개 수업이 있습니다. 우리 아이가 수업하는 모습을 직접 관찰할 수 있는 좋은 기회입니다. 시기는 각 학교의 교육과정 운영 계획에 따라 다릅니다. 대체로 3월이나 4월에 합니다. 담임교사의 수업에 대한 학부모의 궁금증을 풀어 주려는 측면도 있고, 여러 부담을 덜어 내려는 측면도 있습니다. 아이가 학교에 입학하면 학교의 학사 일정 달력을 받는데 그 달력에 학교의 주요한 행사는 모두 표기가 되어 있으므로 그 일정을 잘 저장하거나 기록해 두면 급하게 닥쳐서 당황하지 않을 수 있습니다.

학사 일정 달력에 기록된 모든 학교 행사는 행사일 1~2주 전에 가정통신문으로도 알려 드립니다. 이런 행사를 하니 참가 신청 희망서를 내 주시라는 내용입니다. 학부모 공개 수업도 마찬가지입니다. 참가 신청서를 내면 교사는 그 수에 맞게 안내 자료나 수업 안, 수업 참관록을 준비합니다. 1학년 공개 수업은 거의 다 참여합니다. 적어도 첫 학년의 첫 수업 공개인데 그런 날 참여를 하지 못하는 경우는 정말 특별한 사정이 있는 경우입니다. 교사인 저는 두 아이를 키우면서 공개 수업에 한 번도 참여하지 못했습니다. 그 시간에 다른 학교에서 수업을 하고 있어야 했기 때문입니다.

공개 수업에 갔을 때는 아이들의 수업 집중을 방해하지 않도록 도와주셔야 합니다. '아빠 여기 있다, 엄마 왔어' 눈인사하고 손을 흔들어 주는 것은 수업 시작할 때 한 번이면 충분합니다. 아이가 뒤를 돌아볼 때마다 손을 흔들어 주거나 반응을 보이는 것이 적절한지 생각해 봐 주세요. 아이는 신경을 쓰지 않는데 부모가 너무 아는 척을 하는 경우도 있고, 아이는 너무 아는 척을 하고 싶은데 부모가 전혀 반응을 안 해 주는 경우도 있습니다. 많은 것은 그 아이와 부모가 맺어 온 관계의 역사에서 비롯됩니다.

사진을 찍어나 동영상을 촬영하는 것도 수업 방해 요인이 될 수 있습니다. 개인 정보 침해 사례가 될 수도 있고요. 사진이나 동영상을 소셜네트워크에 올릴 때도 조심해야 합니다.

십 년 전쯤, 육아휴직 중이었을 때 어린이집 공개 수업에 가게 됐습니다. 정말 '우리 애'만 보이는 낯선 경험을 했습니다.

'왜 저렇게 앉아 있나, 손을 들려면 높이 들어야지.'

'아이고, 좀 큰 목소리로 말하지.'

그러고 있는 나를 인식하게 되니 그 다음부터 수업 진행 방식과 구조가 보이기 시작했습니다. 그 경험 이후에 왜 부모님들이 수업 참관록에 내가 보기에는 매우 훌륭한 아이를 두고 "수업 중에 산만한 거 같습니다. 생각보다 집중을 못 하네요" 같은 말을 적는지 깨닫게 되었습니다.

교사인 나에게는 매우 정상적인 반응으로 보이는 것들이 '내 아이'만 주목해서 보게 되면 '저렇게 중요한 설명을 안 듣고 딴짓을 하고, 저렇게 재밌는 활동인데 뒤를 돌아보고' 하는 것들이 다 걸리는 것입니다.

그러나 걱정하지 않으셔도 됩니다. 아이들의 모든 행동에는 행동의 역사가 있다고, 아이들의 그런 행동에는 나름의 이유와 배경이 있습니다. 몸을 움직이고 있다고 듣지 않는 것이 아닙니다. 사랑하는 엄마, 아빠가 바로 뒤에 있는데 자꾸 신경을 쓰게 되는 것은 일상적인 수업과 전혀 다른 맥락을 제공하는 행동 조건입니다. "그렇게 하지 마라" 하기 전에 '왜 저럴까'를 생각해 보는 것이 훨씬 도움이 됩니다.

학교 운영의 또 하나의 축,
학부모 총회

학부모회는 학부모들의 자치 조직입니다. 후원회(1946년~1952년), 사친회(1953년~1962년), 기성회(1963년~1970년), 육성회(1970년~1996년) 등의 이름으로 운영되면서 교육 재정이 열악하던 시절 학부모의 금전적 지원 창구 역할을 했습니다. 그러나 이런 잡부금과 찬조금 모금은 많은 부작용을 낳았습니다. 1997년 〈학교 운영위원회〉가 도입되면서 초등학교의 육성회와 육성회비는 완전 폐지되었고, 자율적인 학부모회가 만들어졌습니다. 그러나 자율적 모임인 학부모회는 소수 학부모들만 개별적으로 참여하는 형태가 되면서 학부모회의 대표성에 대한 문제가 끊이지 않았습니다. 이런 문제들을 극복하기 위해 각 시도 교육청마다 학부모회를 조례로 법제화하는 운동이 펼쳐졌습니다.

학부모회 법제화는 학부모를 학교 교육활동의 주체로 보

고, 전체 학부모의 참여를 확대하고 학부모 전체의 의견을 수렴하여 학교 운영에 반영할 수 있도록 하기 위한 과정입니다. 2019년 8월 현재, 학부모회 관련 조례를 제정하여 학부모회를 법제화한 지역은 서울, 경기, 인천, 전북, 광주, 부산, 제주, 전남, 세종까지 9개 지역입니다. 법적 기구가 되었다는 것은 모든 초·중등학교 학부모회 설치가 의무화되고 공식적인 기구가 되며, 학교의 모든 학부모가 학부모회의 회원이 된다는 뜻입니다.

그런 의미에서 학부모 총회는 우리 학교의 학부모들이 모여서 일 년에 한 번 총회를 개최한다는 뜻입니다. 그러나 육성회비 납부 의무를 위한 조직으로 기능했던 오랜 역사는 자치 조직으로서의 학부모회의 모습으로 바꾸는 데 큰 걸림돌이 되고 있습니다. 일단 학부모회에 대한 부정적인 인식, '나서는 사람들이 하는 조직'이라는 인식이 그렇습니다. 일반적인 학교에서 학부모 총회는 대체로 의무 연수로 채워야 할 학부모 연수 열 개 정도를 짧은 시간에 해결하는 시간, 각 학급별 대표를 조직하고 법적으로 학교에 꼭 구성되어야 하는 학부모 단체를 조직하는 시간으로 도구적으로 활용되고 있습니다.

학교 방송으로 학교장이 한 해 교육활동 비전이나 계획을 발표하고, 담임교사가 짧게 인사를 하고, 필수 연수를 진행하고, 그 다음 학급 대표를 선정하고, 급식 모니터단을 뽑고, 녹색학부모회를 뽑고……. 그렇게 시간을 보냅니다. 물론 학교 운영위원 선출이나 학부모회 회장 선출이 있지만 보통은 경선이 아니어서 무투표로 당선됩니다. 이것은 자치조직인 학부모의 총회라고 하기 힘듭니다. 그냥 학교 교육활동 설명회 정도입니다.

사정이 이러하니 학년이 올라갈수록 학부모들의 참여도는 낮아집니다. 낮은 참여도는 낮은 기대에서 옵니다. 경험이 쌓일수록 가 봐야 감투 하나 쓰고 올지도 모른다는 걱정도 추가됩니다. 그러다 보면 학부모회 법제화의 본래 취지와는 무관하게 여전히 소수의 학부모들이 참여하는 학부모회가 되고, 학교는 참여율을 높이기 위해 '학부모 수업 공개'를 중간에 끼워 넣습니다. 수업을 보기 위해서라도 참여를 하시라는 뜻입니다. 그러나 수업이 끝나면 밀물처럼 빠져나가는 게 현실입니다.

그럼에도 대부분의 교사들은 우리 반 학부모님들이 많이 오시기를 기대하고 학부모와의 첫 만남을 위한 여러 자료를 준비합니다. 올해 어떻게 학급을 운영할지, 무엇을 중요하게 강조할지, 밤잠을 설치며 떨리는 마음으로 준비합니다. 그러나 언제나, 1학년이든 6학년이든 수업만 끝나면 빠져나가는 뒷모습을 보면서 허탈해 합니다. 학급 대표, 급식 모니터링단, 학부모 도서위원, 녹색학부모회, 학부모 명예교사 등 단체에 할당된 인원을 채우기 위해 헉헉거리게 되니, 정작 학부모와 교사의 관계에서 중요한 얘기는 할 시간이 없습니다.

이런 한계를 뛰어넘어야 합니다. 학부모 총회는 학부모들만의 총회로 학교와 교사는 필요한 부분을 지원만 해 주고, 모든 것은 학부모들이 자치적으로 운영하는 시간으로 바꾸어야 합니다. 그리고 담임교사와의 만남의 시간은 별도의 교육과정 설명회로 나누어 운영해야 합니다. 그래야 학부모회는 "학부모 개인 차원의 학교 참여를 넘어 학교 운영의 자율성과 민주성을 확대하기 위한 학교 내 자치 기구"로 거듭날 수 있을 것입니다. 이런 변화는 오늘의 교사와 학부모가 함께 마음을 모을 때 가능합니다.

불과 몇 년 전까지만 해도 1학년 담임을 할 때 우리 반 아이들에게 급식에 나오는 반찬은 한 번씩은 먹어 봐야 한다고 가르쳤습니다. 그래야 다양한 음식의 맛을 알 수 있고, 건강해진다고 했습니다. 급하게 밥을 먹고 교실을 돌아다니며 한 번도 손대지 않은 나물, 김치, 생선 등을 밥 위에 올려 주며 한 번만 먹어 보라고 했습니다. 김치를 안 먹던 아이가 김치를 먹게 되고, 나물의 맛을 모르던 아이가 그 맛을 알게 되는 게 가르치는 보람이었습니다. 물론 식품 알레르기가 있는 경우는 예외입니다. 교사인 나도 잘 알고 있고, 아이도 잘 알고 있어서 그런 음식은 아예 받지 않습니다. 그랬다가 요즘은 그냥 먹을 만큼만 먹으라고 합니다. 교사로서, 그리고 부모로서 내가 내 아이에게 했던 것들이 누군가에게는 폭력으로 느껴질 수 있다는 것을 알고 난 다음부터입니다.

그래서 요즘은 학부모 총회 자리에서 "혹시 자녀의 편식이 심해서 걱정이시면 따로 연락을 주세요. 학교에서도 성심껏 지도하겠습니다" 이야기합니다. 그러나 한 번도 편식 지도를 해 달라는 연락을 따로 받은 적이 없습니다. "골고루 먹는 것은 나를 위한 것"이라는 말을 강조할 뿐, 한 번씩은 다 먹어 보면 좋다고 할 뿐, 돌아다니면서 먹여 주거나 먹으라고 하지 않습니다. 다만, 밥을 너무 적게 먹으면 세 숟가락 정도는 더 먹는 게 좋겠다고만 합니다. 그러나 따로 검사를 하지 않습니다. 버려지는 음식들이 아깝지만 눈을 질끈 감습니다.

그럼에도 급식실에서 뛰지 않아야 하고 조용히 해야 한다는 것은 끊임없이 지도합니다. 뜨거운 음식을 들고 동시에 이백여 명이 왔다 갔다 해야 하는 공간에서는 서로서로 조심해야 하기 때문입니다. 동시에 이백여 명이 밥을 먹는 지금과 같은 대형 식당의 구조는 밥상머리 교육을 하는 데 최악의 조건이기도 합니다. 우리가 빨리 먹고 자리를 비켜 주어야 그 다음 학년, 그 다음 반이 식당을 이용하는 구조 역시 마찬가지입니다.

1학년 아이들이 식판을 들고 밥, 반찬, 국을 받아 자리를 찾아가서 앉아서 안전하게 잘 먹는 과정 자체가 교사에게는 초긴장 상태를 유발합니다. 그래서 3월 첫 주에는 교사들이 밥을 먹지 않고 돌아다니면서 지도하기도 합니다. 아이들을 하교시킨 다음에 점심을 먹는 것입니다. 뜨거운 국물에 데거나 식판을 쏟거나 하는 사고가 나지 않는 것만으로도 다행입니다. 익숙해지기까지 시간이 걸리지만 익숙해진 다음에 더 큰 사고가 나기도 하니 긴장을 늦추지 않아야 합니다.

어디까지가 교사의 역할인지 헷갈리는 시대입니다. 음식을 골고루 잘 먹도록 가르치는 것이 가정의 일인지, 학교의 일인지 헷갈립니다. 부모도 원하지 않는 편식 지도를 굳이 교사들이 해야 할 이유가 어디에 있나 하는 생각이 들기도 합니다. 그럼에도 교육과정에는 식생활 지도, 숟가락, 젓가락 사용법이 나오고, "어린이 식생활 안전관리 특별법"과 "식생활교육지원법"도 식생활 교육을 학교에서 하도록 하고 있습니다.

밥상머리 교육은 어디까지 해야 할까요? 부모에게도 숙제이고 교사에게도 숙제입니다. 일단 숟가락이나 젓가락 사용법은 어느 정도 익히고 와야 합니다. 십 년 전만 해도 웬만큼은 숟가락, 젓가락을 다 잘 사용했는데 요즘은 젓가락을 제대로 사용하는 아이는 거의 없고, 숟가락도 이상하게 잡고 있는 아이들이 절반쯤 됩니다. "젓가락질 잘해야만 밥을 잘 먹는" 시대는 물론 아닙니다. 현재 우리의 문화 규범이나 문법으로 자리 잡고 있는 것을 모두 잘할 수 있도록 가르쳐야 하는 것인지도 잘 모르겠습니다.

그럼에도 '올바른 식사 예절'이라는 명목으로 수저 사용법을 가르쳐야 하는 교사들은 몇 번 가르치고 안 되면 어쩔 수 없지 할 것인가, 될 때까지 가르쳐야 할 것인가를 늘 고민합니다.

아이를 이해하게 돕는
상담 주간

학부모 상담 주간은 일 년에 두 번 이상 공식적으로 담임교사와 학부모가 일대일로 만나 아이의 학교생활이나 가정생활에 대해 상담을 할 수 있도록 마련된 기간입니다. 보통 1학기에 한 번, 2학기에 한 번 운영되고, 전화 상담이나 면담 중 원하는 방식을 선택할 수 있습니다. 3월 초에 나누어 주는 학사 일정 달력 혹은 교육활동 연간 운영 일정 등을 보면 기간을 확인할 수 있습니다. 보통 3월에서 4월, 9월에서 10월에 진행합니다. 상담 주간 1~2주 전쯤 가정통신문이 배부됩니다. 가정통신문을 확인하고 정해진 기간 중 요일과 시간대를 골라서 1희망에서 3희망까지 신청서를 작성해서 학교로 보내면 담임교사가 취합하고, 중복되지 않도록 일정을 조율해서 최종 상담 시간을 알려 줍니다.

상담 시간은 보통 20분에서 30분입니다. 1학년의 경우 거의 모든 학부모가 상담에 참여하기 때문에 하루에 대여섯 명을 상담해야 합니다. 따라서 되도록 상담 시간을 지켜 주는 것이 다음 학부모나 교사를 위해 바람직합니다. 앞 시간에 신청한 학부모가 늦게 오거나 해서 늦어지면 뒤에게 대기 중인 분들이 줄줄이 늦어지는 상황이 발생합니다. 면담을 하기 위해 시간을 내기 어려운 경우는 전화 상담을 활용할 수도 있습니다. 정해진 시간에 주로 교사가 학부모에게 전화를 해서 상담을 합니다.

상담 신청서는 보통 상담 내용이나 궁금한 점을 미리 적어서 제출하도록 되어 있습니다. 어떤 부분이 궁금한지 미리 알려 주면 그에 맞게 상담 내용을 준비할 수 있어서 서로 도움이 됩니다. 긴장해서 물어보기 어렵거나 까먹는 경우에도 이 방법이 좋습니다. 상담 내용에 대해 적을 때는 아이의 학교생활에 대해 생각해 보고 평소 궁금했던 점이나 의아했던 점을 떠올려 본 다음 아이에게 그 내용에 대해 물어보는 것이 좋습니다.

1학년의 경우 3월 상담은 아이들끼리 이름도 잘 모르고, 교사도 이제 곧 아이들 특성을 파악해서 적응하는 중이기 때문에 자녀에 대한 중요한 정보를 제공해 주는 시간으로 활용해도 좋습니다. 3월 초에 배부되는 가정환경 조사서 등을 통해 아이의 장점이나 관심 내용, 특이 사항 등을 적어서 보내지만 학기 초는 매우 어수선하고 챙겨야 할 것이 많은 시기이므로 직접 대화를 통해 전하는 것이 훨씬 전달력이 높습니다.

2학기 상담은 1학기 생활에 대한 총평과 앞으로 중점을 둘 부분에 대한 담임교사의 조언을 들어보는 것이 좋습니다. 다만 유의할 것은 담임교사들이 이야기할 때 다른 아이와 비교를 하면서 평가를 하기보다는 그 아이의 3월 모습과 몇 달이 지난 지금의 모습을 비교하여 말하는 것이 좋습니다. 물론 교사들마다 다르긴 하겠지만 저의 경우 "크게 걱정하시지 않아도 된다"고 말하는 것은 진짜 걱정 안 해도 잘 지내고 있다는 것이고, "잘 하고 있다"고 말하는 것은 다른 애들에 비해 우리 반에서 1등, 2등 이런 식으로 잘하고 있다는 것이 아니라 그 아이가 할 수 있는 수준과 정도에서 잘하고 있다는 것입니다. 당연히 3월보다 좋아졌고, 학교에 적응을 잘 하고 있기 때문에 담임교사가 별도로 연락을 하거나 상담 요청을 하지 않았다고 생각하면 됩니다. 이런 것을 '성장 참조 평가'라고 합니다.

현장학습 준비는 어떻게?

상담 주간이 끝나면 4월 현장학습이 기다리고 있습니다. 아이들은 들뜬 마음으로 기대를 하고 기다리지만 교사나 학부모에게는 그리 가볍지 않습니다. 일단 세월호 참사 트라우마로 단체로 버스를 타고 멀리 가는 것에 대한 부담감이 교사와 학부모 모두에게 존재합니다. 학부모에게는 당일 점심 도시락과 간식 준비, 미세 먼지에 대한 걱정이 부과되고, 교사는 복잡한 사전 준비 과정과 안전한 인솔에 대한 부담이 너무나 큽니다.

지난 2017년 5월, 대구의 한 초등학교 6학년 현장학습 중 발생한 사건을 기억하실 겁니다. 대구에서 천안으로 현장학습을 가던 중 배탈이 난 아이가 화장실에 가겠다고 했으나 고속도로에서 버스를 세울 수 없어 교사는 아이를 버스 앞쪽으로 불러 볼일을 보게 했고, 부모와 통화한 뒤 데리러 오겠다 하시기에 아이를 휴게소 카페에 내려놓고 떠난 사건이었습니다. 부모가 아동학대로 민원을 넣고, 학교가 교사를 신고함으로써 언론에 보도되어 온 국민의 분노를 자아냈습니다. 이 사건으로 해당 교사는 아동복지법 위반으로 인한 직위 해제와 벌금 8백만 원이라는 1심 판결을 받았습니다. 이 사건은 학교 현장 교사들의 현장학습 폐지론에 불을 지폈습니다. 2014년 제정된 "아동학대범죄의 처벌 등에 관한 특례법"에 따라 아동학대 범죄로 벌금 5만 원이라도 형이 확정되면 파면은 물론 십 년간 아동 관련 기관에 취업 자체를 제한받게 되었습니다. 이 사건이 있기 한 달 전인 2017년 4월에 이미 헌법소원이 제기된 상태였습니다. 결국 위헌 판결이 나왔고, 2018년 11월 국회에서는 관련 법안을 개정하게 됩니다. 이런 사건으로 현장학습에 대한 교사와 학부모들의 부담은 더 커질 수밖에 없게 되었습니다.

현장 체험 학습은 수익자 부담 프로그램이기 때문에 일단 절차가 매우 복잡합니다. 먼저 현장학습 장소와 날짜 등에 대한 사전 계획을 세우고, 사전 답사를 다녀와야 합니다. 사전 답사를 위한 출장 계획서도 제출합니다. 그리고 전세 버스 비용 견적을 받아야 하고, 그 견적에 따라 예산 계획을 세우고 〈학교 운영위원회〉에 사전 심의를 받아야 합니다. 심의에 통과되면 가정통신문을 작성하고 참가 희망 신청서를 받습니다. 참가 희망자와 인솔 교사를 합친 총 인원수로 버스비를 나누기 때문에 참가자가 달라지면 버스비가 달라집니다. 그런 다음 현장학습 운영 계획서를 작성해서 관리자의 결재를 받고, 예산 지출 항목마다 품의를 한 다음 학교의 법인 카드를 챙기고 교사의 출장 기안을 올려 결재를 받습니다. 출발 전 사전 안전 교육, 출발 당일 인원 확인, 긴 시간의 외부 활동으로 교사들은 완전히 방전되어 돌아옵니다. 현장학습 정산서 기안, 불참자 환불 요구 등이 행정적으로 꼭 해야 하는 절차입니다.

그러나 이 모든 절차와 무관하게 무엇보다도 안전하게 큰 사고 없이 잘 도착하는 것이 가장 큰일입니다. 지난 휴게소 사건 관련 논란을 지켜보면서 입학한 지 겨우 5~6주밖에 안 된 1학년 아이들 20~30명을 담임교사 혼자 인솔해 다녀왔던 것은 무모한 모험이었다는 걸 깨닫게 되었습니다. 그동안 큰 사고가 한 번도 일어나지 않았던 것에 대해 가슴 깊이 감사하게 됐습니다.

이렇게 현장학습을 계속 운영하는 것은 교육적이지도 안정적이지도 못하다고 판단했습니다. 그 후 2018년 2학기부터는 별도의 교육비 예산을 추가해서 현장학습 안전 요원을 한 학급에 한 명씩 배치합니다. 보통 1인 7천 원 정도의 금액을 추가 부담하게 됩니다. 교사가 앞에서 인솔하는 동안 안전 요원이 뒤따라오며 도움을 주고, 잠깐 화장실에 다녀오겠다는 아이가 있으면 안전 요원과 다녀올 수 있도록 합니다. 그럼에도 언제나 돌발 상황은 존재합니다.

불안함을 품고 아이를 보내는 것은 아이에게도, 부모에게도, 교사에게도 좋지 않습니다. 그렇다면 우리는 그 불안을 최소화할 수 있는 방안을 적극적으로 모색해야 합니다. 일단 저학년일수록 이동 거리가 짧은 곳을 선택하고, 현장학습 장소에 별도의 보조 인력 지원이 있는 곳을 선택합니다. 가능하면 교육비를 추가하더라도 안전 요원을 배치해서 가는 것이 좋습니다. 가장 중요한 것은 이런 현장 체험 학습이 정규 교육과정에서 운영되는 것이므로 수익자 부담이 아니라 학교 기본 예산에서 운영될 수 있도록 학교의 교육 예산 증액을 요구하는 것입니다.

1학년 아이들에게 4월 현장 체험 학습의 추억은 한 학기 내내 중요한 소재가 됩니다. 거기서 배운 것들, 경험한 것들은 수시로 공부 시간에 등장합니다. 현장학습을 다녀온 전과 후는 다를 수밖에 없습니다. 우리가 진짜 같은 반 친구들이 되었다는 느낌이 생기기 시작합니다. 현장학습에서 찍은 사진을 보여 주면서 '사진 보고 문장 만들기'를 할라치면 그날 있었던 이야기들이 고구마 줄기처럼 줄줄이 이어져 나옵니다. 그런 소중한 체험이 좀 더 안전하고 편안하게 이루어질 수 있기를 바랍니다.

현장학습 교사 도시락은 누가?

현장학습 교사 도시락은 교사들이 쌉니다. 보통은 교사들이 돈 걷어서 김밥을 주문하거나 싸 옵니다. 그러니 교사 도시락 때문에 걱정하거나 염려할 필요는 없습니다. 간혹 특수교육 대상자의 경우 특수실무사나 공익 요원이 보조 강사로 따라가기도 하는데 그런 경우 도시락을 따로 준비하시기도 하지만 바람직하지는 않은 거 같습니다. 공적으로 출장비를 더 챙겨 줄 수 있는 여건을 만드는 것이 맞습니다.

아이들 도시락을 쌀 때는 아이가 먹을 수 있는 만큼만 싸주는 것이 좋습니다. 다 먹지 못하고 가져가면 음식이 상해버리게 됩니다. 가끔 김밥집에서 산, 호일에 쌓인 김밥 두 줄을 꺼내 놓는 아이들을 보면 안타까운 마음도 듭니다. 김밥집을 이용하더라도 도시락 통에 옮겨 담으면 더 좋지 않을까 합니다. 어떤 경우는 과잉이고, 어떤 경우는 과소입니다. 양 극을 섞어서 평균을 내고 싶지만 그건 불가능한 꿈입니다.

도시락을 싸는 수고를 덜어 주고 싶어서 현장학습 장소 근처의 식당을 이용해 본 적도 있습니다. 그런데 볶음밥에 파인애플 통조림 한 쪽, 단무지 세 쪽에 계란국을 주면서 8천 원씩 받는 걸 보고 이건 아니다 싶었습니다. 그냥 정성 담긴 도시락을 우리 아이들이 일 년에 두 번은 먹어 봐도 되지 않을까 하는 마음으로 도시락을 가정에서 준비하도록 하고 있습니다. 그렇게 도시락을 준비하는 과정이 부담이 아니라 아이와 함께 메뉴를 정하고 간식을 정하고 함께 장을 보는 소중한 추억이 되면 좋겠습니다.

아이들의 마음 건강 챙기는,
학생 정서·행동특성 검사

학생 정서·행동특성 검사는 성장기 학생들이 흔히 경험하게 되는 정서·행동에서의 어려움을 조기에 발견하여 도움을 주려는 목적으로 시행합니다. 전 세계적으로 학생들의 정신건강에 대한 관심이 증가하면서 2006년 학교보건법이 개정되었고, 이에 따라 2007년부터 시행하고 있습니다. 모든 학생을 대상으로 실시되기도 하였지만, 2013년부터는 초등학교 1학년과 4학년, 중학교 1학년, 고등학교 1학년을 대상으로 온라인 조사 방식을 사용하고 있습니다.

중학교와 고등학교 학생들은 학생이 직접 응답하는 반면, 초등학교 1학년과 4학년 검사에서는 부모가 응답합니다. 아동 문제행동 선별 질문지(CPSQ-Ⅱ) 척도를 활용한 온라인 검사로 진행됩니다. 원하는 경우 서면으로 진행할 수도 있지만 서면 진행시 담임교사가 입력을 하게 되어 있어, 되도록 온라인 검사를 권장합니다. 개인의 성격 특성, 위험 문항, 외부 요인, 정서 행동 문제 요인, 기타 항목으로 구성되어 있습니다. 결과에 따라 정상군, 관심군으로 분류됩니다. 관심군의 경우 보호자의 동의에 따라 전문 기관의 심층 검사를 진행하고, 그에 따라 적절한 상담 및 치료가 진행될 수 있도록 지원합니다.

4월 중순쯤 학교에서 가정통신문으로 학생 정서·행동특성 검사에 대한 가정통신문을 발송합니다. 검사 참여 동의 여부와 검사 방법(온라인 검사, 서면 검사) 선택, 검사 실시 여부를 확인하는 회신서를 학교로 보내면 됩니다. 가정통신문에는 검사 참여를 위한 학부모 고유 번호가 기입되어 있거나 별도의 쪽지로 배부됩니다. 가정통신문에 안내된 주소로 접속하여 자녀 정보를 확인하고 고유 번호를 입력하여 로그인합니다. 검사 결과지를 받을 주소를 확인하고 검사에 참여합니다.

검사 결과는 지정된 검사 기간이 끝나면 모두 인쇄물로 받아 볼 수 있습니다. 보통 담임교사가 관리 업무를 맡게 되어 참가 여부를 확인하고 결과지를 인쇄, 봉투에 담는 작업을 합니다. 우편으로 발송하는 학교도 있지만 중간 유실을 우려하여 아이를 통해 밀봉하여 직접 가정으로 보내기도 합니다. 문제는 이 검사가 부모에 의한 자기보고식 설문의 한계를 갖고 있어서 검사의 정확도가 떨어질 수 있다는 점입니다.

담임교사가 보기에는 학교생활에서 큰 문제가 없어 보이는데 결과가 관심군으로 나오는 경우가 있습니다. 주로 엄마가 아이를 돌보는데 급한 사정이 있어 아빠가 검사에 참여하면서 실제를 제대로 반영하지 못하는 경우도 있었고, 부모의 주관적인 기준이 높거나 민감해서 관심군으로 나오는 경우도 있습니다. 물론 그 반대의 경우도 있습니다. 우리 아이의 특성을 잘 설명해 주는 결과를 받기 위해서는 좀 더 객관적으로 아이를 관찰하고 응답하는 것이 좋습니다.

스승의날 유감

"얘들아, 내일은 스승의날이지?"

"네."

"근데 스승이 뭘까?"

"선생님이요."

"아니야, 선생님은 스승이 아니야. 초등학교 1학년은 아직 스승이 누구인지 몰라. 너희가 초등학교, 중학교, 고등학교를 졸업하고 스무 살이 되었을 때 그때 내가 이렇게 자랄 수 있게 잘 도와준 분이 누구일까, 생각했을 때 떠오르는 사람 있지, 그 사람이 너희들 스승이야. 그러니까 선생님은 그냥 1학년 선생님이지, 스승이 아니야. 스승은 스무 살이 넘어서 생기는 거야."

이런 대화를 나누고 알 듯 말 듯한 얼굴로 돌아가는 아이들을 보며 내일, 부모님의 권유에 못 이겨 카드나 편지를 들고 오는 일이 없었으면 좋겠다고 항상 생각합니다. 스승은 내 인생의 길잡이가 되어 준 누구이지, 그것이 교사라고 생각하지는 않습니다. 전문 직업인으로서 교사라는 직업을 사랑하지만, 스승이 되겠다는 생각은 추호도 없습니다. 만약 우리 반 학생이었던 아이들이 성인이 되어 용케 기억하고 찾아와 준다면 그 땐 정말 나와 제대로 된 만남이 있었던 것이구나 생각하겠지만, 담임교사로 만나고 있을 때는 그냥 선생님이면 족하다는 생각입니다.

강남에 있는 초등학교로 첫 발령을 받았던 시절과 지금은 너무나 다릅니다. 그때도 스승의날을 '선생님들이 선물받는 날'이라고 아이들이 인식하는 게 끔찍하게 싫었고 편지를 제외한 선물들을 돌려보냈습니다. 두 번 정도 그렇게 하면 그 다음부터는 편안했습니다. "스승의날 축하해요" 인사말을 들을 때도 교사가 왜 축하를 받아야 하는지도 모르겠다는 심정이었습니다.

"선생님, 좀 있으면 크리스마스잖아요."

"응."

"근데 선생님한테 편지 쓰면 안 되는 거예요?"

"아니, 써도 되지."

"근데 간식 같은 거는 선물하면 안 되는 거예요?"

"응, 그런 거는 안 되지."

"아하, 그럼 저번에 백화점 갔을 때 카드 사서 유치원 선생님이랑 선생님한테 편지 썼는데 그거 드릴게요."

아이의 마음은 충분히 고맙지만 이럴 때마다 자괴감을 느낍니다. 왜 이 시대의 교사가 그런 고려의 대상이 되었는지, 왜 지난 세대의 문제가 지금의 우리 모두에게 족쇄가 되어 있는 것인지 모르겠습니다. 왜 초등학교 1학년 아이가 간식 같은 건 선물로 주면 안 되냐고, 카드는 줘도 되느냐고 물어봐야 하는 건지 모르겠는 겁니다. 그나마 그 카드라는 것도 비싼 고급 카드는 받으면 안 된다는 지침이 내려오는 스승의날, 정말 세상에서 사라지고 싶은 날입니다.

물론 모든 교사가 이렇게 생각하지는 않을 것입니다. 그러나 스승의날만 되면 교사가 부패한 집단인 양 온갖 금지 지침과 감시 대상이 되어야 하는 현실에 자괴감을 느끼지 않는 교사는 없을 것입니다. 스승의날이 서로에게 상처를 주는 날이 아니라 각자 자신의 스승을 생각해 보는 날이 되면 좋겠습니다. 1학년 첫 담임교사를 자신의 스승이라고 훗날 찾아오는 아이들은 별로 없을 것입니다. 그러니 처음으로 학부모가 된 어른들도 자신의 스승에 대해 자녀들과 얘기를 나누는, 그런 스승의날이 되면 좋겠습니다.

건강검진과 구강 검진

모든 초등학생들은 1학년과 4학년 때 건강검진과 구강 검진을 받아야 합니다. 구강 검진은 해마다 받아야 하지만 건강검진은 1학년, 4학년 때만 받습니다. 학교에서는 학생들의 건강검진 계획을 수립하고 학구를 고려하여 건강검진 기관을 선정하고 계약을 맺습니다. 구강 검진도 마찬가지입니다. 2019년 기준으로 건강검진은 1인당 1만 3천 원 정도의 비용을 지불하고, 구강 검진은 7천3백 원 정도의 비용을 지불합니다. 검진 비용은 학교가 임의로 정하는 것이 아니라 금액이 지정되어 내려옵니다.

보통 건강검진과 구강 검진을 실시하는 시기는 학교마다 다 다릅니다. 5월~6월 학년별로 시기를 달리해서 기간을 정해 주는 학교도 있고, 건강검진까지 같이 해야 하는 1학년, 4학년은 여름방학을 이용하도록 계약하기도 합니다. 건강검진 시기가 다가오면 학교에서는 가정통신문을 배부하여 검진 기관, 연락처 등을 안내하며 문진표를 같이 배부합니다. 검진 기관 두 곳 중 한 곳으로 선택하고 문진표를 작성해서 방문하면 됩니다.

건강검진과 구강 검진이 끝나면 가정통신문에 첨부된 회신서에 검진 기관 이름, 검진 날짜 등을 적고, 기관에 대한 만족도를 체크해서 보냅니다. 그러면 담임교사들은 이 회신서를 갖고 건강기록부 시스템에 접속해서 모든 아이들의 검진 기관이름, 검진 날짜 등을 기록해야 하고, 만족도 조사 통계를 내야합니다. 해마다 이런 일을 하면서 이걸 왜 하나 묻고 또 묻습니다. 검진 기관에 이미 다 입력되어 있는 정보를 왜 학교에서 다시 건강기록부에 입력하는 삽질을 해야 하는 걸요? 의료 정보가 민감 정보라서 기관 이관이 되지 않는다고 하는데, 어느 병원에서 어느 날짜에 검진했는지가 왜 민감 정보인지 모르겠습니다. 어차피 실제 검진 결과에 대해서는 담임교사가 그 내용을 볼 수 없기 때문입니다.

건강검진과 구강 검진을 병원에서 매우 형식적으로 하고 불친절하다는 의견을 만족도 조사로 확인하고 보고하지만 학구내에 규모가 되는 병원이 많지 않으면 다음 해에도 울며 겨자먹기로 그 병원과 계약을 할 수 밖에 없습니다. 접근성이 좋고 많은 아이들을 수용할 수 있는 검진 기관을 찾는 게 쉽지 않거든요. 검진 기관을 선정하는 데 학교는 갑이 아닙니다.

학부모 Q&A – 이럴 땐 이렇게

담임교사에게 연락을 해야 할 때는 어떻게 하나요?

대한민국 어느 가정이든 출근을 준비하는 시간은 분초를 다투는 시간입니다. 정말 급한 일이 아니면 8시 40분 교사 출근 후에 연락을 해도 괜찮습니다. 출근 전이라면 문자로 짤막하게 보내거나 쪽지에 써서 아이 편에 보내는 것도 좋습니다. 혹시나 연락하는 것을 깜박 잊었더라도 아이가 제시간에 등교하지 않으면 담임교사가 확인을 위해 연락을 할 것입니다.

1학년은 오전 내내 수업 중이기 때문에 정말 급한 일이 아니라면 수업 중에는 연락을 하지 않는 것이 좋습니다. 정말 급한 연락이라면 교사의 휴대전화보다 교실 전화로 하는 것이 좋습니다. 휴대전화는 수업 중에 거의 들고 있지 않는 경우가 많지만, 교실로 오는 전화는 정말 급한 일이라는 의미를 갖기 때문입니다. 퇴근 시간 이후의 전화, 카톡, 문자 역시 급한 일이 아니라면 삼가는 것이 좋습니다.

준비물을 못 챙겨 줬어요

학습에 필요한 준비물은 학습 준비물 예산으로 구입합니다. 구입하기 어려운 휴지 심, 유리병, 페트병 같은 것들을 준비물로 가져오라고 하는 경우도 있고, 물총 놀이나 모래 놀이를 위해 여벌 옷을 준비해야 하는 경우도 있습니다. 보통은 적어도 3, 4일 전에 준비물을 알려 주기 때문에 알림장이나 주간 학습 안내를 미리 잘 살펴보는 게 좋습니다. 그래도 준비하지 못하는 아이들을 위해 두 개씩 보내 주시는 분들이 계시면 아이들이 넉넉하게 나누어 쓸 수 있습니다.

실내화 같은 것은 교실에 여벌의 실내화를 준비해 두기 때문에 크게 걱정하지 않아도 되고, 양치 도구는 그날만 물 양치를 하라고 합니다. 혹시라도 음식을 흘리거나 토하거나 실수를 해서 옷을 갈아입어야 하는데 여벌 옷이 없으면 대개는 같은 반 아이에게 여벌 옷을 빌려서 입히기도 합니다. 세탁해서 학교로 보내 주면 됩니다.

알레르기, 아토피가 있어요

알레르기나 아토피, 대사증후군 등을 앓는 아이들은 십 년 전보다 많이 늘어났습니다. 호두나 견과류, 복숭아, 토마토 알레르기가 매우 심한 아이들도 있습니다. 견과류를 만진 사람이 조리한 음식을 먹지 못할 정도로 심각한 경우도 있습니다. 그럴 때는 반드시 담임에게 어느 정도 증상인지 상세히 알려 줘야 하고 응급처치법도 알려 줘야 합니다.

견과류 알레르기가 심하다고 알고 있지만 먹지만 않으면 된다고 생각하고 평소처럼 밥을 먹었는데 갑자기 귀와 목 부위가 부어오르며 응급 상황이 되는 경우가 있었습니다. 그 아이는 포장된 견과류 봉지를 옆에서 뜯어 먹기만 해도 심각해지는 상황이었던 것입니다. 담임교사는 먹지만 않으면 되지 그 정도일 줄을 몰랐다고 했고, 부모님은 그 정도로 심각한데 왜 몰라줬냐고 담임교사를 원망했습니다. 이런 일이 발생하지 않도록 하기 위해서라도 상세한 정보를 알려 주어야 합니다.

우리 아이가 실수를 할까 봐 걱정이 됩니다

딸기를 꼭지가 달려 있는 채로 먹어 본 적이 한 번도 없는 아이, 그래서 어떻게 먹는지 모르겠다고 하는 아이들이 있습니다. 요즘 아이들에게서 느끼는 변화입니다. 날것의 경험을 하지 못한 아이들이 점점 많아집니다. 초등학교 1학년인데 용변을 보고 뒤처리를 혼자서 해 본 적이 없어서 입학 전에 연습을 시켰는데 아직 서툴다고 써서 보내는 경우도 있습니다. 왜 이런 현상이 발생할까요? 어른들이 해 주는 것이 차라리 더 편하다고 생각하기 때문이 아닐까 싶습니다.

아침 먹은 것이 불편해서 토를 하거나 우유를 마시다가 쏟거나 밥을 먹다가 국이나 반찬을 쏟거나 실수하는 경우들이 있습니다. 1학년 교사들에게는 일상적인 일입니다. 그런데 많은 부모들은 우리 아이가 실수했을 때 놀림을 당하지 않을까 걱정합니다. 교사는 누구나 실수를 할 수 있다는 것을 아이들에게 잘 알려 주고 실수한 아이를 적극적으로 도와줍니다. 그럼에도 간혹 놀리는 말을 하는 아이들도 있는데 그것은 놀림이라는 의도가 명확하지 않은 경우들도 있다는 걸 헤아려서 판단해야 합니다. 실수는 누구나 합니다. 다만 그 맥락과 처리 과정이 더 중요할 뿐입니다.

학교 교육과정 평가

일 년 동안 아이를 학교에 보냈는데 이런저런 허점이 보이고 개선할 것들이 보이면 어떻게 할까요? 담임교사에게 직접 말을 할 수도 있고 학교에 전화를 할 수도 있습니다. 그런데 그런 게 부담스럽다면 학교 교육과정 운영 평가를 이용하시면 좋습니다. 해마다 11월 말에서 12월에는 교사, 학생, 학부모를 대상으로 학교 교육과정 운영 전반에 대한 만족도를 평가합니다. 요즘은 대부분 온라인 설문으로 진행하기 때문에 스마트폰을 이용해서 메시지로 보내 주는 링크나 큐알 코드를 찍어서 접속하면 됩니다.

문항을 꼼꼼하게 읽고 설문에 답합니다. 내년도 개선 사항에 대한 문항이 꼭 나오므로 평소에 답답했던 점들을 잘 기록하거나 기억해 두었다가 빠짐없이 적습니다. 이런 과정이 귀찮고 의미 없어 보이더라도 몇 사람의 수고가 모여서 학교를 바꾸는 원동력이 될 수도 있습니다. 학부모의 참여율이 낮으면 소수의 만족도 조사가 전체 학부모의 만족도 조사로 왜곡되는 결과를 초래합니다. 모두 조금만 시간을 내서 응답을 하면 다수 학부모의 의견이 수렴될 수 있습니다.

11월에 진행되는 교원 능력 개발 평가도 있습니다. 담임교사와 교과 전담 교사에 대한 평가 문항입니다. 이 역시 가정통신문과 문자 메시지를 통해 안내되므로 그에 따라 진행하면 됩니다. 정말 감사의 마음을 표현하고 싶다면 나는 학년말 편지보다 교원 능력 개발 평가나 학교 교육과정 평가에 감사의 마음을 표현하는 것이 더 좋다고 생각합니다.

초등학교 담임 학부모 만족도 조사 문항

연번	영역	요소	지표	자녀의 학교생활에 대한 학부모 만족도 조사 문항
1	학습 지도	수업 준비	수업 계획 수립	선생님은 학생들의 특성을 고려하여 수업을 계획하고 실행합니다.
2	학습 지도	수업 실행	교사 학생 상호 작용	선생님은 우리 아이가 학습내용에 대해 이해하고 있는지 확인하고 지도합니다.
3	생활 지도	생활습관 및 인성지도	인성 지도	선생님은 우리 아이가 다른 사람을 존중하고 배려하도록 지도합니다.
4	생활 지도	상담 및 정보 제공	진로 진학 지도	선생님은 평소 우리 아이에 대해 이해하고 소통하려고 노력합니다.
5	생활 지도	문제행동 예방 및 지도	학교생활 적응 지도	선생님은 우리 아이가 학교생활에 잘 적응할 수 있도록 지도합니다.

선생님이 좋은 점

선생님께 바라는 점

"성취 기준은 성취 기준일 뿐
교사들에게 무엇을 어떻게 가르치라고
구체적인 지침을 제시해 주지는 않습니다.
보통은 교과서라는 도구를 통해 구체화됩니다.
교사들은 성취 기준을 우리 반 학생들에게 맞게 해석하면서
동시에 교과서라는 도구의 도움을 받으며 수업을 계획합니다.
교과서의 내용을 보태거나 빼는 과정을 거치는데
그 선별의 과정은
우리 반 학생들의 수준에 맞추는 선에서 진행됩니다."

1학년 아이들은 무엇을 공부할까?

교과 학습과 어린이 발달

학습과 어린이 발달의 상관관계

학습과 발달은 구별되지만 연결되어 있습니다. 교사들은 교육과정 내용을 접할 때 학습 가능성을 가장 먼저 염두에 둡니다.

"이 내용을 1학년이 이해할 수 있을까?"

"어려운 거 같은데, 어떻게 바꿀까?"

이런 대화는 1학년 교사들의 일상적인 대화입니다. 교사들은 어린이가 이미 배울 준비를 완료한 것이 아니라 '거의' 준비가 된 것을 가르칩니다. 그러나 교사용 지도서에 나와 있는 이상적인 문답 상황은 교수-학습에 대해서도, 발달에 대해서도 아무 것도 설명해 주지 않습니다. 그런 이상적인 문답 상황은 이미 다 알고 있는 학생을 대상으로 한 '공허한 언어'일 뿐입니다.

어린이들은 배우고 있는 중이기 때문에 교사용 지도서에 제시된 이상적인 동시에 공허한 문답 상황에서 크게 벗어납니다. 그러나 그 이탈의 정도가 크고 심각하다면 잠재적 발달 수준

초등학교 1학년 열두 달 이야기

을 넘어선 먼 발달 영역*을 가르치고 있다고 교사는 진단합니다. 이미 정해져서 내려오는 교과서의 내용이나 교육과정의 성취 기준이 어린이의 실제 발달 수준을 중요하게 포함하지 않는다는 것입니다.

주어진 조건에서 교사는 늘 교육과정이 요구하는 것과 어린이들이 주도적으로 할 수 있는 것 사이에 다리를 놓으려고 합니다. 하지 않으려고 해도 할 수밖에 없습니다. 이런 과정을 '재구성'이라고 합니다.

수업을 준비할 때 교사들의 입에서는 이런 탄식이 곧잘 흘러나옵니다.

"이걸 도대체 1학년에게 어떻게 가르치라고?"

"이게 1학년에서 가능해?"

그리고 어느 수준에서 타협할지 빠르게 정하거나 길게 숙고합니다. 수업을 진행하는 도중에도 진단은 일상적입니다.

'아, 너무 어렵구나!'

'안 되는 아이들이 너무 많네.'

수업을 마치면서 교사는 다음 수업을 생각합니다.

'다른 방법으로 한 번 더 해 봐야겠다. 이걸로는 부족하네.'

---

* 근접발달영역(ZPD)과 먼 발달영역: 근접발달영역은 실제적 발달 수준과 잠재적 발달 수준 사이의 거리다. 실제적 발달 수준은 어린이가 도움 없이 스스로 해결할 수 있는 수준이며, 잠재적 발달 수준은 어른의 도움을 받으며 해결할 수 있는 수준을 말한다. 같은 나이지만 실제적 발달 수준이 다를 수 있으며, 실제적 발달 수준이 같더라도 잠재적 발달 수준이 서로 다를 수도 있다. 근접발달영역은 가까운 발달 영역, 발달의 다음 영역이라고도 하며, 교수-학습은 근접발달영역 내에서 이루어질 수 있다는 것을 설명해준다. 이에 비해 발달의 먼 영역, 혹은 먼 발달 영역이리는 것은 근접발달영역을 넘어서서 유의미한 교수-학습이 이루어지기 어려운 경우를 말한다.

어린이들이 배워야만 하는 것과 어린이들이 이해하는 방식 사이의 간극이 너무 클 때, 교사는 대부분의 어린이들이 이해하는 수준으로 내용을 맞출 수밖에 없습니다. 이런 경우 수업은 교과서에 명시된 교육과정을 어린이들에게 부과하는 한편, 어린이 생각의 현재 상황을 더 높은 수준으로 끌어올리려는 자극을 포기하고 맙니다. 그 결과, 성취 기준과는 무관한 활동으로 마무리되거나 활동 자체의 즐거움에 만족하거나, 이미 이해한 수준에서 더 나아가지 못하는 것입니다.

결국 교사에게는 교수-학습과 발달을 결합하려는 의도적이며 의식적인 노력을 지속하는 선택지가 남을 뿐입니다. 어린이 발달에서 발달의 사회적 상황이 제약을 통한 도약의 계기가 되듯이, 교사들에게도 이런 사회적 상황은 교수-학습을 새롭게 해석하고 접근하는 도약의 계기가 될 것입니다. "교수-학습 과정은 발달과 매우 밀접히 결합되어 있으며 더 민주적으로 가르칠수록 교수-학습과 발달은 더욱더 서로 밀접히 결합"됩니다.

3장에서는 1학년 어린이의 발달에서 교과 학습이 어떻게 기능할 수 있는지 구체적인 실천 사례를 중심으로 살펴보겠습니다. 각 교과별 성취 기준과 교과서를 살펴보고, 1학년 발달의 사회적 상황에 맞는 규칙 기반 놀이와 학습 활동의 사례들을 제시하려 합니다.

교사들은 교실 상황에 맞게 재해석하고 이용해 주시

면 좋겠고, 학부모들은 아이가 이런 걸 왜 배우는지, 어떻게 배우는지 알게 되는 계기가 되면 좋겠습니다.

국어:
말과 글을 부려 쓰는 어린이

1학년 아이들과 국어 시간에 해내야 하는 것들
─ 성취 기준 톺아보기

2015개정 교육과정은 학년군 교육과정입니다. 2013년부터 적용된 2009개정 교육과정에 따라 1학년과 2학년을 묶어서 제시합니다. 학년군제는 학기나 학년 단위의 분절적인 교수-학습을 넘어서서 좀 더 길게 발달 과정을 지원한다는 뜻을 담고 있습니다. 핀란드(1~2학년, 3~6학년), 프랑스(1~2학년, 3~5학년), 영국(1~2학년, 3~6학년), 싱가포르(1~2학년, 3~6학년) 등에서도 비슷한 학년군제를 운영합니다.

그러나 "교육과정의 경직성을 극복하고 유연성을 확대"하고자 "교육과정 편성·운영의 탄력성과 융통성, 연계성 확대"[*]

---

[*] 곽병선 외(2009). 미래형 교육과정 방향 및 실행체제 개발 조사연구. 교육과학기술부 정책연구보고서. pp.14~15.

를 위해 도입된 학년군 교육과정은 학교 현장에서 교사들의 교육과정 문서 작업만 가중시키는 애물단지가 되고 있습니다. 시수 편제나 성취 기준만 학년군으로 제시될 뿐 실제 운영은 학년 중심으로 하고 있기 때문입니다.

따라서 다음에 보여 드리는 국어 교과의 성취 기준은 1-2학년에 성취해야 할 기준이라는 것을 염두에 두고 보아 주십시오. 성취 기준이 이렇게 제시되다 보니 어느 학년에서 가르쳐야 할 성취 기준인지 교사들의 혼란이 가중되었고 국어 교과에서는 성취 기준을 **중점 성취 기준과 지속 성취 기준**으로 구분해 제시하고 있습니다.

성취 기준은 "학생들이 교과를 통해 배워야 할 내용과 이를 통해 수업 후 할 수 있거나 할 수 있기를 기대하는 능력을 결합하여 나타낸 수업 활동의 기준"[*]입니다. 국어 교과에서 '중점 성취 기준'은 해당 학년에서만 중점적으로 학습하는 성취 기준이고, '지속 성취 기준'은 두 개 학년에 걸쳐 지속적으로 학습하는 성취 기준입니다. 성취 기준은 국어과 교육과정의 내용 체계를 근거로 선정됩니다. 내용 체계는 국어 교과의 영역별 핵심 개념과 일반화된 지식을 학년군별 내용 요소로 계열화해서 영역별 기능과 함께 제시합니다. 전통적으로 국어 교과는 듣기·말하기, 읽기, 쓰기, 문법, 문학의 다섯 영역으로 구성됩니다.

---

[*] 교육부(2015). 초등학교 교육과정. 교육부 고시 제2015-74호 별책 2. 일러두기.

〈표1〉은 1~2학년 국어과 성취 기준입니다. 각 성취 기준은 코드화되어 있습니다. '2국01-01'에서 '2'는 1~2학년군의 성취 기준이라는 의미이며, '국'은 국어 교과, '01-01'은 영역 중 첫째 영역인 듣기·말하기 영역 중 첫째 성취 기준이라는 뜻입니다. '2국04-03'은 넷째 영역인 문법 영역의 셋째 성취 기준이라는 뜻입니다. 1~2학년 국어 교과 성취 기준 중 1학년 중점 성취 기준은 굵게 표시했고, 지속 성취 기준은 굵은 글씨에 밑줄을 넣어 표시했습니다. 성취 기준 뒤에는 해당 성취 기준이 들어 있는 학기와 단원을 표시했습니다. '1-9'는 1학기 9단원, '2-6'은 2학기 6단원이라는 뜻입니다. 같은 성취 기준이 여러 단원에 중복되는 경우는 핵심적인 성취 기준이라고 봐도 될 것입니다.

〈표2〉는 1학년에서 중심을 두어야 할 핵심 성취 기준을 영역별로 하나씩 뽑아 보았습니다. 지속 성취 기준이 더 중요할 거 같지만 어떤 면에서 지속 성취 기준은 1학년에서는 도입만 하고 2학년에 성취해야 하는 것일 수도 있기 때문에 1학년에서는 중점 성취 기준을 우선하는 것이 필요할지 모릅니다. 성취 기준의 진술이 일반적이고 포괄적이기 때문에 별도의 연구를 통해서 이를 평가 기준이라는 명목으로 3단계로 세분화해서 제시하고 있습니다.

평가 기준은 "교육과정 성취 기준에 도달한 정도를 상/중/하로 나누어 진술한 것"으로 "평가 활동에서 학생들이 어느 정도의 수준에 도달했는지를 판단하기 위한 실질적인 기준 역할을 할 수 있도록 각 성취 기준에 도달한 정도를 상/중/하로 구분하고 각 도달 정도에 속한 학생들이 무엇을 알고 있고, 할 수 있는지를 기술한 것"[*]입니다. 이런 평가 기준이 실제 평가 현장에서 어떻게 도움을 줄 수 있는지 가늠하기는 어렵습니다. 평가 기준 작성을 위한 것은 아닌가 싶기도 합니다.

어린이 발달을 이끄는 교수-학습이라는 측면에서 〈표2〉에 제시된 성취 기준과 평가 기준이 과연 적절한 것인지, 발달을 중심으로 구성된 것인지, 지식이나 기능을 중심으로 구성된 것인지 비판적으로 살펴보아야 합니다. 어린이 발달에서 '문해'가 갖는 중요성은 단순히 글을 읽고 쓸 수 있는가에 있지 않습니다.

우리는 흔히 글을 읽을 수 있으면 당연히 쓸 수 있을 거라고 가정하지만 현실의 1학년 교실에서는 그렇지 못한 사례들을 많이 마주치게 됩니다. 읽기 다음에 쓰기 학습이 아니라 읽기와 쓰기가 동시에 진행되어야 하는 이유는 읽기와 쓰기의 발생이 다르기 때문입니다. 쓰기의 발생은 몸짓에 있습니다. 인간의 입말과 글말은 모두 몸짓에 발생적 기원을 갖고 있습니다. 입말은 몸짓에서 소리로 발달한다면, 글말은 몸짓에서 놀이로, 놀이에서 그리기로, 그리기에서 글자로 발달합니다. 교

---

[*] 평가 준거 성취 기준이나 단원 영역별 성취 수준 관련 내용은 생략하였습니다. 이미경 외(2016). 2015개정교육과정에 따른 초·중학교 교과 평가 기준개발연구(총론). 연구보고 CRC 2016-2-1. 한국교육과정평가원. p.24.

표1 초등학교 1~2학년군 국어과 성취 기준

교과		교육과정 성취 기준
듣기 말하기	2국01-01	상황에 어울리는 인사말을 주고받는다.(1-5, 2-6)
	2국01-02	일이 일어난 순서를 고려하며 듣고 말한다.
	2국01-03	자신의 감정을 표현하며 대화를 나눈다.
	2국01-04	듣는 이를 바라보며 바른 자세로 자신 있게 말한다.(2-4)
	2국01-05	말하는 이와 말의 내용에 집중하며 듣는다.(1-1, 1-9, 2-5)
	2국01-06	바르고 고운 말을 사용하여 말하는 태도를 지닌다.(1-5, 2-6, 2-10)
읽기	2국02-01	글자, 낱말, 문장을 소리 내어 읽는다.(1-1, 1-4, 1-6, 1-7, 2-5)
	2국02-02	문장과 글을 알맞게 띄어 읽는다.(1-8, 2-8)
	2국02-03	글을 읽고 주요 내용을 확인한다.(2-7, 2-8)
	2국02-04	글을 읽고 인물의 처지와 마음을 짐작한다.
	2국02-05	읽기에 흥미를 가지고 즐겨 읽는 태도를 지닌다.(1-3, 2-1)
쓰기	2국03-01	글자를 바르게 쓴다.(1-1, 1-2, 1-3, 1-4, 1-6)
	2국03-02	자신의 생각을 문장으로 표현한다.(1-7, 2-3)
	2국03-03	주변의 사람이나 사물에 대해 짧은 글을 쓴다.
	2국03-04	인상 깊었던 일이나 겪은 일에 대한 생각이나 느낌을 쓴다.(1-9, 2-9)
	2국03-05	쓰기에 흥미를 가지고 즐겨 쓰는 태도를 지닌다.(1-7, 2-1)
문법	2국04-01	한글 자모의 이름과 소릿값을 알고 정확하게 발음하고 쓴다.(1-2, 1-3, 2-1)
	2국04-02	소리와 표기가 다를 수 있음을 알고 낱말을 바르게 읽고 쓴다.
	2국04-03	문장에 따라 알맞은 문장 부호를 사용한다.(1-8, 2-3)
	2국04-04	글자, 낱말, 문장을 관심 있게 살펴보고 흥미를 가진다.(1-6, 2-2, 2-7)
문학	2국05-01	느낌과 분위기를 살려 그림책, 시나 노래, 짧은 이야기를 들려주거나 듣는다.(1-4, 2-4, 2-5, 2-10)
	2국05-02	인물의 모습, 행동, 마음을 상상하며 그림책, 시나 노래, 이야기를 감상한다.
	2국05-03	여러 가지 말놀이를 통해 말의 재미를 느낀다.(1-2, 2-2)
	2국05-04	자신의 생각이나 겪은 일을 시나 노래, 이야기 등으로 표현한다.(2-9)
	2국05-05	시나 노래, 이야기에 흥미를 가진다.(1-5, 2-2, 2-10)

표2 국어과 성취 기준과 평가 기준 예시

교육과정 성취 기준	교육과정 평가 기준
2국01-05 **듣기·말하기** 말하는 이와 말의 내용에 집중하며 듣는다.	상 적절한 반응을 보이며 말하는 이와 말의 내용에 주의를 집중하여 들을 수 있다. 중 말하는 이와 말의 내용에 주의를 집중하여 들을 수 있다. 하 말하는 이에 주의를 기울여 들을 수 있다.
2국02-01 **읽기** 글자, 낱말, 문장을 소리 내어 읽는다.	상 글자, 낱말, 문장을 정확하고 능숙하게 소리 내어 읽을 수 있다. 중 글자, 낱말, 문장을 정확하게 소리 내어 읽을 수 있다. 하 글자, 낱말, 문장의 일부를 소리 내어 읽을 수 있다.
2국03-01 **쓰기** 글자를 바르게 쓴다.	상 바른 자세를 유지하면서 받침이 있는 글자를 낱자의 모양과 간격을 고려하여 짜임과 필순에 맞게 쓸 수 있다. 중 바른 자세를 유지하면서 받침이 있는 글자를 짜임과 필순에 맞게 쓸 수 있다. 하 받침이 없는 글자를 짜임과 필순에 맞게 쓸 수 있다.
2국04-01 **문법** 한글 자모의 이름과 소릿값을 알고 정확하게 발음하고 쓴다.	상 한글 자음자와 모음자의 이름과 소릿값을 알고, 언어 생활에서 한글 자모를 찾아 정확하게 발음하고 쓸 수 있다. 중 한글 자음자와 모음자의 이름과 소릿값을 알고, 이를 정확하게 발음하고 쓸 수 있다. 하 한글 자음자와 모음자의 이름과 소릿값을 일부 알고, 이를 발음하고 쓸 수 있다.
2국05-01 **문학** 느낌과 분위기를 살려 그림책, 시나 노래, 짧은 이야기를 들려주거나 듣는다.	상 그림책, 시나 노래, 짧은 이야기를 느낌과 분위기를 살려 실감나게 들려주거나 집중하여 들을 수 있다. 중 그림책, 시나 노래, 짧은 이야기를 느낌과 분위기를 살려 들려주거나 들을 수 있다. 하 그림책, 시나 노래, 짧은 이야기를 들려주거나 들을 수 있다.

사가 어린이 발달을 이해하면 성취 기준을 해석하고 수업을 운영하는 데 상당히 많은 도움을 받습니다.

성취 기준은 성취 기준일 뿐 교사들에게 무엇을 어떻게 가르치라고 구체적인 지침을 제시해 주지는 않습니다. 보통은 교과서라는 도구를 통해 구체화됩니다. 교사들은 성취 기준을 우리 반 학생들에게 맞게 해석하면서 동시에 교과서라는 도구의 도움을 받으며 수업을 계획합니다. 교과서의 내용을 보태거나 빼는 과정을 거치는데 그 선별의 과정은 우리 반 학생들의 수준에 맞추는 선에서 진행됩니다.

일곱 살의 위기를 건너는 1학년을 위한
국어 교과서 톺아보기

2009개정 교육과정 이전에는 듣기·말하기, 읽기, 쓰기 세 권으로 나누어져 있던 국어 교과서가 2013년부터 '국어'와 '국어활동'이라는 교과서로 통합되었습니다. 말의 기능이 듣기, 말하기, 읽기, 쓰기로 나뉠 수는 있지만, 실제 언어생활은 총체적으로 이루어지므로 통합적인 접근이 필요하다는 관점의 변화가 있었습니다. '국어'는 주 교과서이고, '국어활동'은 보조 교과서입니다. 국어활동 교과서는 국어에서 학습한 내용을 스스로 점검하고 연습할 수 있도록 구성되었다고 밝히지만 1학년

영역별 성취 기준 중에 태도 관련 항목은 각 영역별로 가장 마지막에 제시되어 있는데 '궁극'의 목표를 설정한 것은 아닌가 싶을 정도로 어렵습니다. 시나 노래, 이야기에 흥미를 갖도록 하는 문학 영역의 성취 기준 외에는 모두 어른인 우리도 도달했다고 장담하기 어려운 것들 아닌가요?

말하는 이와 내용에 집중하며 듣고, 바르고 고운 말을 사용하는 태도를 지니는 것, 읽기와 쓰기에 흥미를 갖고 즐겨 읽고 즐겨 쓰는 태도를 지니는 것, 글자와 낱말, 문장을 관심 있게 살펴보고 흥미를 갖는 것이 1-2학년에 적합한 성취 기준인지 잘 모르겠습니다.

국어 교과의 성격과 교과 목표에 따라 학년군마다 각 영역별로 태도 관련 성취 기준을 하나씩 기계적으로 넣은 것은 아닌가 싶을 정도입니다.

학생들이 스스로 하는 것은 거의 어렵다고 봅니다.

성취 기준이 영역별로 매우 일반적으로 기술된 것을 국어 교과서는 단원명을 통해 명시적으로 드러냅니다. 단원명과 단원 학습 목표만 보면 이 단원에서 무엇을 학습할지 이해할 수 있게 구성되었습니다. 그러나 초등학교 1학년에게 너무 먼 발달 영역처럼 보이는 성취 기준은 교과서 단원 구성에서도 그대로 먼 발달 영역, 먼 학습 영역이 됩니다. 그렇지만 단원별 성취 기준과 학습 목표의 흐름을 이해하면 어린이 입말과 글말 발달의 측면에서 좀 더 통합적인 시각으로 교육과정에 개입할 수 있고, 발달과 결합하여 더 민주적인 방식으로 교수-학습을 계획하고 운영할 여지가 생깁니다.

각 단원마다 단원 학습 목표가 내포하고 있는 성취 기준을 두세 개씩 제시하고 있습니다. 단원의 학습 목표는 다시 차시별 학습 목표로 세분되는데 보통 한 단원에 9~10차시를 운영하는 것을 기준으로 하고 있습니다. 언어활동의 통합성과 활용의 융통성을 높이기 위해 2~3차시를 묶어 하나의 차시 목표를 제시하고 있습니다. 차시 목표는 '~할 수 있다'로 진술되지만 이 표에서는 더 간략하게 표현하기 위해 '~하기'로 진술했습니다. 비고란에는 교과서와 단원을 활용하는 방식을 간략하게 제시했습니다.

교과서를 사용할 필요가 거의 없는 경우, 교과서 학습이 아니라 일상적인 학습 상황에서 지속적으로 강조해야 하는 것들, 학생들의 준비도에 비해 부적절하기 때문에 재구성하는 사례까지, 현장 경험을 기반으로 한 의견을 제시했습니다.(표3, 표4 참조)

초등학교 1학년, 일곱 살의 위기를 건너가는 어린이가 학교에서 학습해야 할 국어과의 성취 기준과 교과서 내용 편성을 살펴보고, 발달적 계기를 제공할 수 있는 재구성을 위한 의견들입니다. 그러나 사실 말글 교육은 교과서만으로 이루어질 수도 없고 교과서만으로 이루어져서도 안 됩니다. 실제 생활에서의 말글살이를 담아서 실제 생활에서 말글살이로 기능하도록 해야 하기 때문입니다. 자연스럽게 국어 교과의 성취 기준을 반영하면서 어린이 발달을 지원할 수 있는 몇 가지 교실 활동을 소개하겠습니다.

말과 글을 부려 쓰는 어린이를 위한 도움닫기

글을 읽고 쓴다는 것은 삶의 강력한 무기입니다. 읽음으로 견문을 넓히고 씀으로 분석합니다. 어느 시점이 지나면 듣고 말하고 읽고 쓰는 행위는 통합되어 하나로 나타나고, 자기를 읽고 쓰는 행위가 됩니다. '말한 대로 행하라'는 금과옥조는 '글 쓴 대로 행하라'로 통하게 되고, 말한 대로, 글 쓴 대로 실천하지 않은 자는 사회적 꾸짖음의 대상이 되기 십상입니다. 그러기에 글쓰기는 자기 성찰적인 동시에 자기 주술적인 행위가 됩니다.

표3 1학년 1학기 국어 단월별 학습 목표 및 유의점

단원명	성취 기준	단원 학습 목표	차시 학습 목표
1. 바른 자세로 읽고 쓰기	2국01-05 말하는 이와 말의 내용에 집중하며 듣는다. 2국02-01 글자, 낱말, 문장을 소리 내어 읽는다. 2국03-01 글자를 바르게 쓴다.	바른 자세로 낱말을 읽고 쓸 수 있다.	1. 바르게 듣는 자세 익히기 2. 바르게 읽는 자세 익히기 3-4. 소리 내어 낱말 따라 읽기 5-6. 바르게 쓰는 자세 익히기 7-8. 낱말 따라 쓰기 9-10. 선생님과 친구 이름 따라 쓰기

∘ 바르게 듣고 읽는 자세는 1학년 내내 지속적으로 학습해야 하는 내용입니다.
∘ 별도의 낱말 카드 등을 활용할 수 있으므로 교과서가 크게 필요 없습니다.

단원명	성취 기준	단원 학습 목표	차시 학습 목표
2. 재미있게 ㄱㄴㄷ	2국04-0 한글 자모의 이름과 소릿값을 알고 정확하게 발음하고 쓴다. 2국03-01 글자를 바르게 쓴다. 2국05-03 여러 가지 말놀이를 통해 말의 재미를 느낀다.	자음자를 안다.	1-2. 자음자의 모양 알기 3-4. 자음자의 이름 알기 5-6. 자음자의 소리 알기 7-8. 자음자 쓰기 9-10. 자음자 놀이하기

∘ 자음자의 모양, 이름, 소리를 알고 쓰는 것은 단 몇 차시 만에 숙달할 수 있는 것이 아닙니다. 3월 입학 적응기에 우리글로 한 번 배우고, 4월에 다시 배우는 식으로 재구성합니다.
∘ 교과서가 거의 필요 없습니다. 교사가 재구성한 자료나 학습지, 규칙 기반 게임이나 활동 중심으로 운영하는 것이 좋습니다.

단원명	성취 기준	단원 학습 목표	차시 학습 목표
3. 다함께 아야어여	2국02-05 읽기에 흥미를 가지고 즐겨 읽는 태도를 지닌다. 2국04-01 한글 자모의 이름과 소릿값을 알고 정확하게 발음하고 쓴다. 2국03-01 글자를 바르게 쓴다.	모음자를 안다.	1-2. 모음자의 모양 알기 3-4. 모음자의 이름 알기 5. 모음자 찾기 6-7. 모음자 읽기 8-9. 모음자 쓰기 10-11. 모음자 놀이하기

∘ 글말 학습을 할 때 대체로 홀소리인 모음을 먼저 배우도록 하는데 우리나라 국어 교과서는 아직도 자음을 먼저 가르칩니다. 3월 우리말 우리글 학습에서는 모음을 먼저 배우도록 합니다. 모음을 배울 때 "아 아 아 자가 들어가는 말 아빠, 아버지, 아이쿠, 아이스크림, 아기, 아저씨"처럼 노래(리리 리 자로 시작하는 말)를 같이 만들어서 부르면 즐겁게 배울 수 있습니다. 교과서 학습을 할 때도 3단원을 먼저 배울 수 있습니다.
∘ 모음자의 모양, 이름 알기부터 막혀서 아야어여를 구분하지 못하는 아이들이 있습니다. 모음의 점 위치를 식별하지 못하는 경우도 있으니 색연필 등으로 표시해 주면서 가르치면 도움이 됩니다.

단원명	성취 기준	단원 학습 목표	차시 학습 목표
4. 글자를 만들어요	2국02-01 글자, 낱말, 문장을 소리 내어 읽는다. 2국03-01 글자를 바르게 쓴다. 2국05-01 느낌과 분위기를 살려 그림책, 시나 노래, 짧은 이야기를 들려주거나 듣는다.	글자를 읽고 쓸 수 있다.	1-2. 글자에서 자음자와 모음자 찾기 3. 글자에서 모음자가 있는 곳 알기 4-5. 글자의 짜임 알기 6-7. 글자 읽고 쓰기 8. 여러 가지 모음자 알기 9-10. 이야기 듣고 낱말 읽기

○ 자음과 모음이 만나서 글자가 된다는 것을 4단원에서 처음 도입해서 가르칠 필요는 없습니다. 3월 우리말 우리글을 하면서 자음과 모음이 만나 한 글자가 된다는 것을 노래나 놀이로 가르쳐서 숙달이 될 수 있게 해야 합니다.

○ 3월 우리말 우리글에서 자음자를 배울 때 글자의 짜임을 가르칠 수 있습니다. "ㄱ하고 ㅏ가 만나 가가 되고, 가하고 ㄱ만나 각이 되고"(간다간다간다 노래)처럼 자음과 모음이 만나 글자가 만들어진다는 것을 먼저 노래로 숙달하도록 할 수 있습니다. 그런 다음 4단원에서 이를 명시적으로 이해할 수 있도록 설명하면 도움이 됩니다.

○ 교과서 부록에 제시된 자음과 모음 카드는 아이들이 뜯어서 정리하기도 힘들고 보관하기도 힘듭니다. 고리를 끼웠다가 자음 모음 놀이할 때 꺼냈다가 끼우면서 구멍이 망가지기 시작하면 답이 없습니다. 과감하게 다른 식으로 활용하는 방법을 찾는 것이 좋습니다. 자음 카드를 4절지에 순서대로 붙여서 자음자 말판놀이로 활용할 수도 있습니다. 자음과 모음이 만나는 글자의 짜임은 대체할 수 있는 여러 교구들이 있으니 학급 운영비 등으로 구입해서 사용하는 것이 서로에게 유익합니다.

5. 다정하게 인사해요	2국01-01 상황에 어울리는 인사말을 주고받는다. 2국01-06 바르고 고운 말을 사용하여 말하는 태도를 지닌다. 2국05-05 시나 노래, 이야기에 흥미를 가진다.	알맞은 인사말을 할 수 있다.	1-2. 인사한 경험을 떠올려 말하기 3-4. 인사할 때의 마음가짐 알기 5-6. 알맞은 인사말 알기 7-8. 상황에 맞는 인사말 하기 9-10. 바르게 인사말 하기

○ 상황에 어울리는 인사말은 3월 초에 배워야 합니다. 친구들 이름도 익히고 서로 인사 놀이도 하면서 새로운 학교생활을 시작할 수 있도록 합니다.

○ 아침마다 교실에 들어오면서 친구들과 교사와 인사를 할 수 있도록 하고, 교과서 내용은 중간 점검 차원에서 필요한 부분만 확인하고 넘어가는 것이 좋습니다.

단원명	성취 기준	단원 학습 목표	차시 학습 목표
6. 받침이 있는 글자	2국02-01 글자, 낱말, 문장을 소리 내어 읽는다. 2국03-01 글자를 바르게 쓴다. 2국04-04 글자, 낱말, 문장을 관심 있게 살펴보고 흥미를 가진다.	받침이 있는 글자를 읽고 쓸 수 있다.	1-2. 글자를 정확하게 써야 하는 까닭 알기 3-4. 받침이 있는 글자의 짜임 알기 5-6. 받침이 있는 글자 읽기 7-8. 받침이 있는 글자 쓰기 9-10. 받침이 있는 글자로 놀이하기

○ 3월 입학 적응기의 "우리말 우리글" 한글 기초 학습에서 자음, 모음, 글자의 짜임을 지나 낱말과 문장 읽기를 배우는 단원입니다. 그러나 우리말 우리글이나 자음, 모음을 배울 때도 낱말이나 문장 속에서 자음 모음을 찾거나 해당 자음이 들어가는 낱말 찾기 등을 통해서 서로 중층적으로 얽히는 방식으로 학습을 하는 것이 중요합니다. 자음·모음·낱자·낱말·문장처럼 단계적으로만 학습하는 과정은 이미 읽기 학습을 선행한 경우가 아니면 읽기 학습에 한계로 작용할 수 있습니다.

○ 받침이 없는 글자는 읽을 수 있지만 받침이 있는 글자는 읽지 못하는 아이들이 있습니다. 그럴 경우에는 받침을 가리고 읽은 후에 받침을 보이게 하고 읽도록 해서 소리의 차이를 지각할 수 있도록 하면 도움이 됩니다.

| **7. 생각을 나타내요** | 2국02-01 글자, 낱말, 문장을 소리 내어 읽는다.
2국03-02 자신의 생각을 문장으로 표현한다.
2국03-05 쓰기에 흥미를 가지고 즐겨 쓰는 태도를 지닌다. | 문장을 읽고 쓸 수 있다. | 1-2. 문장에 어울리는 낱말 넣기
3-4. 그림 보고 문장 만들기
5-6. 문장으로 말하기
7-8. 문장 쓰고 읽기
9-10. 문장을 소리 내어 읽기 |

○ 낱말을 모아 문장으로 만들어 보는 과정이나 그림이나 사진을 보고 문장을 만들어 보는 과정은 읽기 학습뿐 아니라 쓰기 학습을 위해서도 꼭 필요한 과정입니다. 다만 국어 교과서와 국어활동에 제시된 그림이나 예시 문장이 학생들이 스스로 하기에는 어려운 것들이 많습니다. 어느 정도 그림에 대한 사전 지식을 요하거나 서술어 자체가 어려운 경우들이 있습니다. 이런 경우 교과서의 활동은 교사와 함께 해서 '어렵다'는 부정적 인식을 하지 않도록 하고, 좀 더 친근한 소재를 중심으로 문장 만들기 활동을 다양하게 해 볼 수 있도록 지원합니다

○ 현장학습에 다녀온 사진이나 함께 활동했던 사진을 여러 장 인쇄해서 나누어 주고 사진을 보고 문장 만들어 쓰기를 해 보거나, 함께 읽었던 그림책의 한 장면을 활용할 수도 있습니다. 사진이나 그림을 보고 문장 세 개 만들어 쓰는 활동을 3주 정도 거의 날마다 합니다. 모르는 낱말은 언제든지 교사가 가르쳐 줍니다. 친구들이 만든 문장을 돌려 읽기를 하는 활동과 함께 할 수 있습니다.

단원명	성취 기준	단원 학습 목표	차시 학습 목표
8. 소리 내어 또박또박 읽어요	2국02-02 문장과 글을 알맞게 띄어 읽는다. 2국04-03 문장에 따라 알맞은 문장 부호를 사용한다.	문장부호를 생각하며 글을 띄어 읽을 수 있다.	1-2. 띄어 읽으면 좋은 점 알기 3-4. 문장부호 알기 5-6. 문장부호의 쓰임 알기 7. 문장부호에 맞게 띄어 읽는 방법 알기 8-9. 문장부호에 맞게 띄어 읽기 10-11. 목소리 연극하기

○ 1학년 국어과 성취 기준 중 가장 먼 발달 영역이 띄어 읽기라는 생각을 합니다. 이제 겨우 글을 읽기 시작한 아이들이기 때문에 띄어 읽기는 이렇게 읽어야 한다는 정도만 가르치고 2학기로 미뤄 둡니다. 그 대신 띄어쓰기에 대한 아이들의 식별 능력을 키워 줍니다. 교과서 지문에 띄어 쓴 곳마다 쐐기표 표시를 하면서 띄어쓰기라는 것이 있다는 것을 인식시킵니다.
○ 문장부호는 문장부호의 이름과 쓰임 정도를 익힐 수 있도록 하고 실제 사용은 1학기에는 마침표 정도만 점검해 줍니다.

단원명	성취 기준	단원 학습 목표	차시 학습 목표
9. 그림 일기를 써요	2국03-04 인상 깊었던 일이나 겪은 일에 대한 생각이나 느낌을 쓴다. 2국01-05 말하는 이와 말의 내용에 집중하며 듣는다.	겪은 일을 떠올려 그림일기를 쓸 수 있다.	1-2. 하루 동안에 일어난 일 말하기 3-4. 그림일기 읽기 5-6. 그림일기 쓰는 방법 알기 7-8. 겪은 일을 그림일기로 쓰기 9-10. 그림일기에서 잘된 점 말하기

○ 7단원에서 문장 만들기를 꾸준히 하면 그림일기 쓰는 것이 어렵지 않습니다. '어제 함께 했던 활동'이 무엇이 있는지 나열하고, 자신이 가장 재미있었던 거나 기억하고 싶은 것을 고르도록 한 다음, 그림을 그리게 하고 그림을 보면서 하고 싶은 말을 글로 쓰도록 합니다.
○ 학교에서 있었던 일을 주제로 하기 때문에 서로 공유된 체험이며 개인 사생활 관련 논란도 피할 수 있습니다.

표4 1학년 2학기 국어 단원별 학습 목표 및 유의점

단원명	성취 기준	단원 학습 목표	차시 학습 목표
1. 소중한 책을 소개해요	2국02-05 읽기에 흥미를 가지고 즐겨 읽는 태도를 지닌다. 2국03-05 쓰기에 흥미를 가지고 즐겨 쓰는 태도를 지닌다. 2국04-01 한글 자모의 이름과 소릿값을 알고 정확하게 발음하고 쓴다.	자신이 좋아하는 책을 소개할 수 있다.	1-2. 책 읽은 경험 말하기 3-4. 글을 읽고 재미있는 부분 찾기 5. 글을 읽고 새롭게 알게 된 점 말하기 6. 낱말 받침에 주의하면 글쓰기 7-8. 여러 가지 모양의 책 읽기 9-10. 재미있게 읽은 책 소개하기

ㅇ 책을 읽고 독후 활동을 하는 정도의 여름방학 과제가 있었으면 방학 과제로 했던 것을 중심으로 이 단원의 활동을 할 수 있습니다. 이 단원 수업을 위해 미리 방학 과제로 독후 활동 템플릿(재미있는 장면 그림 그리기, 재미있던 말 찾아보기, 어려웠던 낱말 찾아보기 등)을 나누어 주면 2학기 첫 단원 수업에 유용하게 활용 가능합니다.

ㅇ 2학기가 시작되면서 읽기 숙달이 어느 정도 완료되었다는 가정 하에 단원 목표가 구성되었습니다. 2학기 초에도 읽기가 어려운 아이가 있을 경우 별도의 보충 지도나 상담 등이 필요합니다.

단원명	성취 기준	단원 학습 목표	차시 학습 목표
2. 소리와 모양을 흉내 내요	2국05-05 시나 노래, 이야기에 흥미를 가진다. 2국05-03 여러 가지 말놀이를 통해 말의 재미를 느낀다. 2국04-04 글자, 낱말, 문장을 관심 있게 살펴보고 흥미를 가진다.	소리와 모양을 나타내는 말을 바르게 읽을 수 있다.	1-2. 흉내 내는 말의 재미 느끼기 3-4. 흉내 내는 말 넣어 문장 만들기 5-6. 소리나 모양을 떠올리며 시 읽기 7-8. 소리나 모양 떠올리며 글 읽기 9-10. 여러 가지 받침 있는 낱말 알기 11-12. 끝말잇기

ㅇ 소리나 모양을 흉내 내는 말 모으기 활동과 함께 하면 도움이 됩니다. 도화지를 잘라 여러 장의 백지 카드를 준비해 두고 2학기 시작과 함께 흉내 내는 말이 떠오르면 카드에 적어서 바구니에 모아 봅니다. 이 카드를 하나씩 뽑아서 그 말이 들어가게 문장 만들기 놀이를 하는 등 다양하게 활용할 수 있습니다.

ㅇ 시와 노래는 1학기부터 꾸준하게 부르고 읽어 보는 활동을 하면 좋습니다. 이미 배웠던 노래나 시 중에서 흉내 내는 말을 찾아보는 것도 도움이 됩니다.

초등학교 1학년 열두 달 이야기

단원명	성취 기준	단원 학습 목표	차시 학습 목표
3. 문장으로 표현해요	2국03-02 자신의 생각을 문장으로 표현한다. 2국04-03 문장에 따라 알맞은 문장 부호를 사용한다.	자신의 생각을 문장으로 표현할 수 있다.	1-2. 알맞은 말을 넣어 문장 만들기 3-4. 문장 부호의 쓰임을 알고 문장 쓰기 5-6. 생각을 문장으로 나타내기 7-8. 여러 개의 문장으로 표현하기 9-10. 받침에 주의해 문장 쓰기 11-12. 글을 읽고 생각이나 느낌을 문장으로 쓰기

ㅇ 2학기에 꾸준히 글쓰기 활동을 하면서 겪은 일이나 생각을 문장으로 표현하고, 문장부호를 사용하는 법을 익힐 수 있도록 상시적으로 지도하는 것이 도움이 됩니다. 교과서로 하는 수업이 갖는 한계가 분명하므로 실제 아이들이 글을 쓰는 과정 중에 나타나는 맞춤법, 띄어쓰기, 문장부호 사용, 주술 호응 등을 가르칩니다.

단원명	성취 기준	단원 학습 목표	차시 학습 목표
4. 바른 자세로 말해요	2국01-04 듣는 이를 바라보며 바른 자세로 자신 있게 말한다. 2국05-01 느낌과 분위기를 살려 그림책, 시나 노래, 짧은 이야기를 들려주거나 듣는다.	바른 자세로 자신 있게 말할 수 있다.	1-2. 여럿이 함께 들을 때의 예절 알기 3-4. 바른 자세로 이야기 함께 듣기 5-6. 듣는 사람을 바라보며 자신 있게 말하기 7-8. 느낌을 살려 이야기 읽어주기 9-10. 잘하는 것을 자신 있게 말하기

ㅇ 듣는 자세와 여러 사람 앞에서 말하는 태도는 지속적인 학습이 필요합니다. 단순히 자신 있게 말하는 태도를 강조하기보다 자신 있게 말하는데 말하려는 내용과 분위기도 중요하게 작용한다는 것을 유의해야 합니다. 3월 1학년 학생들이 "저는 개똥이입니다. 제가 좋아하는 것은 팽이입니다" 할 때는 대부분 목소리가 크고 바르게 서서 말합니다. 그러나 말하는 내용이 복잡해지고 단순한 사실이 아니라 다양한 의견이나 생각이 존재할 때는 부담감이 더 커집니다.

단원명	성취 기준	단원 학습 목표	차시 학습 목표
5. 알맞은 목소리로 읽어요	2국02-01 글자, 낱말, 문장을 소리 내어 읽는다. 2국05-01 느낌과 분위기를 살려 그림책, 시나 노래, 짧은 이야기를 들려주거나 듣는다. 2국01-05 말하는 이와 말의 내용에 집중하며 듣는다.	글을 소리 내어 읽을 수 있다.	1-2. 노래를 듣고 재미 느끼기 3-4. 알맞은 목소리로 글을 읽어야 하는 까닭 알기 5-6. 소리 내어 시 읽기 7-8. 알맞은 목소리로 이야기 읽기 9-10. 좋아하는 글을 찾아 친구들에게 읽어 주기

ㅇ 좋아하는 시나 이야기를 읽어 주는 낭독회나 낭송회를 연결해서 하면 좋습니다. 가장 좋아하는 이야기를 가족들에게 읽어 주고 짧은 소감을 붙임쪽지에 받아 오도록 하는 것도 좋습니다. 국어활동에 수록된 "아빠가 아플 때"도 가족들 앞에서 읽어 보는 데 좋은 그림책입니다.

ㅇ 알맞은 목소리로 읽을 때 혼자서 읽는 것보다 함께 소리 내어 읽는 것을 1학년 내내 꾸준히 하는 것도 도움이 됩니다. 교사가 읽는 것을 따라 읽으면서 적절하게 띄어 읽는 깃을 모빙하게 되고, 교사와 함께 한 목소리로 읽으면서 반복해 보고, 그 다음에는 아이들끼리 한 목소리로 읽어 보게 하고, 마지막으로 혼자서 읽어 보도록 하는 과정으로 진행합니다.

단원명	성취 기준	단원 학습 목표	차시 학습 목표
6. 고운 말을 해요	2국01-06 바르고 고운 말을 사용하여 말하는 태도를 지닌다. 2국01-01 상황에 어울리는 인사말을 주고받는다.	고운 말로 말할 수 있다.	1-2. 기분을 좋게 하는 말에 대해 말하기 3-4. 고운 말을 쓰면 좋은 점 알기 5-6. 자신의 기분을 말하는 법 알기 7-8. 듣는 사람을 생각하며 기분 말하기 9-10. 고운 말로 인사하기

∘ 일 년 내내 가르쳐야 하는 내용입니다. 교실 상황에서 마주하는 아이들 간의 다양한 다툼이나 갈등을 중재하고, 중재하는 법을 가르쳐야 합니다. 그렇기 때문에 교과서 단원으로 가르치는 것이 아니라 이런 갈등 상황이 있을 때, 특히 학급의 많은 아이들이 비슷한 상황을 겪는다고 판단될 때는 문제 해결을 위한 학습 상황을 도입해야 합니다.

∘ 2학기가 되면 상황에 맞지 않게, 교실을 나가면서 "안녕히 가세요"라고 인사하는 것과 같은 경우는 거의 없습니다. 있다면 개별적으로 지도해 주면 됩니다. 자신의 감정이나 몰입 상태에서 벗어나서 사회적 상황과 맥락 속에서 행동하고 말하는 방법을 지속적으로 일깨워 주는 게 도움이 됩니다.

단원명	성취 기준	단원 학습 목표	차시 학습 목표
7. 무엇이 중요할까요	2국02-03 글을 읽고 주요 내용을 확인한다. 2국04-04 글자, 낱말, 문장을 관심 있게 살펴보고 흥미를 가진다.	중요한 내용을 확인하며 글을 읽을 수 있다.	1-2. 설명하는 대상 알기 3-4. 누가 무엇을 했는지 생각하며 글 읽기 5-6. 일어난 일을 생각하며 글 읽기 7-8. 내용에 알맞게 제목 붙이기 9-10. 내용 확인하며 글 읽기

∘ 글을 읽고 나서 내용을 확인하는 것, 내용에 맞게 제목을 붙여 보는 것, 글을 읽으며 무슨 내용인지 파악하며 읽는 것 등은 읽는 것과 동시에 의식적 파악이 필요한 고등정신기능으로 학령기의 신형성과 연관됩니다. 그러나 1학년 2학기에 모든 학생들이 실제적 발달 수준으로 이 능력을 지니고 있다고 가정해서는 안 됩니다. 거의 대부분의 아이들이 스스로 하기 어렵고, 교사의 안내에 따라 할 수 있는 수준이라는 것을 생각해야 합니다. 그래서 교과서에 제시된 텍스트의 내용이 옛이야기이거나 일상에서 겪을 수 있는 친숙한 이야기로 구성되어 있습니다.

단원명	성취 기준	단원 학습 목표	차시 학습 목표
8. 띄어 읽어요	2국02-02 문장과 글을 알맞게 띄어 읽는다. 2국02-03 글을 읽고 주요 내용을 확인한다.	글을 바르게 띄어 읽을 수 있다.	1-2. 글을 띄어 읽어야 하는 까닭 알기 3-4. 글을 바르게 띄어 읽는 방법 알기 5-6. 글을 바르게 띄어 읽기 7-8. 글을 읽고 무엇을 설명하는지 알기 9-10. 무엇을 설명하는지 생각하며 글 읽기 11-12. 글을 실감 나게 읽기

∘ 띄어 읽기는 글을 읽으며 내용을 파악하는 과정이 동시에 진행되어야 하기 때문에 기본적으로 읽기 숙달을 전제로 합니다. 따라서 아이들의 읽기 숙달 정도에 따라 띄어 읽기가 천차만별입니다. 같은 텍스트로 교사를 따라서, 교사와 함께, 친구들과 함께, 그리고 혼자 띄어 읽는 연습을 꾸준히 해야 합니다.

∘ 5단원이 문학 텍스트 중심이었다면 이 단원에서는 비문학 텍스트가 등장합니다. 설명하는 내용을 찾아서 확인하는 활동 중심 구성입니다. 알맞은 목소리로 바르게 띄어서 내용을 파악하면서 읽는 것은 통합적으로 작용합니다. 내용을 파악하면 바르게 띄어 읽을 수 있고, 읽기에 능숙하면 목소리도 알맞게 낼 수 있습니다. 너무 분절적인 기능으로 접근하지 않는 것이 좋습니다.

단원명	성취 기준	단원 학습 목표	차시 학습 목표
9. 겪은 일을 글로 써요	2국03-04 인상 깊었던 일이나 겪은 일에 대한 생각이나 느낌을 쓴다. 2국05-04 자신의 생각이나 겪은 일을 시나 노래, 이야기 등으로 표현합니다.	바른 자세로 자신 있게 말할 수 있다.	1-2. 글쓴이가 겪은 일 알기 3-4. 겪은 일이 잘 드러나게 말하기 5-6. 겪은 일에 대한 생각이나 느낌 말하기 7-8. 겪은 일이 잘 드러나게 글쓰기 9-10. 가장 쓰고 싶은 일을 일기로 쓰기

∘ 2차시씩 구성된 이 단원의 차시 목표는 사실 두 차시 정도의 수업으로 완전히 재구성해서 80분씩 5회 수업으로 구성하는 것이 더 바람직해 보입니다. 겪은 일에 대한 글쓰기를 중심으로 한다고 할 때 어제 우리 반에서 있었던 일을 같이 나열하고(아침 열기, 노래 부르기, 국어 공부, 수학 공부, 점심시간 등) 그중 하나를 주제로 정합니다. 그 다음 돌아가면서 각자 겪었던 일을 말로 하고, 교사는 아이들의 말을 문장으로 써서 보여 줍니다. 그리고 겪은 일이 잘 드러나게 글을 쓰는 시간을 주는 것입니다. 도입 1·2차시에 겪은 일에 대해 알고, 3·4차시에 겪은 일에 대해 말하고, 5·6차시에는 생각이나 느낌을 말하고, 7·8차시에는 글로 쓰는 것은 글쓰기라는 총체적 활동을 낱낱이 분해해서 접근하는 방식입니다.

단원명	성취 기준	단원 학습 목표	차시 학습 목표
10. 인물의 말과 행동을 상상해요	2국05-01 느낌과 분위기를 살려 그림책, 시나 노래, 짧은 이야기를 들려주거나 듣는다. 2국05-05 시나 노래, 이야기에 흥미를 가진다. 2국01-05 말하는 이와 말의 내용에 집중하며 듣는다.	인물의 말과 행동을 상상하며 이야기를 즐길 수 있다.	1-2. 만화영화를 보고 재미있는 장면 말하기 3-4. 인물의 모습과 행동을 상상하며 이야기 듣기 5-6. 이야기 듣고 인물의 모습과 행동 상상하기 7-8. 이야기 속 인물의 말과 행동 따라 하기 9-10. 인물에 어울리게 말과 행동하기

∘ 교과서에 제시된 만화영화보다 별도의 텍스트를 준비하는 것이 더 유익할 수도 있습니다.

∘ 요즘 1학년을 가르치다 보면 고전이라고 할 수 있는 전래동화를 모르는 아이들을 의외로 많이 만날 수 있습니다. 시간이 있을 때마다 전래동화 만화영화를 보여 주거나 그림책을 읽어 주면 배경지식 형성뿐 아니라 서사 구조 이해에도 도움이 됩니다. 학년 마무리 활동으로 역할극을 해 보는 것도 좋습니다.

인간의 말글살이를 통해 이렇게 드러나는 "삶을 가꾼다"는 명제가 입문기 문자 교육, 즉 우리말로 읽고 쓰는 행위를 익히는 첫걸음을 내딛는 초등학교 1학년 교실에서는 어이없이 무기력해지기도 합니다. 그 이유를 들여다보면, 첫째는 1학년 교실에 들어오기 전부터 읽기와 쓰기에 진력이 나도록 공부를 강요받아 온 이력 때문이고, 둘째는 삶을 가꾸어 가는 과정에서 배우는 읽기와 쓰기 공부라는 현장적 실천의 다양한 방법들이 온전하게 확산되지 못하고 있기 때문이고, 셋째는 그런 방법들을 알고 있다 하더라도 교과서의 꽉 짜인 틀 속에서 교사도, 부모도 틀 밖으로 나가기를 주저하기 때문인 것처럼 보입니다.

입문기 문자 교육에서 "삶을 가꾼다"는 명제는 교과서에 가두어 두었던 말공부와 글공부를 해방시켜 아이들의 삶과 경험, 배운 것을 표현하기 위해 말과 글을 부려 쓰도록 하는 것이 아닐까요? 이런 공부에는 교과서도 따로 없고 학습지도 따로 없습니다. 아이들의 생활에서 경험한 것을 나누는 과정이 교과서고, 그 교과서에 나온 말과 글을 익힐 수 있도록 역동적으로 만들어 가는 것이 학습지가 됩니다. 교원 연수에서 이런 입문기 문자 교육에 대한 강의를 하고 나면 많은 교사들이 관련 자료, 수업했던 자료(학습지)를 달라고 합니다. 어려운 일입니다. 때에 맞게 만들어 가는 과정이라, 해마다 사용하는 게 다르고 많은 경우 그냥 백지를 주는 경우(큰 네모 두 개를 그린 경우, 열 칸 공책처럼 빈 칸으로 가득 찬 경우, 줄 공책처럼 줄만 그린 경우 등)가 태반이기 때문입니다. 이미 만들어진 학습지에 아이들의 말과 글을 가두지 않으려면 학습지는 비어 있어야 하지 않을까요?

3월, 첫 만남은 서로를 알아가는 시간

어느 교실이나 3월, 첫 만남은 서로를 알아가는 시간입니다. 3월, 하면 "진단 평가"라는 이름의 국·수·사·과·영 주요 과목에 대한 시험이 먼저 떠오를지 모르지만 새로운 교육 패러다임으로 변화를 주도하는 현장에서는 4지 선다형 위주의 진단 평가를 축소, 혹은 폐지하고 "진단 활동"이라는 새로운 접근 방법을 제시하고 있습니다. '시험 점수'만으로 아이들을 진단하는 것이 아니라 다양한 교실 활동, 즉 공동체 놀이, 학급 규칙 정하기, 교과 학습 정도를 진단할 수 있는 다양한 교육활동으로 교사와 아이들이 관계를 맺어 가는 과정을 강조하고 있습니다.

1학년 교실도 마찬가지입니다. 교사의 교육활동 중 가장 기본이 되는 것은 우리 반 아이들 하나하나에 대해서 알아가는 것입니다. 한글 선행으로 문자 해득은 어느 정도 하고 오는 아이들이 많기는 하지만 그 수준 또한 천차만별이기 때문에 다양한 방법으로 접근합니다. 예를 들어, 자기 이름을 써서 책상과 사물함에 붙여 보는 활동, 친구들에게 이름을 알려 주고 자기가 좋아하는 것이 무엇인지(제 이름은 ○○○이고 제가 좋아하

는 것은 ○○○입니다) 알려 주고 친구들이 좋아하는 것이 무엇
인지 귀 기울여 듣는 활동이 있습니다. 이런 활동을 하면 아이
들의 기억력이 매우 비상하다는 것을 항상 깨닫게 됩니다. 교
사는 제대로 기억하지 못하지만 아이들은 친구들이 좋아하는
게 무엇인지 빼놓지 않고 기억합니다.

또 아이들이 흔히 사용하는 낱말의 리스트를 주고 읽을 수
있는 낱말을 찾아 동그라미 치고 읽어 보는 활동, 우리 교실
에 있는 물건 이름을 찾아서 써 보는 활동 등을 통해서 자연스
럽게 문자 해득 정도를 살펴보고 특별히 도움이 더 필요한 아
이가 누구인지 면밀히 살펴봅니다. 문자 해득을 하지 않고 학
교에 입학하는 것이 국가 교육과정상 정상임에도 학교 현장은

이런 아이들을 '힘든 아이'로 보는 인식이 어느 정도 있는 것이 현실입니다. 주객이 전도되어 있는 현실에 부모들은 울며 겨자 먹기로 한글 선행을 선택하게 됩니다.

반면, 부모의 의지로 한글 선행을 선택하지 않은 경우 대부분 초기에는 어려움을 겪지만 1학년 여름방학 전에는 무난하게 문자 해득을 마칩니다. 다만, 유아기 가정의 언어 환경이 미치는 영향이 강력해서 조손가정이나 다문화 가정, 난독증 등과 같은 학습 장애 요소가 있는 경우에는 매우 특별한 도움이 필요합니다.

우리말 우리글로 시작해 보자

입학식 이후 3월 한 달은 입학 적응기로 창의적 체험 활동을 운영합니다. 일주일 정도 지나서 학교생활에 어느 정도 익숙해지면 "우리말 우리글"이라는 별도의 한글 기초 학습을 진행합니다. 모음과 자음을 순서대로 하루에 두 개씩 학습하고 해당 모음이 들어 있는 글자를 찾아보는 활동이 중심이 됩니다.

여덟 칸 국어 공책을 준비해서 선 그리기부터 시작합니다. 선 그리기는 아이들이 연필을 잡는 습관, 손가락에 힘이 들어가는 정도, 간격을 일정하게 유지하는 정도 등을 파악하는 데 도움이 됩니다. 그렇지만 선 그리기 활동이 주된 활동은 아닙니다.

모음 'ㅏ'부터 시작합니다. 노랑, 연두, 분홍, 하늘 같은 연한 색연필을 골라서 공책에 선을 그립니다. 가로 두 줄마다 선을 그리고, 세로 두 줄마다 선을 그리는 과정 자체가 선 그리기 공부가 됩니다.

그리고 획순에 맞게 'ㅏ'를 씁니다. 획순을 이해할 수 있게 1획은 빨강, 2획은 파랑, 3획은 주황, 4획은 초록이라는 순서를 정해 줍니다. 더 중요한 것은 'ㅏ'가 들어간 낱말을 찾는 것입니다. 돌아가며 'ㅏ'가 들어간 낱말을 말합니다. 생각이 안 나면 통과를 외치면 됩니다.

'아이스크림, 아빠, 아기, 아파트' 등이 나옵니다. '빨강, 파랑, 가위' 같은 낱말을 말하는 아이는 이미 글자의 짜임과 소리 값과 표기를 이해하고 있다는 지표가 됩니다. 마지막은 'ㅏ'가 들어간 낱말을 열거해서 노래('리 리 리 자로 시작하는 말')를 만듭니다.

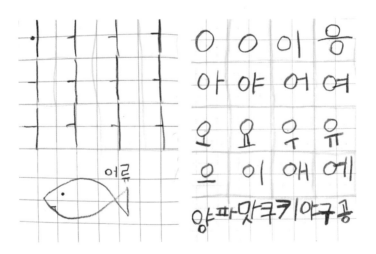

아 아 아 자가 들어가는 말

아이스크림 아빠 아기 아파트 빨강 파랑 가위

야 야 야 자가 들어가는 말

야구 야단 야시장 가야금 약국 약사 야외

모음이 끝나면 자음 'ㄱ'과 'ㄲ'으로 넘어갑니다. 자음을 배울 때는 해당 자음과 모음이 만나 글자가 되는 걸 써 봅니다. 'ㄱ'을 획순에 맞게 다 쓴 다음에 'ㅏ, ㅑ, ㅓ, ㅕ, ㅗ, ㅛ, ㅜ, ㅠ, ㅡ, ㅣ'를 써서 어떤 글자가 만들어지는지 읽어 봅니다. 그리고 'ㄱ'이 들어가는 낱말을 찾아봅니다. 그리고 노래('간다간다')로 불러 봅니다.

ㄱ하고 아가 만나 가가 되고

ㄱ하고 야가 만나 갸가 되고

ㄱ하고 어가 만나 거가 되고

ㄱ하고 여가 만나 겨가 되지요.

이렇게 노래를 만들어 부르는 이유는 아직 원리를 이해하지 못한 아이들이 노래를 기억했다가 이후 국어 교과 학습에서 소리값을 배우고, 글자의 짜임을 배울 때 떠올릴 수 있도록 하기 위해서입니다. 동시에 아이들이 'ㄱ'과 'ㅏ'가 들어간 낱말

을 찾아서 이야기를 나누는 과정에서 아이들의 학습 정도를 진단할 수 있고, 아이들이 찾은 낱말로 노래를 만들어 보면서 창작의 기쁨을 느낄 수도 있습니다.

하루에 두 개씩 'ㅎ'까지 "우리말 우리글"을 마치면 어느덧 3월 한 달이 끝나 갑니다. 첫 한 달을 무사히 잘 마친 아이들을 축하하기 위한 작은 잔치를 준비합니다. 촛불도 끄고, 맛있는 간식을 나눠 먹고, 4월부터 배울 교과서를 나누어 줍니다. "우리말 우리글" 공책은 가정으로 보내서 한 달을 잘 마친 부모님의 격려 편지를 받아 오도록 합니다.

주말 이야기, 친구들이 하는 말을 읽어 보자

4월이 되면 월요일마다 아이들과 주말 지낸 이야기를 나눕니다. 교실 앞에 나와서 주말에 기억나는 것, 재미있었던 일을 친구들에게 들려줍니다. 교사는 아이들이 하는 말을 바로 문장으로 갈무리해서 타자를 치고 이를 실시간으로 텔레비전으로 보여 줍니다.

> 토요일에 개똥이랑 태권도에 갔다.
> 태권도에서 소똥이랑 말똥이를 만났다.
> 우리는 장난을 치며 놀았다.

이 정도의 짤막한 문장 몇 개입니다. 보통 한 주에 서너 명이 발표를 합니다. 발표를 할 때 집중해서 듣는 것부터 공부의 시작입니다. 궁금한 점은 물어보기도 하고, 이야기를 이끌어 갈 힘이 없을 때는 교사가 중간 중간 질문을 던져서 이야기를 완성합니다.

그렇게 완성된 한 편의 이야기는 아이들의 주요한 읽을거리가 됩니다. 4월 초기에는 교사가 읽고 아이들이 따라 읽습니다. 5월이 넘어가면 교사가 화면을 짚어 주고 아이들끼리 읽습니다. 2학기가 되면 아이들 각자 읽게 합니다. 이 내용은 바로 출력을 해서 아이들에게 나눠 줍니다.

누구 이야기를 읽을 것인지 선택하는 것은 아이들 몫입니다. 개똥이 이야기를 읽고 싶은 아이에게는 개똥이 이야기를 출력해서 줍니다. 아이들은 받은 출력물을 가지고 자리에 돌아가서 읽을 수 있는 글자만 처음에는 동그라미 치면서 읽어 보게 합니다. 그 과정에서 아이들의 읽기 정도를 진단합니다. 도움이 필요한 아이는 교사가 다니면서 간단한 글자부터 읽을 수 있게 도움을 준다.

"여기에서 '나'가 어디 있는지 찾아서 동그라미 해 보자."

이 정도 도움입니다. 내용을 다 읽은 아이들은 그 내용에 맞게 그림을 그리거나 글자를 따라 쓰거나 뒷이야기 상상해서 쓰기 등을 합니다. 활동이 끝나면 모아서 한 권의 책으로 만듭니다. 그렇게 일주일에 한 권씩 "우리 반 주말 이야기" 책이 만들어집니다. 작년에 만든 것은 그대로 올해 우리 반 아이들의 읽을거리가 됩니다.

주말 이야기는 다른 아이의 체험을 우리 반 아이들 모두의 것으로 만들어 줍니다. 함께한 경험이 아니라 나 혼자 주말에 경험한 것을 우리 반 아이들이 듣고 이해할 수 있도록 상황과 맥락을 말로 풀어서 공유해야 하는 과업을 모두가 수행하게 해 주는 것입니다. 아이들이 주말 이야기를 나누는 과정 자체가 교사에게는 진단 활동이 됩니다. 교사는 바로 진단하고 바로 개입합니다. 혼자서 스스로 말하도록 그대로 두기도 하고, 이야기가 이어지지 않을 경우 "언제?" "누구랑?" "거기가 어딘데?" "뭐가 제일 재미있었는데?" 같은 질문을 하면서 체험을 공동 일반화하는 과정을 돕기도 합니다.

언제든 궁금하면 찾아와, 낱말 불리기 수첩

아이들이 글을 읽거나 쓸 때, 특히 글을 쓸 때 막막해지는 지점

티셔츠	카레
야단쳤습니다.	케이크
걸어다닙니다.	무서웠다.
게임 어렵다.	빨래 레미콘
해서	내일,
어제	곧 군돈
많이 맛있었다.	

이 있는데 바로 '어떻게' 써야 할지 모를 때입니다. '어떻게'라는 것은 글의 구성 차원에서 느끼는 막막함이기도 하지만 1학년의 경우는 '글자'를 모르기 때문에 막막해지는 경우가 대부분입니다. 그래서 3월에 모든 아이들에게 작은 수첩을 한 권씩 나누어 주고 '낱말 불리기 수첩'이라 부르게 합니다.

낱말 수첩은 국어 시간이든, 수학 시간이든, 청소 시간이든 모르는 글자가 생기면 가지고 나와서 언제든지 교사에게 물어보는 '나만의 사전' 같은 것입니다.

"선생님, '레스토랑' 할 때요, '레' 어떻게 써요?"

"선생님, '놀았습니다' 할 때 '습' 어떻게 써요?"

"'여덟' 할 때 '덟'은 어떻게 써요?"

그럼 교사는 수첩을 펼쳐서 가지런하게 낱말을 써 줍니다. 낱말 수첩에 낱말이 제법 되는 아이에게는 열심히 묻고 부지런히 공부한 친구라고 말해 줍니다. 한 번 물어봤던 것을 계속 물어보는 아이도 있지만, 한 번 물어봤던 것을 다시 묻지 않고 낱말 수첩을 펼쳐 놓고 그 글자를 찾아보며 익혀 가는 아이도 있습니다. 자주 나와서 물어보는 아이가 있는 반면 한 번도 나와서 물어보지 않은 것을 자랑스럽게 생각하는 아이도 있습니다. 이미 물어봤던 것을 계속 몇 번이나 물어보면 수첩에서 찾아보라고 일러주고, 한 번도 안 물어보는데 글쓰기에서 지속적인 실수를 하면, 모를 때는 물어보고 배워도 좋은 거라고 알려 줍니다.

너의 말과 생각은 글이 될 수 있어

국어 교과서는 음소에서 글자, 글자에서 낱말, 낱말에서 문장, 문장을 모은 글(음소-글자-낱말-문장-글)로 이어지는 기계적인 접근법을 취하고 있습니다. 그렇지만 읽기 양상은 낱말에서 음소, 음소에서 글자, 글자에서 낱말(낱말-음소-글자-낱말)로 나타납니다. 문자에 대한 분석적인 접근 방식을 취하는 것은 어느 정도 문자 해득을 거친 다음에는 의미 있는 접근 방법이지만 이제 막 문자 해득을 시작하는 단계에서는 크게 의미가 없어 보입니다.

문자를 이미 익힌 어른들이 범하고 있는 흔한 오류 중 하나가 '읽기'가 되면, 즉 문자 해득이 되면 '쓰기'는 저절로 될 거라는 생각입니다. 그러나 '쓰기' 활동의 발생적 기원은 '읽기'

가 아니라 '몸짓-놀이-그리기'입니다. 무작위로 휘둘러대던 그림에서, 의도를 갖고 그림을 그리게 되고, 그 의도를 문자로 쓰게 되는 것입니다.

유아기 교육에서 자기의 생각, 느낌, 의도를 많이 그림으로 표현해 보는 활동이 중요한 이유이면서 동시에 '표현하고자 하는 욕구'를 길러 주는 것이 '쓰기 교육'에서 매우 중요한 이유입니다. 문자 쓰기를 강요하는 것이 아니라 그림으로 그리는 활동으로 1학년을 시작하되, 글로 쓸 수 있으면 글로 써도 된다는 허용적 분위기가 중요한 이유이기도 합니다.

학교에서 재미있고 의미 있는 활동을 한 다음에는 컴퓨터 모니터를 켜고 아이들이 모두 돌아가면서 자기가 재미있었던 점, 아쉬운 점, 기억하고 싶은 점 등을 말해 보도록 하고, 교사는 이것을 문장으로 만들어 줍니다. 예를 들자면, 통합 교과 시간에 운동장에 나가 개나리, 목련, 새싹 같은 것을 관찰해 본 다음에 교실로 들어오면 모두 돌아가며 자기 느낌을 표현해 보도록 하고 교사는 이것을 문장을 만들어서 화면으로 보여 줍니다. 그리고 같이 읽어 보는 활동을 지속적으로 합니다.

이렇게 아이들이 돌아가며 말했던 내용을 문장으로 만들어서 화면을 통해 보여 주는 활동은 말과 생각이 글이 되는 과정을 보여 줄 뿐 아니라 쌓이고 쌓이면 아이의 포트폴리오가 됩니다. '몇 월 며칠 어느 수업 시간에 이런 활동을 했는데 개똥이는 이렇게 생각을 표현했구나!' 그 자체가 기록이 되고 평가의 기초 자료가 될 수 있는 것입니다.

교사가 말을 문장으로 기록하는 대형 모니터 화면에 아이들의 시선이 집중됩니다. 아이들은 자신이 예상했던 것과 다르게 문장이 진행되면 소리 내어 읽는 방식으로 반응합니다. 그리고 교사가 오타를 내면 웃으면서 잘못을 지적해 줍니다. 자음과 모음이 만나서 글자가 만들어지고 글자가 만나서 낱말이 되고 문장이 만들어지는 것으로 교과서는 구성되었는데 이를 역방향으로, 실제 쓰기 상황에 맞게 보여 주는 과정입니다. 말한 의미가 먼저 있고 그 의미를 문장으로 기록하는 것입니다.

또 하나, 어떤 활동을 하고 난 다음의 느낌이나 소감, 배운 점을 나눠 보는 활동은 자신의 경험을 의식적으로 사고하는 과정이고 장기 기억 속에 저장하는 과정이라는 것을 잊지 말아야 합니다. 아이들의 경험은 언어적으로 숙고할 때 의미 있는 것이 됩니다. 부지런히 말하고 부지런히 기록하되 별도의 시간을 들이는 것이 아니라 수업 시간에 하는 것이 좋습니다.

우리 반 이야기를 엮어 가는 받아쓰기

1급부터 30급까지 교과서에서 주요한 문장을 뽑아서 받아쓰기 급수표를 나누어 줍니다. "이번 주 받아쓰기는 10급입니다." 안내가 나가면 엄마와 아이는 1번부터 10번까지 달달달

외우기 시작합니다. 익숙했던 풍경이지만 점차 사라져 가는 풍경이기도 합니다. "모두가 100점 맞는 받아쓰기", "하고 싶은 말을 쓰는 받아쓰기"처럼 받아쓰기의 방식은 변화하고 있습니다. 초등학교 1, 2학년 때는 받아쓰기를 하지 않고 3학년에 받아쓰기를 시작하기도 합니다.

다양한 시도들이 있지만 문장이 모여서 글이 된다는 것을 배워 가는 과정으로 받아쓰기를 활용하는 것도 시도해 볼 만합니다. 1학기 말 "그림일기 쓰기"를 배워야 하는 시기에 문장을 모아 글이 된다는 것을 익히지 못하고 일기를 써 오게 하면 그야말로 "부모 숙제"가 되기 때문이기도 합니다. 우리 반 받아쓰기는 이렇습니다.

1. 꽃무지풀무지 수목원으로
2. 현장학습을 다녀왔습니다.
3. 버스를 타고 노래를 부르며
4. 즐겁게 갔습니다.
5. 다람쥐도 만나고
6. 밤도 줍고
7. 나무 목걸이도 만들고
8. 도시락도 먹었습니다.
9. 신나고 재미난 현장학습
10. 나는 또 가고 싶습니다.

번호를 이어 가는 동안 아이들은 다음 문장을 궁금해 합니다. 자기 예상이 맞으면 환호하며 즐거워합니다. 죽 이어서 읽으면 한 편의 생활글이 됩니다. 이렇게 한 편의 글로 만든 받아쓰기 공책은 우리 반에서 있었던 이야기를 엮은 문집이 되기도 합니다. 시간이 날 때마다 꺼내서 읽어 보게 하고, 잘못 쓴 글자가 있었는지 확인해 보게 합니다. 물론 학교는 모르는 것을 배우러 오는 곳이고 다 알면 배울 필요가 없기 때문에 안 와도 된다고 늘 말해 줍니다. 받아쓰기는 내가 모르는 글자가 어떤 건지 알아보고 배우기 위해 하는 것이라는 걸 항상 강조합니다. 모르는 것은 잘못이 아니고, 모르기 때문에 배우려고 학교에 다니는 것이니까요.

사진 보고 문장 만들기

1학기 "낱말과 문장 읽고 쓰기" 다음에는 그림일기 쓰기로 이어집니다. 교과서에는 그림 보고 문장 만들기 활동이 나오는데 단회적입니다. 어떤 의미를 떠올리고 그것을 문장으로 표현하는 추상화의 과정은 가까운 발달 영역이 아니기 때문에 그림이나 사진을 보고 지시적인 내용을 떠올리고 문장을 만들어 보는 활동을 먼저 하는 것은 큰 도움이 됩니다.

보통 이 활동은 6월 한 달 내내 계속하는데 3월부터 했던 다양한 활동 모습을 담은 사진을 제시해 주고 그 사진을 보고 문장을 만들어 써 보는 활동을 합니다. 여러 장의 사진을 준비해 놓고 그중 한 장을 골라서 학습지에 붙인 다음 문장 만들기를 합니다. 이것은 그림일기 쓰기로 넘어가는 이행 과정이기도 합니다. 보통 사진 한 장을 보고 세 개의 문장을 만들어 보라고 합니다. 문장을 만들었지만 글로 쓰기 어려우면 낱말 수첩을 활용해서 도움을 줍니다.

세 문장을 다 만든 아이들은 한 명씩 확인을 받습니다. 문장의 호응이나 맞춤법, 띄어쓰기 등에 대해 피드백을 줄 때는 아이들의 쓰기 학습 정도에 맞게 다르게 줍니다. 쓰기에 능숙한 아이들은 좀 더 자세한 부분을 살펴 주고 고쳐 보도록 합니다. 어려움이 있는 경우에는 교사가 직접 고쳐 준 다음 읽어 보게 하거나 한두 개만 고쳐 보도록 합니다. 낱말 수첩을 활용하기 때문에 아이들마다 큰 편차가 나타나지는 않습니다. 읽기가 능숙하지 않아도 내가 떠올린 문장을 교사가 낱말 수첩에 써 주고, 그걸 옮겨 쓰면서 읽기 학습이 동시에 일어나기도 합니다.

문장 만들기 학습지는 모아서 묶고 붙임쪽지를 붙여서 가정으로 보내 피드백을 받습니다. 표지는 아이들이 직접 그려서 만드는데, 문장 만들기 활동에 대한 아이들의 생각을 엿볼 수 있습니다. 문장 만들기 학습지마다 붙어 있는 사진은 아이들이 어떻게 학교생활을 하고 있는지 부모가 이해할 수 있게 돕는 역할도 합니다.

매일 10분 소리 내어 책 읽기

6월이 시작되면 4주~6주 동안 매일 십 분씩 소리 내어 책 읽기 과제를 냅니다. 이 시기는 받침이 있는 글자까지 학습을 마치고 읽기 숙달을 위해 집중해야 하는 때입니다. 날짜와 빈칸으로 구성된 4주 간의 '독서표'는 매일 10분씩 소리 내어 책을 읽고 읽은 책의 제목을 해당 날짜에 적는 것입니다. 스스로 소리 내어 책을 읽는 연습은 읽기 숙달을 위해 매우 필요한 과정입니다. 모든 아이들이 학교에서의 교과서 학습만으로 읽기 숙달이 이루어질 것을 기대하기는 어렵기 때문입니다. 더구나 요즘처럼 스마트폰과 동영상이 아이들의 마음을 빼앗는 시절에는 1학년 시기에 집중적인 책 읽기 훈련 기간은 꼭 필요합니다.

월요일마다 독서표를 담임교사에게 제출하면 확인하고 다시 가정으로 보냅니다. 그렇게 4주를 진행하면 다양한 이야기가 들려옵니다. 동생을 앞에 두고 책을 읽어 주는 아이도 있고 할머니에게 읽어 줬다는 아이도 있습니다. 시기는 학급 아이들의 읽기 정도에 따라 다르게 적용합니다. 4주만 하는 경우도 있고 6주까지 진행하는 경우도 있습니다. 더 필요한 경우에는 개인 과제로 별도로 부여하기도 합니다.

주제가 있는 글, 삶을 가꾸는 글쓰기

1학기 말에는 사진 보고 문장을 만들어 보고 그림일기를 쓰는데, 과제로 주지 않고 국어 수업 시간을 활용합니다. 1학기 마지막 단원이 그림일기를 쓰고 읽는 것이기 때문에 시간 부담은 없습니다. 보통 전날 학교에서 있었던 일을 떠올려 보고 쭉 나열해 본 다음 그중에 마음에 드는 주제를 골라서 그림을 그리고 글을 쓰는 식으로 진행합니다. 그리고 "일주일에 한 번 이상 그림일기 쓰기"라는 여름방학 과제를 활용해 일기쓰기에 익숙해지도록 합니다.

2학기가 되면 본격적인 글쓰기가 시작됩니다. 일기라는 명칭은 더 이상 사용하지 않습니다. 9월 한 달간 글쓰기를 집중적으로 배웁니다. 학생이 말하는 것을 교사가 글로 옮겨 주는 과정에서 스스로 쓰는 과정으로 이행해 가는 종착점입니다. 친구들이 쓴 글을 돌려 읽으며 평가를 해 주기도 하고 서로의 글을 보면서 배우기도 합니다. 그런 다음 그날 배운 내용 중에 의미 있던 것을 주제로 주고 글을 써 보도록 합니다. 물론 주제와 상관없이 자기가 쓰고 싶은 것을 주제로 정해서 써도 됩니다.

수학 시간에 시계 보기를 배운 다음에는 '시계 보기'를 주제로 줍니다. 아이들은 저마다의 생각을 글로 써 오는데 교사는 그 글을 읽으면서 아이들이 얼마나 이해했는지 가늠할 수도 있고, 미처 살피지 못한 부분을 알게 되기도 합니다. 글쓰기가 시작되는 2학기에는 친구들이 하는 말을 읽는 활동이나 느낌을 표현하는 문장 만들기 같은 활동은 서서히 줄여 갑니다. 시기와 정도는 아이들이 학습 속도에 따라 다릅니다. 특별한 도움이 필요한 소수의 아이들의 경우 별도의 지도를 하거나 가정과 연계하여 지도하게 됩니다.

그날 배운 내용을 정리해 보는 공부알림장

1학기에는 하루 수업을 마칠 때 오늘 학교에서 무슨 공부를 했는지 떠올려 보도록 합니다. 거의 대부분 기억을 못 합니다. 1교시에, 2교시에, 3교시에, 4교시에, 5교시에 정말 많은 일들이 있습니다. 그런 다음 그중에서 제일 재미있었던 것을 골라서 말해 보라고 합니다. "딱지치기, 우산 만들기, 사방치기……" 그러다가 누군가 "모두 다!"를 외치면 줄줄이 "모두 다!"를 외칩니다.

2학기에는 공부알림장 쓰기로 전환합니다. 글쓰기는 과제로 하는 것이고 공부알림장은 학교에서 수업을 모두 마치고 마지막 시간에 씁니다. 1학기에 말로 하던 것을 글로 쓰는 것입니다. 오늘 학교에서 배운 것을 교사가 정리해서 써 주면 아이들이 따라 쓰는데 처음에는 교사가 쓴 글을 따라 쓰다가 점차 불러 주는 내용을 쓰거나 스스로 알아서 쓸 수 있도록 하기도 합니다. 가장 재미있었던 것에는 별표를 합니다.

초기에 교사가 써 주는 이유는 수업 시간에 배운 내용을 표현하는 용어들이 "소리를 흉내 내는 말", "추석에 하는 일", "이어 달리기"처럼 일상적인 용어로 풀어 쓴 개념어인 경우들이 많아서 아이들에게 매우 낯설기 때문입니다. 그럼에도 이런 활동을 하는 이유는 그날 배운 내용을 돌아보고 다시 한번 떠올려 보는 계기를 만들어 주기 위함입니다.

입문기 문자 교육의 지난함과 생생함, 그 역동적 과정에서

앞에서 제시한 활동들은 모두 단일한 하나의 활동으로 존재하지 않고 모든 것이 말과 글을 아이들이 부려 쓸 수 있도록 하기 위해 서로 얽히고 중첩되어 있는 활동입니다. 때에 따라 어떤 것이 특별히 더 중요하거나 강조되기도 하고 축소되기도 하지만 어느 하나로 환원되지는 않습니다. 시기에 따라, 아이들의 학습 정도에 따라, 근접발달영역(191쪽 설명 참조)에 대한 교사의 진단에 따라 역동하는 과정입니다. 국어 교과서만 갖고 교수-학습이 진행된다면 결코 채우지 못할 빈틈을 부단하게 메워 가는 과정입니다.

늘 반복되는 일상의 지난함과 우발적인 듯 벌어지는 사건의 생생함 속에서 우리가 삶을 가꾸어 가듯이, 아이들이 글을 읽고 쓰는 배움의 과정도 그러합니다. 매뉴얼을 만들거나 익힘본을 만드는 것이 손쉬운 접근일 수도 있지만 역동성을 놓치는 결과를 낳을 수도 있어 조심스럽습니다. 아이들이 다르고, 교사가 다르고, 경험이 다르고, 맥락이 다르기 때문입니다.

그러니 다시 한번 "사람이 자기가 가지고 있는 느낌이나 생각이나 주장을 몸짓이나 말이나 글이나 그림이나 노래로 나타내어 보이는 것을 표현"이라 하고, "아이들에게 자유로운 표현을 하도록 가르치는 것은 몸과 마음이 건강하게 자라나도록"
하기 위한 것이며, "우리들은 아이들의 여러 가지 표현에
서 그들을 가르치는 데 없어서는 안 되는 지극한 중요
한 자료를-다른 어떤 방법으로도 얻어 낼 수 없는 자
료를 얻는다"던 이오덕 선생님을 말씀을 새겨 봅니다. 교과
서에 가두어 둔 말글 교육을 해방시켜 아이들의 삶의 표현에
서 출발하는 것, 그것이 입문기 문자 교육이 궁구해야 할 길이
아닌가, 오늘도 묻습니다.

수학:
구체와 추상을 넘나드는 어린이

1학년 수학 시간에 아이들과 해내야 하는 것들
— 성취 기준 톺아보기

수학 교과는 국가 교육과정이 개정될 때마다 학년별 학습 내용이 오르락내리락합니다. 2015개정 교육과정에서는 자연수의 혼합 계산, 수의 범위와 어림하기, 규칙과 대응이 3~4학년에서 5~6학년으로 이동하고, 분수와 소수의 혼합계산, 원기둥의 겉넓이와 부피가 5~6학년에서 삭제되고, 정비례와 반비례는 중학교로 이동했습니다. 넓이 단위에서 아르(a)와 헥타르(ha)를 삭제하고, 무게 단위 톤(t)은 5~6학년에서 3~4학년으로 내려왔습니다. 확률과 통계는 자료와 가능성으로 영역명이 변경되었습니다.

1~2학년에서의 변화는 '쌓기 나무 활동'에서 물체의 위치와 방향을 진술하는 내용이 추가되고, '도형의 이름 짓기' 부분을

이름 짓기 활동이 주가 되는 것이 아니라 도형의 정의를 이해하는 활동 중심으로 유의 사항을 제시했다는 것 정도입니다.

왜 이렇게 올라갔다 내려갔다 들어왔다 나갔다 하는 것인지 해설서를 읽어 봐도 현장 교사의 입장에서는 그다지 설득력이 없다는 것이 늘 문제입니다. '학습 부담 경감 및 학습량 적정화'는 적어도 7차 교육과정 이후에는 줄곧 강조되던 것인데 그 이후에 추가됐던 것이 빠지는 것이나 그 이후에 내려왔던 것이 다시 올라가는 것은 도대체 어떻게 설명할 수 있는 것인가 싶은 것이지요.

수학과 교육과정 역시 학년군제를 적용하면서 성취 기준이 학년군별로 진술되어 있습니다. 국어과와 마찬가지로 〈표5〉에 제시한 수학과의 성취 기준은 1-2학년에 성취해야 할 기준입니다. 성취 기준이 이렇게 제시되다 보니 어느 학년, 어느 학기에 가르쳐야 할 성취 기준인지 교사들의 혼란이 가중된 것 역시 비슷합니다. 거기에 수학과는 다른 교과와 달리 학기별 반복·심화되는 구조라서 혼란이 더합니다. 보통 2월에 학년 교육과정을 수립하는데, 개정된 교육과정이 적용되는 첫 해에는 2학기 교과서나 지도서도 보지 못하고 학년별, 학기별 교육과정 계획을 세워야 하는 어이없는 현상이 반복되고 있습니다.

결국 '무늬만 학년군제'가 초래한 이런 문제는 교과서, 생활기록부, 평가 등 여러 문제들과 얽혀 있어서 쉽게 해결되지 않습니다. 수학과는 교과 성격이 계열성이 좀 더 분명하기 때문에 이런 방식의 학년군제가 적절한 것인지 재고해 보아야 합니다. 예를 들어 '2수01-01' 1부터 100까지의 수 개념을 이해하고 수를 세고 쓰는 성취 기준의 경우, 1학년 1학기에는 1부터 50까지의 수를 배우고, 2학기에 1부터 100까지의 수를 배웁니다. 이것을 50까지의 수, 100까지의 수로 쪼개어 하나의 성취 기준을 두 개의 '평가 준거 성취 기준'으로 제시하고 있습니다.

　성취 기준은 "학생들이 교과를 통해 배워야 할 내용과 이를 통해 수업 후 할 수 있거나 할 수 있기를 기대하는 능력을 결합하여 나타낸 수업 활동의 기준"입니다. 성취 기준은 수학과 교육과정의 내용 체계를 근거로 선정됩니다. 내용 체계는 수학과의 영역별 핵심 개념과 일반화된 지식을 학년군별 내용 요소로 계열화해서 영역별 기능과 함께 제시합니다. 수학과의 영역은 수와 연산, 도형, 측정, 규칙성, 자료와 가능성입니다. 영역 명칭은 교육과정 개정 시기마다 조금씩 바뀝니다. 수학과에서는 각 영역을 다시 두세 개의 하위영역으로 세분해 놓았습니다.

　〈표5〉는 1~2학년 수학과 성취 기준입니다. 각 성취 기준은 코드화되어 있습니다. '2수01-01'에서 '2'는 1~2학년군의 성취 기준이라는 의미이며, '수'는 수학과, '01-01'은 영역 중 첫째 영역인 수와 연산 영역 중 첫째 성취 기준이라는 뜻입니다. '2수04-02'은 넷째 영역인 규칙성 영역의 둘째 성취 기준이라는 뜻입니다. 1~2학년 수학 교과 성취 기준 중 1학년 성취 기준은 굵게 표시했습니다. 성취 기준 뒤에는 해당 성취 기준이 들어

있는 학기와 단원을 표시했습니다. '1-2'는 1학기 2단원, '2-6'은 2학기 6단원이라는 뜻입니다. 국어과처럼 지속 성취 기준을 명시하지는 않았지만 하나의 성취 기준을 2학년까지 연계해서 배우는 경우에는 밑줄로 표시했습니다.

〈표6〉은 1학년 수학에서 중심을 두어야 할 핵심적인 성취 기준을 영역별로 선별하고, 그에 따른 평가 기준을 정리한 것입니다. 1학년 수학 교육과정에 '자료와 가능성' 영역은 포함되어 있지 않습니다. 성취 기준의 진술이 일반적이고 포괄적이기 때문에 별도의 연구를 통해서 이를 평가 준거 성취 기준으로 나누고, 이를 다시 평가 기준 3단계로 세분화해서 제시하고 있습니다. 하나의 성취 기준인데 두 개의 평가 준거 성취 기준이 있는 경우 대체로 앞의 것은 1학기용이고 뒤의 것은 2학기용입니다. 1학기는 1부터 50까지의 수, 2학기는 100까지의 수를 배우며, 1학기에는 한 자리 수 범위에서의 덧셈과 뺄셈, 2학기에는 받아올림과 내림이 있는 두 자리 수 범위에서 덧셈과 뺄셈을 배웁니다.

어린이 발달을 이끄는 교수-학습이라는 측면에서 〈표6〉에서 제시된 성취 기준과 평가 기준이 발달을 중심으로 구성된 것인지, 지식이나 기능을 중심으로 구성된 것인지 비판적으로 살펴보아야 합니다. 전학령기 어린이는 지각에 기반한 비매개적이고 자연적인 산술 형태를 보여 주지만 학령기 어린이는 수학이라는 교과를 통해 기호 체계에 기반을 둔 매개적이고 문화적인 산술 형태로 도약합니다. 교사가 이런 이행이 어떻게 이루어지는지 파악하고 있다면, 교수-학습 과정에서 언제 이런 이행이 일어나야 하는지 진단할 수 있습니다.

어린이는 전학령기에 스스로 고안한 수 세기 장치에서 학교 학습을 통해 문화적 토대를 둔 수 체계(십진법)로 이행합니다. 여기에서 결정적인 계기는 자연발생적 기능, 즉 가늠하고 추측하는 것에서 '숫자'라는 기호로 매개된 산술로 이행하는 것입니다. 이는 대상물(손가락, 블록, 나무막대 등)을 갖고 작업하는 것에서 대상물 없이 숫자라는 기호를 갖고 작업하는 것으로의 도약입니다. 여기서 핵심 문제는 피아제가 제공했던 구체적 조작에서 형식적 조작으로의 단계적 발달이 아니라 지각과 계산 간의 차이입니다. 지각에 기반한 사고 양식에서 기호에 기반한 추상적인 사고 양식으로의 도약입니다.

개념 학습에서 구체에서 추상으로의 상승과 추상에서 구체로의 하강은 서로를 보완합니다. 이것을 초등 수학 교육에서는 실생활과 연계한 문제 해결을 강조하는 것으로 해결하려고 합니다. 수학과 교육과정에서 지속적으로 강조되는 실생활과의 연계는 어느 순간 난관에 봉착하게 됩니다. 자연수나 분수를 넘어선 것에 대해서 더 이상 구체적으로 설명하기 어려워지기 때문입니다. 2015개정 수학과 교육과정에서 분수와 소수의 혼합계산을 삭제하면서 "분수와 소수의 혼합계산은 적절한 문제 상황 속에서 구현되지 못하여 문제 상황에 대한 이해나 알고리즘 발견과 같은 수학적 사고의 기회를 제공하지 못한 채 단

표5 초등학교 1~2학년군 수학과 성취 기준

영역		교육과정 성취 기준
수와 연산	네 자리 이하 의 수	2수01-01 0과 100까지의 수 개념을 이해하고, 수를 세고 읽고 쓸 수 있다.(1-1, 1-5, 2-1)
		2수01-02 일, 십, 백, 천의 자릿값과 위치적 기수법을 이해하고, 네 자리 이하의 수를 읽고 쓸 수 있다.(2-1)
		2수01-03 네 자리 이하의 수의 범위에서 수의 계열을 이해하고, 수 의 크기를 비교할 수 있다.(1-1, 1-5, 2-1)
		2수01-04 하나의 수를 두 수로 분해하고 두 수를 하나의 수로 합성 하는 활동을 통하여 수 감각을 기른다.(1-3, 1-5, 2-6)
	두 자리 수 범 위의 덧셈과 뺄셈	2수01-05 덧셈과 뺄셈이 이루어지는 실생활 상황을 통하여 덧셈과 뺄셈의 의미를 이해한다.(1-3, 2-2, 2-4, 2-6)
		2수01-06 두 자리 수의 범위에서 덧셈과 뺄셈의 계산 원리를 이해 하고 그 계산을 할 수 있다.(1-3, 2-2, 2-4, 2-6)
		2수01-07 덧셈과 뺄셈의 관계를 이해한다.
		2수01-08 두 자리 수의 범위에서 세 수의 덧셈과 뺄셈을 할 수 있 다.(2-4)
		2수01-09 □가 사용된 덧셈식과 뺄셈식을 만들고, □의 값을 구할 수 있다.
	곱셈	2수01-10 곱셈이 이루어지는 실생활 상황을 통하여 곱셈의 의미를 이해한다.
		2수01-11 곱셈구구를 이해하고, 한 자리 수의 곱셈을 할 수 있다.
도형	입체도형의 모양	2수02-01 교실 및 생활 주변에서 여러 가지 물건을 관찰하여 직육 면체, 원기둥, 구의 모양을 찾고, 그것들을 이용하여 여러 가지 모양을 만들 수 있다.(1-2)
		2수02-02 쌓기나무를 이용하여 여러 가지 입체도형의 모양을 만들고, 그 모양에 대해 위치나 방향을 이용하여 말할 수 있다.
	평면도형과 그 구성 요소	2수02-03 교실 및 생활 주변에서 여러 가지 물건을 관찰하여 삼각 형, 사각형, 원의 모양을 찾고, 그것들을 이용하여 여러 가지 모양을 꾸밀 수 있다.(2-3)
		2수02-04 삼각형, 사각형, 원을 직관적으로 이해하고, 그 모양을 그 릴 수 있다.
		2수02-05 삼각형, 사각형에서 각각의 공통점을 찾아 말하고, 이를 일 반화하여 오각형, 육각형을 알고 구별할 수 있다.

영역		교육과정 성취 기준
측정	양의 비교	2수03-01 구체물의 길이, 들이, 무게, 넓이를 비교하여 각각 '길다, 짧다', '많다, 적다', '무겁다, 가볍다', '넓다, 좁다' 등을 구별하여 말할 수 있다.(1-4)
	시각과 시간	2수03-02 시계를 보고 시각을 '몇 시 몇 분'까지 읽을 수 있다.(2-5)
		2수03-03 1시간은 60분임을 알고, 시간을 '시간', '분'으로 표현할 수 있다.
		2수03-04 1분, 1시간, 1일, 1주일, 1개월, 1년 사이의 관계를 이해한다.
	길이	2수03-05 길이를 나타내는 표준 단위의 필요성을 인식하고, 1cm와 1m의 단위를 알며, 상황에 따라 적절한 단위를 사용하여 길이를 측정할 수 있다.
		2수03-06 1m가 100cm임을 알고, 길이를 단명수와 복명수로 표현할 수 있다.
		2수03-07 여러 가지 물건의 길이를 어림하여 보고, 길이에 대한 양감을 기른다.
		2수03-08 구체물의 길이를 재는 과정에서 자의 눈금과 일치하지 않는 길이의 측정값을 '약'으로 표현할 수 있다.
		2수03-09 실생활 문제 상황을 통하여 길이의 덧셈과 뺄셈을 이해한다.
규칙성	규칙 찾기	2수04-01 **물체, 무늬, 수 등의 배열에서 규칙을 찾아 여러 가지 방법으로 나타낼 수 있다.**(2-5)
		2수04-02 **자신이 정한 규칙에 따라 물체, 무늬, 수 등을 배열할 수 있다.**(2-5)
자료와 가능성	분류하기	2수05-01 교실 및 생활 주변에 있는 사물들을 정해진 기준 또는 자신이 정한 기준으로 분류하여 개수를 세어 보고, 기준에 따른 결과를 말할 수 있다.
	표 만들기	2수05-02 분류한 자료를 표로 나타내고, 표로 나타내면 편리한 점을 말할 수 있다.
	그래프 그리기	2수05-03 분류한 자료를 ○, ×, / 등을 이용하여 그래프로 나타내고, 그래프로 나타내면 편리한 점을 말할 수 있다.

표6 수학과 성취 기준, 평가 준거 성취 기준, 평가 기준 예시

교육과정 성취 기준		교육과정 평가 기준	
2수01-01 0과 100까지의 수 개념을 이해하고, 수를 세고 읽고 쓸 수 있다.	50까지의 수 개념을 이해하고, 수를 세고 읽고 쓸 수 있다.	상	10개씩 묶음과 낱개를 이용하여 50까지의 수 개념을 이해하고, 수가 사용되는 여러 가지 상황에서 수를 읽고 쓸 수 있다.
		중	10개씩 묶음과 낱개를 세어 보는 활동을 통하여 50까지의 수 개념을 이해하고, 수를 읽고 쓸 수 있다.
		하	구체물을 세어 보는 활동을 통하여 50까지의 수 개념을 이해하고, 수를 읽고 쓸 수 있다.
	100까지의 수 개념을 이해하고, 수를 세고 읽고 쓸 수 있다.	상	10개씩 묶음과 낱개를 이용하여 100까지의 수 개념을 이해하고, 수가 사용되는 여러 가지 상황에서 수를 읽고 쓸 수 있다.
		중	10개씩 묶음과 낱개를 세어 보는 활동을 통하여 100까지의 수 개념을 이해하고, 수를 읽고 쓸 수 있다.
		하	구체물을 세어 보는 활동을 통하여 100까지의 수 개념을 이해하고, 수를 읽고 쓸 수 있다.
2수01-06 두 자리 수의 범위에서 덧셈과 뺄셈의 계산 원리를 이해하고 그 계산을 할 수 있다.	(한 자리 수)+(한 자리 수)=(한 자리 수), (한 자리 수)-(한 자리 수)=(한 자리 수)의 계산 원리를 이해하고, 그 계산을 할 수 있다.	상	(한 자리 수)+(한 자리 수)=(한 자리 수), (한 자리 수)-(한 자리 수)=(한 자리 수)를 능숙하게 계산하고, 그 계산 과정을 설명할 수 있다.
		중	(한 자리 수)+(한 자리 수)=(한 자리 수), (한 자리 수)-(한 자리 수)=(한 자리 수)를 계산할 수 있다.
		하	구체적인 조작을 통해 (한 자리 수)+(한 자리 수)=(한 자리 수), (한 자리 수)-(한 자리 수)=(한 자리 수)를 계산할 수 있다.
	(한 자리 수)+(한 자리 수)=(두 자리 수), (두 자리 수)-(한 자리 수)=(한 자리 수)의 계산 원리를 이해하고 그 계산을 할 수 있다.	상	(한 자리 수)+(한 자리 수)=(두 자리 수), (두 자리 수)-(한 자리 수)=(한 자리 수)를 능숙하게 계산하고, 그 계산 과정을 설명할 수 있다.
		중	(한 자리 수)+(한 자리 수)=(두 자리 수), (두 자리 수)-(한 자리 수)=(한 자리 수)의 계산 원리를 이해하고, 그 계산을 할 수 있다.
		하	구체적인 조작을 통해 (한 자리 수)+(한 자리 수)=(두 자리 수), (두 자리 수)-(한 자리 수)=(한 자리 수)를 계산할 수 있다.

교육과정 성취 기준	교육과정 평가 기준
2수02-01 교실 및 생활 주변에서 여러 가지 물건을 관찰하여 직육면체, 원기둥, 구의 모양을 찾고, 그것들을 이용하여 여러 가지 모양을 만들 수 있다.	상 여러 가지 물건을 직육면체, 원기둥, 구의 모양으로 분류하여 특징을 말하고, 그 모양들을 이용하여 여러 가지 모양을 만들 수 있다. 중 여러 가지 물건 중에서 직육면체, 원기둥, 구의 모양을 찾고, 그 모양들을 이용하여 여러 가지 모양을 만들 수 있다. 하 직육면체, 원기둥, 구의 모양을 구별하고, 그 모양들을 이용하여 간단한 모양을 만들 수 있다.
2수02-03 교실 및 생활 주변에서 여러 가지 물건을 관찰하여 삼각형, 사각형, 원의 모양을 찾고, 그것들을 이용하여 여러 가지 모양을 꾸밀 수 있다.	상 여러 가지 물건을 삼각형, 사각형, 원의 모양으로 분류하여 특징을 말하고, 그 모양들을 이용하여 여러 가지 모양을 꾸밀 수 있다. 중 여러 가지 물건 중에서 삼각형, 사각형, 원의 모양을 찾고, 그 모양들을 이용하여 여러 가지 모양을 꾸밀 수 있다. 하 삼각형, 사각형, 원의 모양을 구별하고, 그 모양들을 이용하여 간단한 모양을 꾸밀 수 있다.
2수03-01 구체물의 길이, 들이, 무게, 넓이를 비교하여 각각 '길다, 짧다', '많다, 적다', '무겁다, 가볍다', '넓다, 좁다' 등을 구별하여 말할 수 있다.	상 세 개 이상의 구체물의 길이, 들이, 무게, 넓이를 비교하여 각각 '길다, 짧다', '많다, 적다', '무겁다, 가볍다', '넓다, 좁다' 등을 구별하여 말할 수 있다. 중 두 개의 구체물의 길이, 들이, 무게, 넓이를 비교하여 각각 '길다, 짧다', '많다, 적다', '무겁다, 가볍다', '넓다, 좁다' 등을 구별하여 말할 수 있다. 하 안내된 절차에 따라 구체물의 길이, 들이, 무게, 넓이를 비교하고, 어느 것이 더 긴지, 더 많은지, 더 무거운지, 더 넓은지를 구별할 수 있다.
2수03-02 시계를 보고 시각을 '몇 시 몇 분'까지 읽을 수 있다. 시계를 보고 시각을 '몇 시' 또는 '몇 시 30분'으로 읽을 수 있다.	상 여러 가지 시각을 '몇 시' 또는 '몇 시 30분'으로 읽고, 모형 시계에 나타낼 수 있다. 중 여러 가지 시각을 '몇 시' 또는 '몇 시 30분'으로 읽을 수 있다. 하 안내된 절차에 따라 시계를 보고 시각을 '몇 시' 또는 '몇 시 30분'으로 읽을 수 있다.
2수04-01 물체, 무늬, 수 등의 배열에서 규칙을 찾아 여러 가지 방법으로 나타낼 수 있다.	상 물체, 무늬, 수 등의 배열에서 규칙을 찾아 여러 가지 방법으로 나타낼 수 있다. 중 물체, 무늬, 수 등의 배열에서 규칙을 말할 수 있다. 하 물체, 무늬, 수 등의 간단한 배열에서 다음에 올 것을 말할 수 있다.

순 계산 절차의 반복 연습이 되기 쉽다"고 설명합니다.

인류가 문화역사적 발달 과정을 통해서 수학이라는 학문과 숫자와 수식이라는 새로운 기호를 창조해 왔던 역사는 어린이 발달에 그대로 재현되지 않습니다. 오히려 우리는 새로운 이해를 통해 어린이의 개념, 수학적 문해력 발달을 지원할 수 있습니다. 인간의 지각(눈으로 보고 확인할 수 있는 것)에 기반한 수 세기에서 지각을 넘어서 추상적으로 수를 다룰 수 있게 되는 것이 수학 교육의 궁극의 목표라면 초등 학령기 어린이의 수에 대한 이해를 지각을 통한 구체의 영역으로만 한정해서는 안 됩니다. '자연에 없는 '0'이라는 것을 인간은 어떻게 지각하고 기호화하게 되었을까?' '이것은 어떻게 1학년 1학기 초기에 수학 교과에 도입될 수 있는가?' 우리는 1학년 수학 교육과정이 이런 사고 양식의 질적 도약을 어떻게 교수-학습을 통해 이끌고 있는지를 깊이 살펴야 합니다.

교육과정의 성취 기준은 교과서라는 도구를 통해 구체화됩니다. 교사들은 교과서라는 도구의 도움을 받아 성취 기준을 우리 반 학생들에게 맞게 해석하면서 수업을 계획합니다. 교사들이 교과서대로만 수업한다는 것 자체가 현실에서는 있을 수 없는 일입니다. 대체로 교과서의 내용을 보태거나 빼는 과정을 거칩니다. 교과서만 갖고 수업을 하느냐 아니냐보다 실제 수업에서 빼고 보태는 과정이 무엇에 근거한 것인가가 더 중요한 논의의 주제가 되어야 합니다.

어린이 발달을 총체적으로 반영할 수 있도록 가르치자
— 수학 교과서 톺아보기

수학 교과서는 '수학'과 '수학 익힘' 두 종류로 구성됩니다. '수학'은 "저학년을 위한 가볍고 친근한 교과서, 수학 학습에 대한 호기심을 자극하는 차시 제목, 저학년 학생들의 언어 발달 단계를 고려한 어휘 및 문장 사용, 기본 연산은 충분한 연습 경험 제공"을 목적으로 개발되었다고 밝히고 있습니다. 다른 것은 몰라도 기본 연산의 충분한 연습 경험을 제공하고 있다고 볼 수는 없습니다. '수학 익힘'은 "가정에서 스스로 학습하는 자학 자습용 워크북 형태로 개발"되었지만 "1학년 1학기는 제외"라고 밝히고 있습니다. 그동안 국어 교과서에서는 ㄱ, ㄴ, ㄷ을 배우는데 수학 익힘은 스스로 문장을 읽고 문제를 풀게 한다는 비판이 꾸준히 있었습니다. 그래서 "1학년 1학기 제외"라는 조건을 달고 있는 것으로 보입니다. 문항도 "수학책의 수준과 범위를 벗어나지 않는 난이도의 문항"을 고려했다고 밝히고 있습니다. 수학책에서 다루지 않는 어려운 문항이 한두 개씩 포함되어 있던 것을 많이 조정한 것 같습니다.

성취 기준이 영역별로 매우 일반적으로 기술된 것을 수학 교과서는 단원 학습 목표로 세분화해서 위계적으로 제시하고 있습니다. 차시 목표를 제시했던 국어 교과서와 달리 단원 학습 목표로 세분화하고, 차시명을 친근하게 제시하고 있습니다.

그러나 차시 제목을 친근하게 제시한다고 수학 학습이 친근해지는 것은 아닙니다.

수학이라는 교과를 어린이의 문화화 혹은 정신기능의 질적 도약의 측면에서는 보지 못하는 한계는 교과서나 교사용 지도서 곳곳에서 보입니다. 수학적 문제 해결을 위한 지식과 기능의 위계화로만 접근하면 보이지 않는 틈새들이 있습니다. 그 틈새를 메우고 창조적인 교수-학습을 이끌어가는 것은 교사의 몫입니다. 단원별 성취 기준과 학습 목표의 흐름을 이해하면 어린이의 사고 발달과 관련하여 좀 더 통합적인 시각으로 교육과정에 개입할 수 있고, 교수-학습을 더 민주적으로 계획하고 운영할 여지가 생길 것입니다.

각 단원마다 성취 기준을 세분하여 위계적으로 제시하고 있는 단원 학습 목표는 차시 학습과 상응합니다. 2~3차시씩 묶어서 제시했던 국어과와 달리 수학과는 같은 제목의 차시를 두세 개 차시로 나누어 반복 제시하고 있습니다.

단원마다 '놀이 수학', '얼마나 알고 있나요', '탐구 수학' 차시가 추가로 들어 있습니다. '놀이 수학'은 "1-2학년 학생의 발달 단계를 고려하여 보다 쉽고 재미있게 수학을 배우고 교과 역량을 신장할 수 있도록 차시 주제를 학생들이 좋아하는 놀이로 구성"하여 제시한 것입니다. '얼마나 알고 있나요'는 해당 단원의 학습을 평가하고 피드백할 수 있도록 구성한 단원 평가 정도로 이해하면 됩니다. '탐구 수학'은 "본차시 활동보

표7 1학년 1학기 수학 단원별 학습 목표 및 유의점

단원명	성취 기준	단원 학습 목표	차시 학습 목표
1. 9까지의 수	2수01-01 0과 100까지의 수 개념을 이해하고, 수를 세고 읽고 쓸 수 있다.(1-1, 1-5, 2-1) 2수01-03 네 자리 이하의 수의 범위에서 수의 계열을 이해하고, 수의 크기를 비교할 수 있다.(1-1, 1-5, 2-1)	1. 사물의 수를 9까지 셀 수 있다. 2. 1부터 9까지의 수 개념을 이해하고 숫자 1, 2, 3, 4, 5, 6, 7, 8, 9로 나타내고 읽고 쓸 수 있다. 3. 1부터 9까지의 수의 순서를 이해하고, 순서를 수로 나타낼 수 있다. 4. 1 큰 수와 1 작은 수를 이해할 수 있다. 5. 수 0의 개념을 이해하고 숫자 0으로 나타내고 읽고 쓸 수 있다. 6. 9까지의 두 수의 크기를 비교할 수 있다.	1. 몇일까요(1) 2. 수를 써 볼까요(1) 3. 몇일까요(2) 4. 수를 써 볼까요(2) 5. 몇째일까요 6. 수의 순서를 알아볼까요 7. 1 큰 수와 1 작은 수는 무엇일까요 8. 어느 수가 더 클까요 9. 놀이 수학: 수 놀이를 해요 10. 얼마나 알고 있나요 11. 탐구 수학: 숫자를 찾아 말해 볼까요

∘ 100 이상의 수를 이미 익히고 오는 아이들부터 1부터 9까지의 수를 제대로 읽고 쓰지 못하는 아이들까지 다양한 아이들이 한 교실에 있습니다. 중점은 1부터 9까지의 수를 읽고 쓰지 못하는 아이들입니다. 이런 경우 1부터 5까지 배우고, 다음 차시에 5부터 9까지 배운다고 바로 익힐 수 없다는 것을 명심해야 합니다. 다양한 자극을 줘서 여러 교과의 교실 상황에서 1부터 9까지의 수를 익힐 수 있는 자극을 주어야 합니다.

∘ 1단원의 학습 목표가 9까지의 수라고 해서 아이들의 활동을 9까지의 수로 한정할 필요는 없습니다. 3월에 열 개씩 다섯 묶음으로 된 블록(매쓰링크)을 아이들에게 나누어 주고 다양하게 활용합니다. 글자를 만들 수도 있고, 숫자를 만들 수도 있습니다. 시간적 여유가 있을 때는 팽이 같은 놀잇감을 만들어 놀 수도 있습니다. 그리고 언제나 열 개씩 다섯 묶음으로 정리를 하게 해서 십진법을 익힐 수 있게 합니다.

단원명	성취 기준	단원 학습 목표	차시 학습 목표
2. 여러 가지 모양	2수02-01 교실 및 생활 주변에서 여러 가지 물건을 관찰하여 직육면체, 원기둥, 구의 모양을 찾고, 그것들을 이용하여 여러 가지 모양을 만들 수 있다.(1-2)	1. 일상생활에서 직육면체, 원기둥, 구 모양을 찾을 수 있다. 2. 직육면체, 원기둥, 구 모양의 물건을 같은 모양끼리 분류할 수 있다. 3. 모양의 일부분만 보거나 설명을 듣고 직육면체, 원기둥, 구 모양을 알 수 있다. 4. 주어진 직육면체, 원기둥, 구 모양을 이용하여 여러 가지 모양을 만들 수 있다.	1. 여러 가지 모양을 찾아볼까요 2. 여러 가지 모양을 알아볼까요 3. 여러 가지 모양을 만들어 볼까요 4. 놀이 수학: 모양 찾기 놀이를 해요 5. 얼마나 알고 있나요 6. 탐구 수학: 마을을 만들어 볼까요

단원명	성취 기준	단원 학습 목표	차시 학습 목표

○ 일상생활에서 만나는 물건들이 입체도형이기 때문에 1학기에는 입체도형, 2학기에는 이를 추상한 평면도형을 배웁니다. 그런데 직육면체와 네모, 구와 동그라미의 개념상의 오류가 상당히 많이 나타납니다. 직육면체를 설명할 때 네모/사각형으로 된 면이 여섯 개라는 것을 보여 주고, 한 면을 평면에 그리면 네모/사각형이 나타난다는 것을 명시적으로 보여 주어야 합니다.

○ 입체도형을 배우면서 아이들에게 입체도형의 이름을 지어 보도록 합니다. 개념을 명시적으로 가르치지 않고 이름을 지어 보는 것이 실제 도움이 된다고 보지 않기 때문에 상자 모양/직육면체, 둥근 기둥 모양/원기둥, 공 모양/구를 가르쳐 줍니다. 상자 모양과 네모는 다르고, 둥근 기둥 모양과 동그라미도 다르고, 공 모양과 동그라미가 다르다는 것을 개념적으로 이해할 수 있도록 해야 명칭에서의 오류가 사라집니다.

| **3. 덧셈과 뺄셈** | 2수01-04 하나의 수를 두 수로 분해하고 두 수를 하나의 수로 합성하는 활동을 통하여 수 감각을 기른다.(1-3, 1-5, 2-6)

2수01-05 덧셈과 뺄셈이 이루어지는 실생활 상황을 통하여 덧셈과 뺄셈의 의미를 이해한다.(1-3, 2-2, 2-4, 2-6)

2수01-06 두 자리 수의 범위에서 덧셈과 뺄셈의 계산 원리를 이해하고 그 계산을 할 수 있다.(1-3, 2-2, 2-4, 2-6) | 1. 9 이하의 수의 범위에서 모으기와 가르기를 할 수 있다.
2. 상황에 적합한 덧셈 이야기와 뺄셈 이야기를 만들 수 있다.
3. 상황에 맞는 덧셈 식을 쓰고 읽을 수 있다.
4. 두 수의 합이 9 이하인 덧셈을 여러 가지 방법으로 할 수 있다.
5. 상황에 맞는 뺄셈 식을 쓰고 읽을 수 있다.
6. 한 자리 수의 뺄셈을 여러 가지 방법으로 할 수 있다.
7. 0을 더하거나 뺄 수 있다. | 1. 단원 도입
2-3. 모으기와 가르기를 해 볼까요
4. 이야기를 만들어 볼까요
5. 더하기는 어떻게 나타낼까요
6-7. 덧셈을 해 볼까요
8. 놀이수학
9. 빼기는 어떻게 나타낼까요
10-11. 뺄셈을 해 볼까요
12. 0을 더하거나 빼면 어떻게 될까요
13. 덧셈과 뺄셈을 해 볼까요
14. 얼마나 알고 있나요
15. 탐구 수학: 덧셈식과 뺄셈식을 만들어 볼까요 |

○ 모으기와 가르기는 블록(매쓰링크)과 손가락, 공깃돌 등 구체물에 대한 지각을 기반으로 출발하는 것이 좋습니다. 가장 사용하기 쉬운 것은 손가락이지만 덧셈이나 뺄셈이 아닌 모으기와 가르기에서는 나머지 손가락이 방해를 하는 경우들이 나타나서 주로 공깃돌(서로 연결이 가능한 블록형 공기)이나 매쓰링크를 활용합니다.

○ 모으기와 가르기를 이야기로 만드는 활동은 먼 발달영역으로 보입니다. 아이들이 이야기를 문장으로 구성해서 만드는 것은 체험의 공동 일반화가 가능한 아이들에게는 가까운 발달영역이지만, 그 외의 아이들에게는 어렵기 때문에 대체로는 교사의 직접적인 안내를 통해 반복해서 학습할 필요가 있습니다.

○ 홀짝놀이를 유용하게 활용할 수 있습니다. 마무리 활동으로 짝이랑 종이에 문제를 내고 서로 맞히는 활동을 해 보면 아이들의 수 개념 발달뿐 아니라 수식에 대한 이해 정도를 진단할 수 있습니다.

○ 9까지의 수 범위로 한정하는 것이 큰 의미가 있다고 보지 않습니다. 10의 보수를 이 단원에서 학습할 수도 있습니다.

단원명	성취 기준	단원 학습 목표	차시 학습 목표
4. 비교하기	2수03-01 구체물의 길이, 들이, 무게, 넓이를 비교하여 각각 '길다, 짧다', '많다, 적다', '무겁다, 가볍다', '넓다, 좁다' 등을 구별하여 말할 수 있다.(1-4)	1. 두 가지 또는 세 가지 대상의 길이, 무게, 넓이, 들이를 직관적 또는 직접 비교할 수 있다. 2. 구체물의 길이, 무게, 넓이, 들이를 비교하여 각각 '길다, 짧다', '많다, 적다', '무겁다, 가볍다', '넓다, 좁다', '많다, 적다' 등을 구별하여 말로 표현할 수 있다. 3. 비교하고자 하는 대상을 다양한 측면에서 관찰하여 공통적인 양적 속성을 발견하고 이를 말로 표현할 수 있다.	1. 어느 것이 더 길까요 2. 놀이수학 3. 어느 것이 더 무거울까요 4. 어느쪽이 더 넓을까요 5. 어느 것에 더 많이 담을 수 있을까요 6. 얼마나 알고 있나요 7. 탐구 수학: 어떻게 비교할까요

◦ 재미있는 여러 활동을 많이 해 볼 수 있는 단원인데 차시가 많지 않습니다. 이런 경우 통합 교과의 신체 활동이나 조형 활동과 연계해서 운영할 수 있습니다. 그러나 이런 활동의 목적은 활동의 즐거움이 아니라 활동을 통한 개념의 이해에 있다는 것을 염두에 두고 진행해야 합니다. 즉, 활동이나 놀이 후 배운 것을 정리하는 시간을 다양한 방식으로 마련해야 합니다.

◦ 색종이 한 장을 주고 정해진 시간 내에 누가 끊어지지 않고 길게 오리는지, 고리 만들기를 누가 길게 만드는지, 고무찰흙 한 조각으로 누가 길게 만드는지, 필통에 있는 물건 중 하나를 선택하게 한 다음 두 모둠으로 나누어 길게 연결해서 어느 모둠이 긴지, 짧은지 표현하는 활동도 할 수 있습니다. 길이 비교에서는 기준점을 동일하게 설정하는 것이 꼭 필요하다는 것을 명시적으로 알려 주어야 합니다.

◦ 색종이를 한 장씩 나누어 주고 찍과 가위바위보를 해서 질 때마다 반을 접어서 잘라 내게 한 다음 누구 색종이가 가장 넓은지 비교하는 게임도 할 수 있습니다. 짝과 비교해서 넓고 좁은 걸 비교할 수도 있고 학급 전체에서 가장 넓은 것과 좁은 것을 비교할 수도 있습니다. 펜토미노로 정해진 시간에 책상 위를 빼곡하게 채우는 놀이도 가능합니다. 이런 활동을 할 때 비교를 위해서 단위면적을 도입해서 비교할 수도 있습니다.

◦ 무게를 비교할 때는 양팔 저울을 활용해서 미세한 무게의 차이를 눈으로 확인해 보도록 하면 좋습니다. 종이 한 장을 부채 접기를 한 다음 그 위에 물건을 올려서 종이가 찌그러질 정도로 무거운 것을 자기 책가방에서 찾아오는 게임을 할 수도 있습니다. 한 장에서 찌그러지면 종이 두 장을 겹쳐서 부채 접기를 하고, 그 다음에는 세 장, 네 장으로 늘려서 할 수 있습니다. A4 종이 다섯 장을 겹쳐서 접었을 때는 우리 반 수학책 23권을 올려놓아도 찌그러지지 않았습니다.

◦ 들이 비교는 ⑴ 같은 용기인데 담긴 양의 차이를 비교하는 방법과 ⑵ 크기가 다른 용기에 담긴 액체를 같은 용기에 담아서 비교하는 방법으로 나누어 다양한 게임을 할 수 있습니다. ⑴의 경우 정해진 시간 안에 숟가락이나 컵으로 물을 떠서 옮기는 게임을 한 다음 양을 비교합니다. 정확한 비교가 어려울 정도로 비슷한 양이 모이면 매스실린더를 사용해서 비교해 줄 수 있습니다. ⑵ 긴 컵에 가득 담긴 물과 넓은 대접에 반쯤 담긴 물의 양을 비교하기 위해 비커나 매스실린더를 활용합니다.

◦ 'A가 B보다 넓습니다/좁습니다'와 같은 문장 진술은 어떤 아이들에게는 먼 발달영역이어서 'A'라는 주어의 기능을 이해하지 못하는 경우들이 발생합니다. 교사가 문장을 다시 읽어 주거나 스스로 문장을 소리 내어 읽어 보게 함으로써 이해를 도울 수 있는 경우도 있고, 불가능한 경우도 있습니다. 그런 경우에는 기다려 주어야 합니다.

◦ 4단원을 배울 때 '넓다, 넓이요, 넓습니다'처럼 어미의 활용을 익히는 것과 '넓다, 좁다, 길다, 짧다, 많다, 적다'와 같은 낱말을 익히는 것, '더 많다, 더 적다'와 같은 비교급 구문을 익히기 위해서는 단원 학습이 끝나더라도 지속적으로 학습을 지원해야 합니다.

단원명	성취 기준	단원 학습 목표	차시 학습 목표
5. 50까지의 수	2수01-01 0과 100까지의 수 개념을 이해하고, 수를 세고 읽고 쓸 수 있다. (1-1, 1-5, 2-1) 2수01-03 네 자리 이하의 수의 범위에서 수의 계열을 이해하고, 수의 크기를 비교할 수 있다.(1-1, 1-5, 2-1) 2수01-04 하나의 수를 두 수로 분해하고 두 수를 하나의 수로 합성하는 활동을 통하여 수 감각을 기른다. (1-3, 1-5, 2-6)	1. 10의 의미를 알고 쓰고 읽을 수 있다. 2. 10부터 50까지의 수를 세어 10개씩 묶음과 낱개로 3. 나타내고 쓰고 읽을 수 있다. 4. 10부터 19까지의 수를 모으기와 가르기 할 수 있다. 5. 50까지 수의 순서를 알 수 있다. 6. 50까지 수의 크기를 비교할 수 있다.	1. 단원 도입 2. 9 다음 수는 무엇일까요 3. 십몇을 알아볼까요 4. 모으기와 가르기를 해 볼까요 5. 열 개씩 묶어 세어 볼까요 6. 50까지의 수를 세어 볼까요 7. 놀이수학 8. 수의 순서를 알아볼까요 9. 어느 수가 더 클까요 10. 얼마나 알고 있나요 11. 탐구 수학: 수를 세어 볼까요

◦ 1부터 50까지의 수를 읽고 쓰는 것은 십진법을 개념적으로 배우는 첫 단계입니다. 9 다음의 수가 1학년 1학기 마지막에 나온다는 기이함도 있지만 십진법 학습을 위한 기본입니다. 그러나 교과서에 배치한 차시로만 학습한다고 아이들이 십진법의 기초 개념을 학습할 수 있는 것은 아닙니다.

◦ 교과서의 차시는 위계적으로 구성되어 있습니다. 그러나 단계적으로 한 차시씩 진행된다고 아이들이 저절로 이것을 통합하는 것은 아닙니다. 이 단원을 시작하는 처음부터 교실 칠판에 1부터 50까지의 수를 써 놓고 수업을 시작할 때마다 함께 읽습니다. 일, 이, 삼, 사로 읽고, 하나, 둘, 셋, 넷으로 읽습니다. 그리고 오십, 사십구, 사십팔, 사십칠…. 쉰, 마흔아홉, 마흔여덟, 마흔일곱처럼 역순으로 읽습니다. 이걸 수학 시간마다 매번 반복합니다. 오십까지의 수를 숙달하지 못한 아이들도 반복하면서 배우게 됩니다. 처음에는 칠판을 보고 읽게 하고, 반복이 되면 칠판의 숫자를 지워서 머릿속으로 떠올리면서 읽게 합니다. 순차로 읽는 경우는 거의 자동화되지만, 역으로 읽는 경우에는 자동화가 되지 않습니다. 자동화는 10, 9 8, 7 에서나 가능합니다. 자동화되지 않는 것은 어린이 발달에서 생각을 생각하는 데 도움이 됩니다. 사십팔을 말하면서 다음의 사십칠을 머릿속에 떠올려야 합니다.

◦ 이런 활동은 초인지/메타인지 발달이나 작업 기억의 발달에 도움을 줍니다.

표8 1학년 2학기 수학 단원별 학습 목표 및 유의점

단원명	성취 기준	단원 학습 목표	차시 학습 목표
1. 100 까지의 수	2수01-01 0과 100까지의 수 개념을 이해하고, 수를 세고 읽고 쓸 수 있다. 2수01-02 일, 십, 백, 천의 자릿값과 위치적 기수법을 이해하고, 네 자리 이하의 수를 읽고 쓸 수 있다. 2수01-03 네 자리 이하의 수의 범위에서 수의 계열을 이해하고, 수의 크기를 비교할 수 있다.	1. 열 개씩 묶음과 낱개로 수를 세어 99까지의 수를 알고 쓰고 읽을 수 있다. 2. 99개까지 물건의 수를 셀 수 있다. 3. 99보다 1만큼 더 큰 수가 100이라는 것을 알고 쓰고 읽을 수 있다. 4. 100까지 수의 순서를 알 수 있다. 5. 100까지의 수 중에서 수의 크기를 비교할 수 있다. 6. 짝수와 홀수를 직관적으로 이해하고, 짝수와 홀수를 구분할 수 있다.	1. 단원 도입 2. 60, 70, 80, 90을 알아볼까요 3. 99까지의 수를 알아볼까요 4. 놀이 수학: 수 놀이를 해요 5. 수의 순서를 알아볼까요 6. 어느 수가 더 클까요 7. 짝수와 홀수를 알아볼까요 8. 얼마나 알고 있나요 9. 탐구 수학: 내 자리를 찾아볼까요

◦ 1학기에는 1인당 50개의 매쓰링크를 나누어 주었다면 2학기에는 100개를 나누어 주고 시작합니다. 1부터 50까지의 수를 통해 십진법을 충분히 숙달했으면 100까지의 수는 어렵지 않습니다.

◦ 28이라는 숫자를 보고 2와 8이 나열된 것처럼 인식하는 아이들이 있습니다. 이런 경우에는 십진법 개념 지도를 지각에 기초한 양적 개념으로 접근해야 합니다. 지각에 기초한 수 세기에서 개념에 기초한 수 세기로 이행하는 과정이라고 진단할 수 있습니다.

◦ 홀수와 짝수를 직관적으로 이해하는 경우도 있지만 이해하지 못하는 경우도 있습니다. 그런 경우 손가락, 블록, 공깃돌 등 다양한 구체물을 이용해서 보여 줍니다. 교실에 백도표(백수표)를 걸어 두고, 홀수와 짝수 카드 색깔을 다르게 게시해서 직관적으로 이해할 수 있도록 도와줍니다.

단원명	성취 기준	단원 학습 목표	차시 학습 목표
2. 덧셈과 뺄셈(1)	2수01-05 덧셈과 뺄셈이 이루어지는 실생활 상황을 통하여 덧셈과 뺄셈의 의미를 이해한다. 2수01-06 두 자리 수의 범위에서 덧셈과 뺄셈의 계산 원리를 이해하고 그 계산을 할 수 있다.	1. 받아올림이 없는 (몇십몇)+(몇)의 원리를 이해하고 계산할 수 있다. 2. 받아올림이 없는 (몇십)+(몇십)의 원리를 이해하고 계산할 수 있다. 3. 받아올림이 없는 (몇십몇)+(몇십몇)의 원리를 이해하고 계산할 수 있다. 4. 받아내림 없는 (몇십몇)-(몇)의 원리를 이해하고 계산할 수 있다. 5. 받아내림이 없는 (몇십)-(몇십)의 원리를 이해하고 계산할 수 있다. 6. 받아내림이 없는 (몇십몇)-(몇십몇)의 원리를 이해하고 계산할 수 있다.	1. 단원 도입 2-4. 덧셈을 해 볼까요 5. 그림을 보고 덧셈을 해 볼까요 6. 놀이 수학: 덧셈 놀이를 해요 7-9. 뺄셈을 해 볼까요 10. 그림을 보고 뺄셈을 해 볼까요 11. 얼마나 알고 있나요 12. 탐구 수학: 덧셈과 뺄셈을 해 볼까요

단원명	성취 기준	단원 학습 목표	차시 학습 목표
	○ 1부터 100까지의 수에서 십진법 개념 체계를 학습한 아이들은 이 단원을 수월하게 학습할 수 있지만, 십진법 개념 체계를 숙달하지 못한 경우에는 자리 수와 10의 보수 개념에 대한 추가 학습이 더 필요합니다. 마지막 6단원에서 받아올림과 내림이 있는 덧셈과 뺄셈을 학습하게 되므로 여유 있게 도움을 줄 수 있습니다. ○ 자리 수와 십진법 개념이 숙달되지 않은 경우 여전히 매쓰링크, 계란판 등을 활용해서 열 개씩 묶음이라는 것을 시지각적으로 확인할 수 있도록 합니다. 열 개씩 한 묶음이 10이라는 것, 10구 계란판 하나가 10이라는 것으로 추상할 수 있도록 해야 합니다.		
3. 여러 가지 모양	2수02-03 교실 및 생활 주변에서 여러 가지 물건을 관찰하여 삼각형, 사각형, 원의 모양을 찾고, 그것들을 이용하여 여러 가지 모양을 꾸밀 수 있다.	1. 일상생활이나 교실 상황에서 사각형, 삼각형, 원 모양을 찾을 수 있다. 2. 여러 가지 물건의 일부분으로서 사각형, 삼각형, 원 모양을 이해할 수 있다. 3. 물건이나 모양조각을 같은 모양끼리 분류할 수 있다. 4. 본뜨기, 찍기, 자르기 등을 통해서 사각형, 삼각형, 원 모양을 만들 수 있다. 5. 사각형, 삼각형, 원 모양을 이용하여 여러 가지 모양을 만들 수 있다. 6. 잡지나 전단지에서 오려낸 사각형, 삼각형, 원 모양을 이용하여 대상을 꾸밀 수 있다.	1. 단원 도입 2. 여러 가지 모양을 찾아볼까요 3. 여러 가지 모양을 알아볼까요 4. 여러 가지 모양을 꾸며 볼까요 5. 놀이 수학: 여러 가지 모양으로 마을을 꾸며 볼까요 6. 얼마나 알고 있나요 7. 탐구 수학: 여러 가지 모양으로 마을을 꾸며 볼까요
	○ 1학기 입체도형에 이어 평면도형을 배웁니다. 세모, 네모, 동그라미는 유아적인 명칭이고 사각형, 삼각형, 원은 고등한 명칭인 것처럼 접근하는 게 과연 맞는 것인지 고민을 해야 합니다. 우리말은 덜 개념적이고, 한자어가 개념어가 되는 현실의 문제와 초등학생이 개념을 배울 때는 쉬운 우리말로 배워야 한다는 관점을 전제하고 있습니다. ○ 세모와 삼각형, 네모와 사각형, 원과 동그라미를 모두 가르칩니다. 셋과 삼, 넷과 사, 모와 각이라는 낱말 의미가 같다는 것을 아이들도 이해할 수 있습니다. "모가 나지 않았다"와 "둥글다" 역시 마찬가지다. 낱말 의미로 접근하는 것은 개념적 이해에 도움이 됩니다. ○ 1학기에 직육면체, 원기둥, 구를 배우고 2학기에 삼각형, 사각형, 원을 배우니 서로 분절되어 이 둘의 차이를 식별하지 못하는 아이들이 있으므로 교사는 언제나 입체도형과 평면도형을 대비하면서 각각의 속성을 이해할 수 있도록 가르치는 것이 좋습니다.		

단원명	성취 기준	단원 학습 목표	차시 학습 목표
4. 덧셈과 뺄셈 (2)	2수01-05 덧셈과 뺄셈이 이루어지는 실생활 상황을 통하여 덧셈과 뺄셈의 의미를 이해한다. 2수01-06 두 자리 수의 범위에서 덧셈과 뺄셈의 계산 원리를 이해하고 그 계산을 할 수 있다. 2수01-08 두 자리 수의 범위에서 세 수의 덧셈과 뺄셈을 할 수 있다.	1. 한자리 수인 세 수의 덧셈을 할 수 있다. 2. 한 자리 수인 세 수의 뺄셈을 할 수 있다. 3. 이어 세기를 통해 두 수를 바꾸어 더하고 그 결과를 비교할 수 있다. 4. 10이 되는 더하기를 할 수 있다. 5. 10에서 빼기를 할 수 있다. 6. 합이 10이 되는 두 수를 이용하여 세 수의 덧셈을 할 수 있다.	1. 단원 도입 2. 세 수의 덧셈을 어떻게 할까요 3. 세 수의 뺄셈을 어떻게 할까요 4. 놀이 수학 (콩 주머니로 덧셈놀이를 해요) 5. 두 수를 더해 볼까요 6. 10이 되는 더하기를 해볼까요 7. 10에서 빼 볼까요 8-9. 10을 만들어 더해 볼까요 10. 얼마나 알고 있나요 11. 탐구 수학: 세 수를 더해 볼까요

∘ 1학년은 수와 연산 영역 관련 단원이 일곱 개나 될 정도로 비중이 막중합니다. 그만큼 1학년 어린이에게 자연적 수세기나 연산을 넘어서 문화적 수세기와 연산으로 이행하는 것이 중요한 과업이라는 것을 알 수 있습니다.

∘ 세 수의 덧셈과 뺄셈은 아이들이 받아올림과 내림이 없는 덧셈과 뺄셈에 숙달한 경우 놀이 활동으로 운영할 수 있습니다. 바구니 3개에 1점, 2점, 3점 점수를 써 두고 콩 주머니 세 개를 던져서 나온 점수를 더해 보는 활동입니다. 바구니에 못 들어가면 0점입니다. 수식을 쓰고 답을 구하는 과정을 함께 합니다.

∘ 세 수의 뺄셈은 10의 보수 개념과 연계해서 10점을 주고 콩 주머니 두 개를 던져서 가장 점수가 작게 나오도록 놀이 규칙을 변경할 수 있습니다.

∘ 10이 되는 더하기와 10에서 빼기는 10의 보수 개념을 배웁니다. '10이 되는 짝꿍 수'로 손가락 열 개를 펼치고 접으면서 보수 개념을 익힐 수 있도록 합니다.

단원명	성취 기준	단원 학습 목표	차시 학습 목표
5. 시계 보기와 규칙 찾기	2수03-02 시계를 보고 시각을 '몇 시 몇 분'까지 읽을 수 있다. 2수04-01 물체, 무늬, 수 등의 배열에서 규칙을 찾아 여러 가지 방법으로 나타낼 수 있다. 2수04-02 자신이 정한 규칙에 따라 물체, 무늬, 수 등을 배열할 수 있다.	1. 시계를 보고 몇 시, 몇 시 30분을 말할 수 있다. 2. 몇 시, 몇 시 30분을 모형 시계로 나타낼 수 있다. 3. 물체, 무늬, 수 배열에서 규칙을 찾아 여러 가지 방법으로 나타낼 수 있다. 4. 자신이 정한 규칙에 따라 물체, 무늬, 수 등을 배열할 수 있다.	1. 단원 도입 2-3. 몇 시일까요 4. 놀이 수학: 시계 놀이를 해요 5. 규칙을 찾아 말해 볼까요 6. 규칙을 찾아 여러 가지 방법으로 나타내어 볼까요 7. 규칙을 만들어 무늬를 꾸며 볼까요 8. 수 배열에서 규칙을 찾아볼까요 9. 수 배열표에서 규칙을 찾아볼까요 10. 얼마나 알고 있나요 11. 탐구 수학: 포장지 무늬를 꾸며 볼까요

단원명	성취 기준	단원 학습 목표	차시 학습 목표

○ 디지털시계와 스마트폰 시계를 활용하면서 시계를 볼 기회가 점점 사라지는 시대입니다. 그러나 시계보기는 머릿속으로 생각하는 과정을 숙달할 수 있는 발달적 계기로 작용합니다.

○ 좋은 교구를 사용하는 것이 중요한 단원입니다. 분침을 움직이면 시침이 따라 움직이는 교구를 추천합니다. 교사용 큰 시계와 학생용 작은 시계가 준비되면 여러 가지 활동을 다양하게 할 수 있습니다. 시계 그림을 주고 시침 분침을 표시하는 것은 교구를 통해 충분히 학습한 다음에 할 수도 있고, 이 둘을 동시에 할 수도 있습니다.

○ 1학년에서 처음으로 규칙 찾기를 배웁니다. 탐구 수학은 통합 수업과 연계해서 하는 것이 좋습니다.

단원명	성취 기준	단원 학습 목표	차시 학습 목표
6. 덧셈과 뺄셈 (3)	2수01-04 하나의 수를 두 수로 분해하고 두 수를 하나의 수로 합성하는 활동을 통하여 수 감각을 기른다. 2수01-05 덧셈과 뺄셈이 이루어지는 실생활 상황을 통하여 덧셈과 뺄셈의 의미를 이해한다. 2수01-06 두 자리 수의 범위에서 덧셈과 뺄셈의 계산 원리를 이해하고 그 계산을 할 수 있다.	1. 10을 이용한 모으기와 가르기를 할 수 있다. 2. 덧셈 상황을 인식하고 여러 가지 방법으로 (몇)+(몇)=(십몇)을 계산할 수 있다. 3. (몇)+(몇)=(십몇)을 표로 만들고 이를 이용하여 덧셈을 할 수 있다. 4. 뺄셈 상황을 인식하고 여러 가지 방법으로 (십몇)-(몇)을 계산할 수 있다. 5. (십몇)+(몇)=(몇)을 표로 만들고 이를 이용하여 뺄셈을 할 수 있다.	1. 단원 도입 2. 10일 이용하여 모으기와 가르기를 해 볼까요 3-5. 덧셈을 해 볼까요 6-8. 뺄셈을 해 볼까요 9. 놀이 수학: 덧셈 뺄셈 놀이를 해요 10. 얼마나 알고 있나요 11. 탐구 수학: 덧셈식과 뺄셈식을 만들어 볼까요

○ 1학년 수학의 마무리 단원입니다. 받아올림과 내림이 있는 덧셈과 뺄셈입니다. 이 성취 기준을 위해 이미 3개의 단원을 통해 배웠습니다. 이렇게 하나하나 단계별로 분할된 단원으로 접근하는 것이 1학년 어린이들의 수 개념과 수 감각 학습에 도움이 되는지는 생각하고 탐구해 볼 문제입니다. '어려운 수학에 대한 사회적 인식'에 대한 대응책인지, 학문적 정합성이 있는 구성인지, 관습적 구성인지 따져 보아야 합니다. 그러나 한 가지 분명한 것은 이런 부분의 합이 저절로 어린이의 추상적 사고의 발달이나 수 개념 발달로 이어지지는 않을 것이라는 점입니다. 따라서 교사는 1부터 100까지의 수를 통한 십진법 체계의 학습과 받아올림과 내림이 있는 덧셈과 뺄셈이라는 길고도 짧은 목표를 늘 목전에 두고 아이들을 진단하고 교수-학습으로 이끌어야 합니다.

다 심화되거나 깊이 있는 수학적 사고를 요구"하는 활동으로 구성되어 있습니다. 비고란에는 현장 경험을 바탕으로 교과서와 단원을 활용하는 방식을 간략하게 제시했습니다.(〈표7〉과 〈표8〉은 교육부, 초등학교 1학년 1학기와 2학기 수학과 교사용 지도서를 참고했습니다. "학생들이 수학을 보다 쉽고 재미있게 느끼며 수학에 대한 긍정적인 마음을 지닐 수 있도록" 편성했다는 '수학은 내 친구'와 '수학으로 세상 보기'는 생략했습니다.)

초등학교 1학년 수학과 교육과정의 성취 기준과 교과서 내용 편성을 살펴보고, 어린이 수 개념의 문화화, 개념 체계로의 진입을 위한 재구성 방향을 구체적인 내용으로 간략하게 제시했습니다. 그러나 누누이 강조하듯이 수 개념 체계는 단순히 위계화라는 명목으로 하나하나 쪼개진 차시 학습의 총합으로 이루어지는 것은 아닙니다. 수 개념에 대한 이해는 어린이 정신기능 및 언어 능력의 발달과 밀접하게 연결되어 있습니다. 그래서 어린이 발달을 총체적으로 보고 접근하려고 노력해야 합니다.

수학과의 궁극적 목표를 역량과 핵심 개념과 일반화된 지식, 내용 요소와 기능으로 분리해서 접근하는 것은 방편적입니다. 교사는 총체적인 관점을 견지하면서 도구적으로 차시학습을 활용할 수 있어야 합니다. 결국 교육과정은 교실에서의 교수-학습을 통해 완성되는 셈입니다.

다음은 교실 활동을 통해 근접 학습 영역뿐 아니라 근접발달영역을 고려하면서 수학과의 성취 기준을 구체화하는 몇 가지 사례입니다.

구체와 추상을 넘나드는 어린이를 위한 도움닫기

"개똥이는 사과를 15개 땄고, 소똥이는 사과를 18개 땄습니다. 누가 사과를 얼마나 더 땄습니까?"

"말똥이가 읽은 책은 15권이고, 뱀똥이가 읽은 책은 18권입니다. 뱀똥이는 말똥이보다 책을 몇 권 더 많이 읽었습니까?"

"닭똥이는 밤을 15개 주웠고, 용똥이는 밤을 18개 주웠습니다. 닭똥이가 용똥이랑 밤을 똑같이 주우려면 몇 개를 더 주워야 합니까?"

위 문제들은 모두 1학년 2학기 수학 마지막 단원에서 활용할 수 있는 것들입니다. 이미 짐작하겠지만 이 문제를 읽고 뺄셈식을 만들어서 해결할 수 있는 아이들은 그렇게 많지 않습니다. 18-15=3이라고 즉각적으로 답을 쓸 수 있는 아이들도 이 문제에서는 "덧셈이에요? 뺄셈이에요?" 묻거나 "15-18=3"이라고 써서 가져옵니다. 어떤 학생들은 뺄셈 문제를 '앞에 나온 수에서 뒤에 나온 수를 빼는 것'으로 일상적인 개념을 사용하는 고정된 절차로 숙달하여, 이런 절차 자체가 '조건 반사'로 기능하게 되는 것입니다. 다른 학생들은 뺄셈은 고정된 절차이긴 하지만 '감수'에서 '피감수'라는 학문적 개념을 사용하여 지적인 방법으로 문제를 해결합니다.

우리 수학 교육의 문제는 바로 일상적 개념을 사용하는 고정된 절차로 문제풀이에 숙달하도록 하는 문화에 있습니다. 차시별로 쪼개진 방식으로 한 조각 한 조각 학습을 하면 이것이 통합되어 하나의 개념 체계를 만들 것이라는 착각이 낳은 그림자입니다. 1학년 수학 교육과정에서 가장 큰 비중을 차지하는 수와 연산 영역에서 가장 중요한 개념은 십진법으로 이루어진 수 체계입니다. 그러나 성취 기준 어디에도 '십진법'이라는 개념은 나타나지 않습니다. 일상생활의 문제를 해결하는 것이 초등 수학 교육의 중요한 목표인가에 대해서도 숙고해야 합니다. 일상적 개념을 넘어서 학문적 개념으로 수학을 접근할 수 있도록 근접발달영역을 창출해 가는 것이 수학 교육이 되어야 하는 것은 아닐까요?

다음에 제시되는 몇 가지 활동과 사례들은 비고츠키를 번역하고 공부하며 교실 현장에 적용하면서 몇 년 동안 다듬고 다듬어 왔던 것들입니다. 여기에 제시한 활동 사례들이 정답이라고 생각한 적은 한 번도 없습니다. 다만, 교과서의 분절적 학습 구조를 넘어서서 교실 생활 속에서 통합적으로 접근하며 우리 반 아이들의 발달을 진단하고 지원해야 겠다는 마음으로 시도해 보았던 것들입니다. 2012년에 처음 이런 의도로 시도를 했던 이 활동들의 발생적 형태와 지금의 형태는 많이 달라져 있습니다. 내년이면 또 달라질 것입니다. 나도 변화하고 있고, 나의 근무 환경과 조건도 변화하기 때문입니다.

50과 100을 갖고 놀기

3월, 아이들을 처음 만나고 일주일쯤 지나서 "우리말 우리글" 공부를 시작할 때 매쓰링크를 각각 50개씩 나누어 줍니다. 같은 색 블록을 10개씩 5묶음으로 지퍼 달린 봉지에 담아서 줍니다. 매쓰링크는 열 가지 색으로 10묶음으로 묶여 있는, 100까지의 수를 학습하는 교구입니다. 다양한 색깔을 주면 좋겠지만 관리의 편의를 위해서, 또 한편 교육적 의도를 갖고 아이들 모

두에게 같은 색으로 50개씩 줍니다.

"우리말 우리글" 공부를 할 때 ㄱ을 만들어 보기도 하고, ㄱ이 들어간 글자를 만들어 보기도 합니다. 여유가 있을 때는 이 블록을 갖고 만들고 싶은 것을 만들며 놀게 합니다. 총을 만들거나 칼을 만드는 아이들이 많았는데 요즘은 팽이를 만드는 아이들이 많습니다. 이런 놀이를 한 다음에는 딱 하나의 규칙이 있는데, "열 개씩 다섯 묶음으로 정리를 해야 한다"는 것입니다. 그럼 다음과 같은 사례들이 발생합니다.

아무리 찾아도 네 개가 남는다거나 여섯 개가 없다는 아이들입니다. 그러면 다시 잘 찾아보라고 합니다. 그래도 없으면 열 개 한 묶음을 옆에 비교하도록 놓아 줍니다. 그럼 아이들은 대체로 무엇이 문제였는지 알아냅니다. 아홉 개씩 다섯 묶음을 만들었거나 열한 개씩 네 묶음을 만든 경우들입니다. 열 개씩 한 묶음이 "10"이 된다는 것을 처음에는 이렇게 구체물을 가지고 지각을 기반으로 학습합니다. 이런 활동은 한 학기 동안 지속되고, 다양한 수학 활동에 활용합니다.

비교하기 단원에서는 정해진 시간 안에 매쓰링크를 한 개씩 릴레이로 옮겨서 비교하는 게임을 합니다. 1단계는 기준점을 정해 두고 길게 만들기, 2단계는 높이 세우기, 3단계는 바닥에 이어 조립해서 넓게 만들기, 4단계는 많이 옮겨 담아서 무겁게 만들기를 합니다. 4단계에서 무게를 비교하는 방식은 A4 종이 한 장을 부채 접기로 접은 다음 그 위에 접시를 올려놓고 접시에 매쓰링크 블록을 옮겨 담습니다. 종이 부채가 먼저 찌그러지는 팀이 이깁니다.

1학기 말, 1부터 50까지의 수를 배운 다음에는 매쓰링크 100개를 나누어 줍니다. 50개의 양감과 100개의 양감이 전혀 다르다는 것을 체험하는 것도 필요합니다. 공깃돌 50개와 100개, 콩 주머니 50개와 100개, 종이 50장과 100장의 양감이 다르고, 다루는 사물에 따라서도 다르다는 것을 체험할 필요도 있습니다. 100개의 매쓰링크로 높이 쌓기, 길게 연결하기 등의 활동을 해 봅니다. 2학기에는 100개의 블록을 갖고 노는 셈이고, 언제나처럼 열 개씩 열 묶음으로 정리해야 하는 규칙이 있습니다. 인류가 만들어 온 수 체계가 십진법으로 언제나 우리 주변에 존재하는 것처럼 그렇게 합니다.

백도표를 활용하는 것도 여러 가지로 도움이 됩니다. 교실 전면에 항상 백도표를 게시해 놓는 것은 아이들에게 자극이 되거나 흔적 기능이 됩니다. 10씩 뛰어 세기를 배울 때는 10, 20, 30의 수를 다른 색으로 표시하고, 홀수와 짝수를 배울 때는 홀수와 짝수의 색깔을 다르게 배열해 줍니다. 2씩 뛰어 세기, 5씩 뛰어 세기를 할 때도 도움

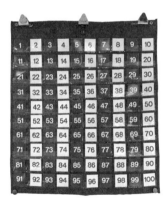

이 됩니다. 학년말 마무리 활동 때 2학년 교육과정을 예비하는 단계로 그런 활동을 해 볼 수 있습니다.

입체와 평면 같이 놀기

1학기에는 입체도형을 배우고, 2학기에는 평면도형을 배운다고 이 둘을 분리시켜서 접근하면 실제 개념 체계와도 맞지 않고 오히려 아이들이 잘못된 개념을 배울 수 있습니다. 생활 주변에서 볼 수 있는 것이 입체도형이기 때문에 입체도형에서부터 시작하고, 입체도형의 한 면을 그리면 평면도형이 된다는 식으로 접근하고 있는 현행 교육과정과 교과서는 어린이의 생각 발달에 대한 이해 없이, 단순히 수학의 논리적 경로를 단계적으로 파편화한 것은 아닌가 짐작해 봅니다.

그러나 실제 어린이들의 지각은 말 발달과 함께 달라집니다. 상자 모양, 둥근기둥 모양, 공 모양보다 세모, 네모, 동그라미라는 말을 아이들은 먼저 배웁니다. 그러다 보니 직육면체/상자 모양을 "네모"라고 하고, 공 모양/구를 "동그라미"라고 합니다.

입체도형은 평면도형과의 관계 속에서 파악되어야 하고, 평면도형은 입체도형과의 관계 속에 파악되어야 합니다. 1학년 아이들이 다 알고 있는 세모, 네모, 동그라미에서 입체도형으로 접근하거나, 주변의 물건들을 네모나 동그라미라고 할 수 없는 이유, 차이를 찾는 것에서 출발할 수도 있습니다. 평면도형이나 직선 등은 실제 구체물로는 존재하지 않으며 우리의 개념 속에만 존재한다는 말을 중학생이 되어 들었을 때 얼마나 낯설었는지 모릅니다. 몇 번이나 반복해서 되새기고 생각해 보았던 기억을 지금도 잊을 수 없습니다.

컴퓨터의 본체는 직육면체 모양을 하고 있지만 직육면체는 아닙니다. 그런데 우리는 직육면체와 비슷한 상자 모양이라는 이름으로 사물을 대합니다. 일상적 수준의 개념입니다. 그런데 이런 개념의 낱말을 정해 주지 않고 아이들에게 직접 지어 보라고 하는 것은 어떤 면에서 난센스 같습니다.

평면도형과 입체도형에서 어린이의 오개념 문제를 해결하기 위해서 다양한 교구들이 제작되었습니다. 물론 대부분 미국 제품이거나 복사본입니다. 직육면체의 한 면을 떼어서 사각형이라는 것을 보여 주거나 구를 반으로 잘라서 원으로 되어 있다는 것을 보여 줄 수 있게 되어 있습니다. 입체도형이 전개도처럼 펼쳐지는 교구도 있습니다. 그런데 우리나라 교과서는 스티커로 이것을 해결하려고 했던 적이 있을 정도로 조악합니다. 구체물이 수학 교육에서 필요한 이유는 어린이의 사고가 구체적 조작기이기 때문이 아니라 구체물을 통해 과학적 개념 형성과 추상적 사고의 발달을 도와줄 수 있기 때문입니다.

덧셈과 뺄셈의 관계

1학년 수학 교육과정에서 가장 어려운 것이 덧셈과 뺄셈의 관계였습니다. 불행인지 다행인지 2015 교육과정에서는 1학년 성취 기준에서는 빠지고 2학년으로 올라갔습니다. 1학년을 가르쳤던 경험에 따르면 실제 덧셈과 뺄셈의 관계를 이해하고 문제를 해결하는 경우는 많으면 20퍼센트, 고정된 절차로 숫자만 바꾸어 쓰면 된다는 조건반사로 문제를 푸는 아이들이 50~60퍼센트, 그마저도 안 되는 아이들이 10~30퍼센트였습니다.

이 문제를 어떻게 해결해야 하는 걸까 고민하면서 교과서 구성에 심각한 문제가 있다는 것을 알게 되었습니다. 즉, 1학년 1학기에 이제 겨우 손가락셈을 하면서 한 자리 수의 덧셈과 뺄셈을 익히고 있는 아이들에게 한 자리 수 범위에서 덧셈과 뺄셈의 관계를 익히고 풀라고 하고, 2학기 한 자리 수의 덧셈과 뺄셈을 숙달하고 이제 두 자리 수의 덧셈과 뺄셈을 익히고 있는 아이들에게 두 자리 수 범위에서의 덧셈과 뺄셈 관계의 문제를 해결하라고 제시하는 방식이었기 때문입니다.

2012년에 이런 문제를 확인하고 2013년에 1학년을 가르치게 됐을 때, 1학기에는 덧셈과 뺄셈의 관계를 가르치지 않았습니다. 그리고 2학기에 두 자리 수의 덧셈과 뺄셈 단원에 들어가지 전에 한 자리 수 덧셈 뺄셈을 하면서 덧셈과 뺄셈의 관계를 가르쳤습니다. 이미 숙달되어 쉽게 직관할 수 있는 범위에서 아이들은 수월하게 덧셈 식을 뺄셈식으로, 뺄셈식을 덧셈식으로 바꿀 수 있다는 것을 이해했습니다. 2학기에 두 자리수의 덧셈과 뺄셈을 익히고 나서 맨 마지막에 두 자리 수 범위에서 덧셈과 뺄셈의 관세를 가르쳤을 때 아이들은 이미 덧셈과 뺄셈의 관계를 한 자리 수에서 이해했기 때문에 어려움 없이 이해했습니다.

이미 1학년 교육과정에서 빠진 내용에 대해 군이 기술하는 이유는 교육과정을 현장 교사가 재구성하면서 개입하는 사례를 좀 더 구체적으로 제시하고 싶었기 때문입니다. 또 하나 교육과정 성취 기준을 1학년 1학기 수준은 더 적은 수의 범위에서 단원 목표로 제시하고, 1학년 2학기는 좀 더 넓은 수의 범위에서 단원 목표로 제시하는 방식으로 기계적으로 계열화하는 것이 지닌 맹점을 지적하고 싶었기 때문입니다. 어린이의 생각 발달과 개념 발달을 온전하게 교과서 집필 과정에 반영하고자 하지 않는다면 여전히 이런 식의 교과서 구성은 지속될 것이고 현장의 교사들은 언제나 그렇듯이 교육과정을 재구성하고 발달적 계기를 구성하기 위한 교수-학습을 설계하고 실천할 것이기 때문입니다.

생활에서 수학으로 놀기

생활에서 수학으로 논다는 것은 무엇일까요? 수학과 관련된 보드 게임을 많이 할 수 있게 하는 것일까요? 맞습니다. 보드 게임에 필요한 규칙을 숙지하고 게임에 참여할 수 있는 정도가 되는 것은 중요한 진단적 의미를 지닙니다. 문제는 그런 게임에 참여하지 못하거나 참여하면서도 규칙이 행동을 지배하도록 가상의 상황을 만들어 내지 못하는 아이들이 있다는 점입니다. 어린이 혼자 스스로 해결할 수 있는 실제 발달과 누군

가의 도움으로 해결할 수 있는 잠재적 발달의 사이인 근접발
달영역이 진단의 도구가 된다는 것은 그런 아이들을 위한 다
음 발달 영역을 예비할 수 있어야 한다는 것입니다.

　쉬는 시간이나 놀이 시간에 보드 게임을 하는 것도 좋고, 딱지
를 갖고 놀면서 온갖 새로운 놀이를 만들어 내고 그에 맞게 규칙
을 바꾸어 가는 일상적인 교실의 모습은 치열하면서도 아름답습
니다. 그 이면에서 교사는 무엇을 보아야 할까요? 아이들의 관계
를 보고, 규칙을 숙달하는 정도를 보고, 갈등의 극을 보고, 공허
한 언어를 봅니다. 그러한 모든 것이 놀기 위한 바탕이 됩니다.

　생활에서 수학으로 논다는 것을 교실 생활, 즉 교수-학습 상
황으로 한정해서 접근해 봅시다. 이것은 수학 수업뿐 아니라
국어, 통합, 창체 모든 수업 상황에서 1학년 교육과정 속의 수

학적 개념들을 도입한다는 뜻입니다. 의도적이고 의식적인 도입이지만 사전에 계획하거나 문서화한 도입은 아닙니다. 수학 교과 시간에 배운 개념들을 학교생활의 어느 장면에 도입해서도 구체화할 수 있도록 해야 한다는 의도를 교사가 품고 있었다는 점에서는 의도적이지만, 그것을 어느 시간, 어느 차시, 어느 장면에 반드시 도입하겠다고 의도적으로 계획하지는 않는다는 점에서 비계획적입니다.

미세먼지나 강풍, 강우, 폭염이 우리를 막지 않는 한 매일 학교의 화단을 산책합니다. 학교 건물의 동쪽 끝에서 서쪽 끝까지 가는 길에는 화단이 펼쳐져 있고 우리는 매일 점심을 먹기 위해 동쪽 끝에서 서쪽 끝으로 걸어가야 하기 때문입니다. 좀 더 넉넉하게 시간을 잡고 출발합니다. 원추리 싹부터 시작한 우리의 관찰 목록은 앵두와 복숭아꽃으로, 5-6학년 형님들이 가꾸는 상자 텃밭 속의 방울토마토와 고추, 가지로 늘어납니다. 6월이면 앵두꽃은 어느새 빨간 앵두가 되어 있습니다.

빨간 앵두를 확인하면 국어 시간이든 다른 시간이든 틈을 내어 앵두나무로 갑니다. 우리 학교의 다른 식구들도 먹어야 하니까 우리는 앵두를 한 사람이 다섯 개씩만 따자고 약속합니다. 다섯 개의 앵두를 깨끗하게 씻습니다. "앵두 같은 입술"이라는 관용어를 배웁니다. 진짜 입술이 앵두 같으냐고 물어보고 앵두 한 알을 입 속에 넣습니다. 얼마 되지 않는 앵두의 과육을 맛보면서 한 줄로 늘어섭니다. 그리고 동시에 앵두 씨를 멀리 뱉습니다. 누가 멀리 뱉었나 비교를 합니다. 선생인 나는 아이들보다 한참 앞에서 뱉습니다. 그리고 내가 가장 멀리 뱉었다고 우깁니다. 그럼 아이들은 선생님이 우리보다 앞에서 뱉었기 때문이라고 합니다. 그러면서 비교하기의 기준점을 배웁니다. 그러나 이런 체험으로만 끝나면 그냥 재미있었던 추억의 하나가 되어 사라질 것입니다.

교실로 돌아와 앵두 따 먹고 앵두 씨 멀리 뱉기를 한 체험에 대한 자기 생각이나 느낌을 모두 돌아가면서 나눕니다. 교사는 컴퓨터 화면을 큰 텔레비전에 띄우고 아이들의 말을 문장으로 만들어 받아 적습니다. 그리고 글쓰기용 학습지를 나누어 주고 "앵두"에 대한 글을 쓰도록 합니다. 함께 경험한 것이 이제 개별적인 글쓰기를 통해 개인화되고 기억과 기록 속에 구조화됩니다.

생활에서 수학으로 놀기는 일상적인 학교생활 속에서 특이점을 찾는 것입니다. 그것을 규칙이 있는 놀이로, 그것을 통한 배움으로, 일상적 경험을 과학적 개념으로 이행해 가는 과정을 돕는 구체와 추상의 길목을 만드는 것입니다.

비단 앵두뿐일까요? 딱지, 공깃돌, 전지, 방울토마토, 딸기, 복숭아 한 알 모두가 발달적 계기, 학습의 계기를 만들어 낼 수 있습니다.

통합:
삶을 가꾸는 어린이

주제별 교과서 어떻게 공부할까?
— 성취 기준 톺아보기

통합 교과는 바른 생활, 슬기로운 생활, 즐거운 생활 교과를 대주제로 통합하여 2009 개정 교육과정부터 주제별 교과서를 발행하고 있습니다. "봄, 여름, 가을, 겨울"이라는 시간 흐름에 따른 네 개의 주제와 "학교와 나, 가정, 이웃, 우리나라"로 공간 확대에 따른 네 개의 주제로 모두 여덟 개의 주제별 교과서를 사용했습니다. 그러다 2017년부터 적용하고 있는 2015개정 교육과정은 봄, 여름, 가을, 겨울, 학교, 가족, 마을, 나라 여덟 개의 주제는 거의 비슷하게 구성하면서도, 교과서를 봄, 여름, 가을, 겨울 네 종으로 발행하는 것으로 바꾸었습니다.

주제별 교과서가 현장에 도입될 당시 의견이 분분했지만 새롭고 획기적인 시도였다는 것은 분명합니다. 교사들의 자율적인 재구성을 오히려 막는다는 의견부터, 주제별 통합이라는 재구성 방식을 자연스럽게 교실 현장에서 실현할 수 있다는 의견까지 국정 교과서 체제에서 교과서 하나가 바뀐다는 것은 어쩔 수 없이 진통을 수반합니다. 이미 몇 년이 지난 지금 학교 현장은 빠르게 주제별 교과서에 적응했고, 주제별 교과서와 교육과정 자체도 재구성을 하며 활용하고 있습니다.

주제별 교과서 현장 적용에 대해 교육과정 개발진들은 다음과 같이 평가하고 있습니다. "주제가 있는 초등학교 수업으로 수업 풍경이 변화 중이며, 1, 2학년의 발달적 특성과 생활 경험에 맞는, 탈학문적인 학습 주제를 중심으로 통합하여 수업하는 문화가 정착하고 있으며, 바른 생활, 슬기로운 생활, 즐거운 생활 교과를 통합한 수업으로 학생들의 학교 수업은 일관성 있고 지속성 있는 유의미한 수업으로 변하고 있다."[*]고 말이지요.

과연 그런가 하는 면에서는 다양한 논점이 존재하겠지만, "1, 2학년 발달적 특성과 생활 경험에 맞는 탈학문적인 학습 주제"가 정말 1, 2학년의 발달적 특성과 맞는 것인가는 심각하게 고려해 봐야 합니다. 주제별 교과서가 지닌 의미를 "초등학교 1, 2학년 학생의 발달 단계적 특성과 배움 방식에 맞다"[*]는 것에서 찾는 것 역시 같은 맥락으로 읽힙니다. 정말 탈학문적, 교과 융합적 접근을 해야 하는 것이 이미 통합적인 초등학교

[*] 교육부(2017-c), 초등학교 교사용 지도서 1-1: 바른 생활, 슬기로운 생활, 즐거운 생활. p.11.

1, 2학년 어린이들에게 필요한 것인가, 이미 분과 학문으로 파편화된 고등 교육에 더 필요한 접근인가, 하는 의문이 듭니다.

통합 교육과정 역시 학년군제를 적용하고 있지만, 성취 기준은 핵심 개념(소주제)을 두 개로 제시하여 학년별로 구분이 가능하도록 하고 있습니다. 〈표9〉는 통합 교과의 내용 체계표입니다. 내용 체계는 성취 기준 기술의 근거가 됩니다. 성취 기준이 나열식이라 흐름을 읽기 어렵다면 내용 체계의 도움을 받을 수 있습니다. 어떤 영역은 1번이 1학년용이고, 어떤 영역은 2번이 1학년용입니다. 왜 이렇게 순서를 들쭉날쭉 구성했는지는 내용 체계를 봐도 이해가 되지 않습니다.(〈표9〉에서는 1학년 소주제는 밑줄로 표시를 했습니다.) 내용 체계에서 기존 교과의 영역을 대주제로 제시하고, 핵심 개념을 소주제로 제시하고 있습니다. 내용 요소는 세 개의 교과별로 제시하고, 기능 역시 교과별 기능으로 제시했습니다.

〈표10〉은 1학년 통합 교과의 성취 기준입니다. 각 성취 기준은 코드화되어 있습니다. '2바01-01'에서 '2'는 1~2학년군의 성취 기준이라는 뜻이며, '바' 는 바른 생활, '01-01'은 대주제 중 첫째인 '학교' 중 첫째 성취 기준이라는 뜻입니다. '2슬04-03'은 슬기로운 생활의 넷째 대주제인 '여름'의 셋째 성취 기준이라는 뜻입니다. 2학년 성취 기준은 제외했습니다. 2학년과의 연계성이 궁금하면 〈표9〉의 내용 체계를 참고하면 됩니다. 해당 성취 기준이 들어 있는 학기와 단원도 표시하지 않았

습니다. 코드의 대주제를 확인하면 바로 해당 학기를 알 수 있기 때문입니다. 이를 통해 우리가 알 수 있는 것은 다른 교과와 달리 통합 교과는 연계되거나 지속, 누가되는 성취 기준이 존재하지 않는다는 점입니다.

〈표11〉과 〈표12〉는 교과별로 몇 가지 성취 기준과 평가 기준을 대주제(영역)가 골고루 반영되도록 선별한 것입니다. 2015개정 교육과정은 일반적이고 포괄적으로 진술된 성취 기준을 별도의 연구를 통해서 이를 평가 준거 성취 기준으로 나누고, 이를 다시 평가 기준 3단계로 세분화해서 제시하고 있습니다. 교과서는 주제별로 개발되었지만, 교육과정 성취 기준 및 평가 기준은 바른 생활, 슬기로운 생활, 즐거운 생활로 나뉘어 개발되어 각 교과마다 평가 기준을 선정하는 방식에 조금씩 차이가 있습니다.

교육과정의 성취 기준을 분석하여 세부 학습 내용 요소를 검토하여 누락 없이 그대로 평가 기준으로 기술하거나 하위 요소로 세분하여 기술하였다는 것은 세 교과 모두의 공통 요소입니다. 학습자 수업 부담 문제를 특별히 염두에 둔 것으로 보입니다. 그러나 바른 생활은 별도의 평가 준거 성취 기준을 개발하지 않았고, 상/중/하의 수준을 구분하기 위해 '실천'이라는 기준을 사용하여, 실천 여부를 강조하였다고 밝히고 있습니다.

슬기로운 생활은 성취 기준이 복문인 경우 이를 나누어 병

표9 초등학교 1-2학년 통합 교과 내용 체계

영역	핵심 개념	일반화된 지식	내용 요소		
			바른 생활	슬기로운 생활	즐거운 생활
1. 학교	1.1 학교와 친구	학교는 여러 친구와 함께 생활하는 곳이다.	학교생활과 규칙	•학교 둘러보기 •친구 관계	•친구와 놀이 •교실 꾸미기
	1.2 나	나는 몸과 마음으로 이루어져 있다.	몸과 마음의 건강	•몸의 각 부분 알기 •나의 재능, 흥미 탐색	•나의 몸,감각,느낌 표현 •나에 대한 공연·전시
2. 봄	2.1 봄맞이	사람들은 봄의 자연 환경에 어울리는 생활을 한다.	•건강 수칙과 위생	•봄 날씨와 생활 이해 •봄철 생활 도구	•봄 느낌 표현 •집 꾸미기
	2.2 봄 동산	봄에 볼 수 있는 동식물은 다양하며 봄에 할 수 있는 활동과 놀이가 있다.	•생명 존중	•봄 동산 •식물의 자람	•동식물 표현 •봄나들이
3. 가족	3.1 가족과 친척	사람들은 가족과 친척의 관계 속에서 살아간다.	•가정 예절	•가족의 특징 •가족·친척의 관계, 가족 행사	•가족에 대한 마음 표현 •가족 활동 및 행사 표현
	3.2 다양한 가족	가족의 형태는 다양하며, 구성원마다 역할이 있다.	•배려와 존중	•다양한 형태의 가족 •가족 구성원의 역할	•집의 모습 표현 •가족 역할 놀이
4. 여름	4.1 여름맞이	사람들은 여름의 자연 환경에 어울리는 생활을 한다.	•절약	•여름 날씨와 생활 이해 •여름철 생활 도구	•여름 느낌 표현 •생활 도구 장식·제작
	4.2 여름생활	여름에 볼 수 있는 동식물은 다양하며 여름에 할 수 있는 활동과 놀이가 있다.	•여름 생활 및 학습 계획	•여름 동식물 •여름방학 동안 하는 일	•여름 동식물 표현 •여름철 놀이
5. 마을	5.1 우리이웃	이웃은 서로의 생활에 영향을 미친다.	•공중도덕	•이웃의 생활 모습 •공공장소, 시설물	•이웃 모습과 생활 표현 •공공장소 시설물 활용 놀이
	5.2 우리동네	내가 생활하는 동네에는 서로 다른 일을 하는 사람들이 있다.	•일의 소중함	•동네에 있는 것들 •동네 사람들이 하는 일, 직업	•동네 모습 표현 •직업 놀이

영역	핵심 개념	일반화된 지식	내용 요소		
			바른 생활	슬기로운 생활	즐거운 생활
6. 가을	6.1 가을맞이	사람들은 가을의 자연 환경에 어울리는 생활을 한다.	•질서	•가을 날씨와 생활 이해 •가을의 특징 알기	•가을의 모습과 느낌 표현 •가을 놀이
	6.2 가을 모습	명절은 사람들의 생활과 관계가 있다.	•감사	•추석, 세시 풍속 •낙엽, 열매	•민속놀이 •낙엽, 열매 표현
7. 나라	7.1 우리나라	우리나라에는 아름다운 전통이 있고 우리나라만의 특별한 상황이 있다.	•나라 사랑	•우리나라의 상징과 문화 •남북한의 생활 모습과 문화	•우리나라의 상징 표현 •남북한의 놀이, 통일에 대한 관심 표현
	7.2 다른 나라	각 나라는 독특한 문화를 가지고 있다.	•타문화 공감	•다른 나라 문화 •다른 나라 노래, 춤, 놀이	•다른 나라의 노래, 춤, 놀이 즐기기 •문화 작품, 공연 감상
8. 겨울	8.1 겨울맞이	사람들은 겨울의 자연 환경에 어울리는 생활을 한다.	•나눔과 봉사	•겨울 날씨와 생활 이해 •겨울철 생활 도구	•겨울 느낌 표현 •놀이 도구 제작
	8.2 겨울나기	사람과 동식물은 겨울 환경에 적응하며 생활한다.	•동식물 보호 •겨울 생활 및 학습 계획	•동식물 탐구 •겨울에 하는 일	•동물 흉내 내기 •겨울철 신체 활동

	바른 생활	슬기로운 생활	즐거운 생활
기능	되돌아보기 스스로 하기 내면화하기 관계 맺기 습관화하기	관찰하기 무리 짓기 조사하기 예상하기 관계망 그리기	놀이하기 표현하기 감상하기

표10 1학년 통합 교과 성취 기준

교과	교육과정 성취 기준
바른 생활	2바01-01 학교생활에 필요한 규칙과 약속을 정해서 지킨다.
	2바02-02 봄에 볼 수 있는 동식물을 소중히 여기고 보살핀다.
	2바03-01 가족 및 친척 간에 지켜야 할 예절을 실천한다.
	2바04-01 여름철의 에너지 절약 수칙을 알고 습관화한다.
	2바05-01 공공장소의 올바른 이용과 시설물을 바르게 사용하는 습관을 기른다.
	2바06-02 추수하는 사람들의 수고에 감사하는 태도를 기른다.
	2바07-01 우리와 북한이 같은 민족임을 알고, 통일 의지를 다진다.
	2바08-01 상대방을 배려하며 서로 돕고 나누는 생활을 한다.
슬기로운 생활	2슬01-01 학교 안과 밖, 교실을 둘러보면서 위치와 학교생활 모습 등을 알아본다.
	2슬01-02 여러 친구의 다양한 특성을 이해하고 친구와 잘 지내는 방법을 알아본다.
	2슬02-03 봄이 되어 볼 수 있는 다양한 동식물을 찾아본다.
	2슬02-04 봄에 씨앗이나 모종을 심어 기르면서 식물이 자라는 모습을 관찰한다.
	2슬03-01 우리 가족의 특징을 조사하여 소개한다.
	2슬03-02 나와 가족, 친척의 관계를 알고 친척과 함께 하는 행사나 활동을 조사한다.
	2슬04-01 여름 날씨의 특징과 주변의 생활 모습을 관련짓는다.
	2슬04-02 여름에 사용하는 생활 도구의 종류와 쓰임을 조사한다.
	2슬05-01 이웃과 더불어 생활하는 모습을 조사하고 발표한다.
	2슬05-02 이웃과 함께 쓰는 장소와 시설물의 종류와 쓰임을 탐색한다.
	2슬06-02 여러 가지 자료를 활용하여 가을의 특징을 파악한다.
	2슬06-03 추석에 대해 알아보고 다른 세시 풍속과 비교한다.
	2슬07-01 우리나라의 상징과 문화를 조사하여 소개하는 자료를 만든다.
	2슬07-02 남북한의 공통점과 차이점을 비교한다.
	2슬08-01 겨울 날씨의 특징과 주변의 생활 모습을 관련짓는다.
	2슬08-02 겨울철에 쓰이는 생활 도구의 종류와 쓰임을 조사한다.
즐거운 생활	2즐01-01 친구와 친해질 수 있는 놀이를 한다.
	2즐01-02 다양한 방법으로 교실을 꾸민다.
	2즐02-03 봄에 볼 수 있는 동식물을 다양하게 표현한다.
	2즐02-04 여러 가지 놀이나 게임을 하면서 봄나들이를 즐긴다.
	2즐03-01 가족 구성원이 하는 역할을 고려하여 고마운 마음을 작품으로 표현한다.
	2즐03-02 가족이나 친척이 함께 한 일을 다양한 방법으로 표현한다.
	2즐04-01 여름의 모습과 느낌을 창의적으로 표현한다.
	2즐04-02 여름에 사용하는 생활 도구를 여러 가지 방법으로 표현한다.

2즐05-01 이웃의 모습과 생활을 다양하게 표현하고 이웃과 함께 할 수 있는 놀이를 한다.

2즐05-02 주변의 장소와 시설물을 이용하여 놀이한다.

2즐06-02 가을과 관련한 놀이를 한다.

2즐06-03 여러 가지 민속놀이를 한다.

2즐07-01 우리나라의 상징을 여러 가지 방법으로 표현한다.

2즐07-02 남북한에서 하는 놀이를 하고, 통일을 바라는 마음을 다양하게 표현한다.

2즐08-01 겨울의 모습과 느낌을 창의적으로 표현한다.

2즐08-02 여러 가지 놀이 도구를 만들어 겨울 놀이를 한다.

가 준거 성취 기준으로 제시하였고, 미분화·통합된 시기이며 문해력 수준이 낮으므로 발달 수준을 고려하여 평가 기준을 마련하였다고 밝히고 있습니다. '중' 이상의 평가 기준에 도달할 것을 가정하고 있으며 '하'의 경우도 부정적인 진술은 사용하지 않는 것을 원칙으로 개발했습니다. 교과 역량과 기능을 반영할 뿐 아니라 학생 참여형 수업을 촉진할 수 있도록 평가 기준을 개발했다고 합니다.

즐거운 생활은 '중' 이상의 평가 기준 도달을 가정하고 개발하였으며, 상/중/하의 의미가 명료하게 구분되도록 진술하였다고 합니다. '하' 수준의 평가 기준에 부정적인 표현을 사용하지 않는 것은 슬기로운 생활과 같을 뿐 아니라 모든 교과의 평가 기준에 동일하게 적용하는 것처럼 보입니다. 즐거운 생활도 학생 참여형 수업을 촉진할 수 있는 평가 기준을 개발하였다고 합니다.

표11 1학년 1학기 통합 교과 성취 기준과 평가 기준

교과	교육과정 성취 기준	교육과정 평가 기준
바른 생활	2바01-01 학교생활에 필요한 규칙과 약속을 정해서 지킨다.	**상** 학교생활에 필요한 규칙과 약속을 정하고 스스로 실천할 수 있다. **중** 학교생활에 필요한 규칙과 약속을 정하여 실천하려고 노력한다. **하** 학교생활에 필요한 규칙과 약속을 정하는 데 참여한다.
	2바03-01 가족 및 친척 간에 지켜야 할 예절을 실천한다.	**상** 가족 및 친척 간에 지켜야 할 예절을 알고 생활 속에서 꾸준히 실천할 수 있다. **중** 가족 및 친척 간에 지켜야 할 예절을 알고 실천하려고 노력한다. **하** 가족 및 친척 간에 지켜야 할 예절에 대해 말할 수 있다.
슬기로운 생활	2슬02-04 봄에 씨앗이나 모종을 심어 기르면서 식물이 자라는 모습을 관찰한다.	**상** 씨앗이나 모종을 심고 식물이 자라는 모습을 관찰한 후 세부적인 특징을 살려 글과 그림으로 나타낼 수 있다. **중** 씨앗이나 모종을 심고 식물이 자라는 모습을 관찰하여 글과 그림으로 나타낼 수 있다. **하** 씨앗이나 모종을 심고 식물이 자라는 모습을 관찰할 수 있다.
	2슬04-02 여름에 사용하는 생활 도구의 종류와 쓰임을 조사한다.	**상** 여름에 사용하는 다양한 생활 도구를 조사하고, 쓰임에 맞게 구분할 수 있다. **중** 여름에 사용하는 여러 가지 생활 도구의 쓰임을 설명할 수 있다. **하** 여름에 사용하는 여러 가지 생활 도구를 말할 수 있다.
즐거운 생활	2즐02-04 여러 가지 놀이나 게임을 하면서 봄나들이를 즐긴다.	**상** 여러 가지 놀이나 게임의 방법을 익혀 친구를 배려하며 즐겁게 참여하면서 봄나들이를 즐긴다. **중** 여러 가지 놀이나 게임 활동에 즐겁게 참여하면서 봄나들이를 즐긴다. **하** 여러 가지 놀이나 게임을 하며 봄나들이에 참여한다.
	2즐04-01 여름의 모습과 느낌을 창의적으로 표현한다.	**상** 여름의 특징을 파악하여 여름의 모습과 느낌이 잘 드러나도록 창의적으로 표현한다. **중** 여름의 모습과 느낌이 드러나도록 표현한다. **하** 여름의 모습과 느낌을 표현하는 활동에 참여한다.

초등학교 1학년 열두 달 이야기

표12 1학년 2학기 통합 교과 성취 기준과 평가 기준

교과	교육과정 성취 기준	교육과정 평가 기준
바른 생활	2바05-01 공공장소의 올바른 이용과 시설물을 바르게 사용하는 습관을 기른다.	상 공공장소를 올바로 이용하고 시설물을 바르게 사용해야 하는 이유와 그 방법을 알고 생활 속에서 실천할 수 있다. 중 공공장소를 올바로 이용하고 시설물을 바르게 사용해야 하는 이유와 그 방법을 말할 수 있다. 하 공공장소와 공공 시설물의 예를 말할 수 있다.
	2바08-01 상대방을 배려하며 서로 돕고 나누는 생활을 한다.	상 상대방을 배려하며 서로 돕고 나누는 생활에 대해 알고 꾸준히 실천할 수 있다. 중 상대방을 배려하며 서로 돕고 나누는 생활에 대해 알고 실천할 수 있다. 하 상대방을 배려하며 서로 돕고 나누는 생활에 대해 말할 수 있다.
슬기 로운 생활	2슬06-03 추석에 대해 알아보고 다른 세시 풍속과 비교한다.	상 추석의 의미, 추석에 먹는 음식과 하는 일 등을 알고, 추석이 다른 세시 풍속과 비교하여 어떤 점이 다른지 구분하여 발표할 수 있다. 중 추석에 먹는 음식과 하는 일 등을 알고, 추석이 다른 세시 풍속과 다른 점을 이야기할 수 있다. 하 추석에 먹는 음식과 하는 일 등을 말할 수 있다.
	2슬07-01 우리나라의 상징과 문화를 조사하여 소개하는 자료를 만든다.	상 우리나라를 나타낼 수 있는 것, 대표하는 것, 자랑할 수 있는 것들을 조사하고, 소개하는 자료를 만들어 발표할 수 있다. 중 우리나라를 나타낼 수 있는 것, 자랑할 수 있는 것을 조사하고 소개하는 자료를 만들 수 있다. 하 우리나라를 나타낼 수 있는 것, 자랑할 수 있는 것에 대하여 말할 수 있다.
즐거운 생활	2즐07-01 우리나라의 상징을 여러 가지 방법으로 표현한다.	상 우리나라의 상징을 파악하고 상징에 담긴 의미가 잘 나타나도록 여러 가지 방법으로 표현한다. 중 우리나라의 상징을 파악하고 여러 가지 방법으로 표현한다. 하 우리나라의 상징을 표현하는 활동에 참여한다.
	2즐08-02 여러 가지 놀이 도구를 만들어 겨울 놀이를 한다.	상 여러 가지 놀이 도구를 튼튼하게 만들고 즐겁고 적극적으로 겨울 놀이에 참여한다. 중 여러 가지 놀이 도구를 만들어 겨울 놀이에 즐겁게 참여한다. 하 간단한 놀이 도구를 만들어 겨울 놀이에 참여한다.

이런 평가 기준 개발 방향이 실제 평가 기준에 잘 반영되어 있는지는 〈표11〉과 〈표12〉에 예시된 성취 기준과 평가 기준을 보고 독자들이 판단할 수 있으리라 생각합니다. 딱 한 가지만 지적하자면, '2즐04-01'에 대한 평가 기준 상/중/하의 구분은 "창의적으로 표현한다/표현한다/참여한다"로 나타나고 있습니다. 창의적으로 표현한 것과 그냥 표현한 것의 차이는 어디에 있을까요? 무엇이 창의적이고 무엇이 창의적이지 않은 것일까요? 혹시, "모방"을 창의적이지 않은 것으로 판단하는 것은 아닐까요? 꼬리에 꼬리를 무는 질문을 하게 만듭니다.

현장을 바탕으로, 교과서와 단원 활용
— 통합 교과서 톺아보기

봄, 여름, 가을, 겨울 네 권의 주제별 교과서는 교수·학습 자료로서 교과서가 해 왔던 고유의 역할뿐 아니라 수업 여건에 맞춰 재구성하는 교과서, 재구성이 가능한 교과서, 나아가 교사와 학생이 원하는 수업을 직접 만들어 사용하는 교과서를 지향하고 있습니다. '수업 만들기'로 계획된 차시는 학생들이 참여하여 학교와 교실에 최적화된 수업을 실행한다고 밝히고 있습니다. 단원마다 3~4차시로 제시된 구성 차시인데, 이 구성 차시는 단원의 하위 주제마다 1차시씩 배분된 것입니다.

모방했다고 나쁜 게 아니에요

2009개정 교육과정의 '가족' 주제별 교과서에 우리 집의 모습을 떠올려서 평면도로 그려 보는 활동이 나왔습니다. 한 아이가 우리 집의 모습을 그리는데 옆에 앉은 아이가 친구 그림을 그대로 따라하는 것을 보았습니다. 두 집이 똑같은 구조로 되어 있을 리는 없습니다. 이 아이는 왜 모방을 했을까요? 입체적인 집의 모습을 머릿속에 떠올리고, 그것을 평면화해서 평면도로 그리는 것은 하고 싶은 말을 떠올려서 글로 쓰는 것과 같은 '이중의 추상화'를 요구하는 고난도 작업입니다.

그 아이는 어린이집과 유치원을 4년 다녔고, 선행 학습용 학습지를 세 과목 이상하고 있음에도 5월까지 글 읽기를 매우 힘들어하는 아이였습니다. 3월에 진단할 때는 전혀 드러나지 않았는데, 4월이 되어 드러났습니다. 3월 초, 간단한 낱말 읽기로 진단을 할 때 외워서 읽었고, 읽지 못해도 입모양만 움직여서 읽고 있는 것처럼 가장했던 것입니다. 학교에 들어와서 이런 습관을 형성한 것이 아니라 이미 유치원에서부터 그런 습관이 형성되어 있었던 것처럼 보였습니다.

그렇다면 교사는 이 아이의 평면도 작품을 어떻게 평가해야 할까요? 창의적이지도 못하고 그대로 구현하지도 못하니 '하'를 주는 것이 맞는 것일까요? 이 아이에 대해 파악하고 있었기 때문에 무엇이 문제인지 바로 진단할 수 있었습니다. 앞으로 나오게 해서 아이와 문답을 주고받았습니다.

"집에 들어가는 문을 어디에 만들고 싶어?"

"이쪽이요."

"문으로 들어가면 뭐가 있어?"

"신발이랑 신발장이랑 거울이랑……."

"신발을 벗고 들어가면 제일 먼저 뭐가 보여?"

이렇게 문답을 통해서 평면도를 그린 뒤 집으로 가져가서 실제 집 모양과 똑같은지, 다르면 어디가 다른지 표시해 오라고 했습니다. 그리고 그 다음에는 이제 스스로 떠올려서 그림을 그려 보라고 했습니다. 집에 가서는 우리 교실에 뭐가 있는지를 그려 오라고 했습니다.

이 아이는 혼자서는 할 수 없었기 때문에 모방을 한 것입니다. 교사의 도움을 받으면 할 수 있기 때문에 근접발달영역을 확인한 것이고 그 진단에 근거해서 아이가 추상적으로 사고하고 그림이나 문자로 구현하는 과정을 학습하도록 도왔습니다. 과정 중심 평가가 진짜 필요한 이유는 구호가 아니라 이런 사례를 통해서 발견되어야 합니다.

이를 통해 우리는 통합 교과에서 상정하고 있는 교육과정 재구성이 차시 수준의 재구성이라는 것을 알 수 있습니다. "수업 여건에 맞춰 재구성하는 교과서, 시대적 요청에 맞추어 재구성이 가능한 교과서, 나아가 교사와 학생이 원하는 수업을 직접 만들어 사용할 수 있는 교과서로 개발"하였지만, 그것은 정해진 차시 수준에서의 재구성일 뿐입니다. "교과서의 차시를 여건에 맞춰 재구성할 수 있"지만, 이는 '주제 만나기'에서 "차시의 순서를 조정하고, 활동을 수정하고, 소재를 대체하는 체제로 개발"된 낮은 수준의 재구성을 지향하고 있습니다.*

단원은 소주제(핵심 개념)를 중심으로 제목을 정했습니다. 각 단원은 서너 개의 하위 주제로 세분됩니다. 각 하위 주제는 '주제 만나기-주제 학습하기-주제 학습 마무리하기'로 진행됩니다. 주제 만나기는 주제에 대한 개인 경험을 나누고 차시 활동을 살펴보며 주제 학습을 위한 공부 게시판을 준비하는 활동 등으로 구성됩니다. 주제 학습하기는 '하기'와 '알기'로 구성됩니다. 주어진 교육 내용을 경험하고, 활동하고, 체험한 다음, 경험·활동·체험을 통해 습득한 교과 개념과 기능을 정의하고, 설명하고, 보여 줍니다. 주제 학습 마무리는 학습한 내용을 종합하고 성찰하며 성취 기준을 중심으로 학습한 것을 평가합니다.

매우 일반적으로 기술된 성취 기준을 다른 교과에서는 단원 학습 목표나 차시 목표로 세분화해서 위계적으로 제시하고 있

---

* 교육부(2017-c) 앞의 책, p.16.

는 것과 달리 통합 교과에서는 하위 주제를 중심으로 나열해 놓고 있습니다. 주제 학습하기는 '하기'와 '알기'로 경험·활동·체험을 통한 알기를 지향하지만 나열된 차시명이나 성취 기준에는 경험·활동·체험을 넘어서 무엇을 알게 되는지 분명하게 드러내지는 못하고 있는 것처럼 보입니다.

이런 한계는 교과서 속에 고스란히 드러납니다. "3월에 배우는 '봄' 교과서나 11월에 배우는 '겨울' 교과서나 모두 '그림책'"이라는 자조가 흘러나옵니다. 일 년 동안 변함없이 그림 중심의 교과서 구성을 유지하고 있습니다. 통합 교과서는 그림책이라 수업 시간에 펼칠 필요가 없다는 얘기가 나오는 이유입니다. 1학년 어린이 발달에서 핵심은 문해를 통한 정신기능의 발달입니다. 6월이면 국어 교과에서 문장 쓰기를 배우고 겪은 일을 글로 쓰는 방향으로 진행됩니다. 2학기에는 설명하는 글이 나오고 내용을 파악하고 있는지를 확인하는 활동들이 나옵니다. 적어도 1학년 어린이들의 문해 발달에 맞추어 교과서 구성은 봄, 여름, 가을, 겨울마다 달라져야 합니다.

또 하나는 놀이에 대한 이해가 "규칙을 지키며 즐겁게 참여한다"의 기술 이상을 넘어서지 못한다는 것입니다. 역할놀이라는 가상의 상황과 역할이 행동을 지배하던 것에서 규칙 기반 놀이에서는 규칙이 만들어 내는 가상의 상황이 의미를 만들어 내고 그에 따라 행동하게 되는 이행을 주목해야 합니다. 따라서 놀이 중심으로 구성된 즐거운 생활 수업에서는 규칙 기반 놀이를 적극적으로 활용할 필요가 있습니다.

결국 이런 한계는 교수-학습을 통해서 해결되어야 합니다. 나열식으로 제시된 차시 수업을 구조화하고 경험·활동·체험을 통한 개념적 이해를 더 명시적으로 지원하며, 문해 발달에 따라 통합 교과의 학습 주제와 연관된 읽기와 쓰기를 활용하고, 규칙 기반 놀이를 적극적으로 도입해야 합니다. 이런 가능성을 탐색하고 실천하는 데 도움을 주기 위해 〈표13〉과 〈표14〉에 주제별 성취 기준, 단원명, 차시명을 제시하였습니다.

하위 주제는 〈눈으로 살펴보아요〉, 〈마음으로 가꿔요〉, 〈온몸으로 즐겨요〉처럼 꺾쇠 표시를 해서 구성 차시 부분에 삽입했습니다. 하위 주제를 명시적으로 밝히지 않은 단원도 있었지만 구성 차시에 주제를 임의로 넣었습니다. 비고란에는 현장 경험을 바탕으로 교과서와 단원을 활용하는 방식을 간략하게 제시했습니다.

통합 교과의 성취 기준이나 단원명, 차시명은 모두 내용 중심으로 구성되어서 체계화하기가 어렵습니다. 또한 놀이를 할 때 필요한 신체 기능이나 표현을 할 때 필요한 조형 요소, 음악 요소 등에 대해서는 전혀 언급하지 않고 있습니다. 성취 기준이나 평가 기준에도 언급되지 않고 교과서에 그림으로만 제시된 것을 가르치고 평가를 해야 하는 것인가 교사로서도 헷갈리고 어렵습니다. 1, 2학년의 발달에 맞춘다는 통합 교육에 대

표13 1학년 1학기 통합 주제별 성취 기준 및 유의점

대주제	성취 기준	단원명	차시명
봄	2바01-01 학교생활에 필요한 규칙과 약속을 정해서 지킨다. 2슬01-01 학교 안과 밖, 교실을 둘러보면서 위치와 학교생활 모습 등을 알아본다. 2슬01-02 여러 친구의 다양한 특성을 이해하고 친구와 잘 지내는 방법을 알아본다. 2즐01-01 친구와 친해질 수 있는 놀이를 한다. 2즐01-02 다양한 방법으로 교실을 꾸민다.	1. 학교에 가면	1. 학교에 가면 2. 우리들은 1학년 3. 학교 가는 길 4. 운동장에서 5. 이런 교실도 있어요 6. 친구야, 안녕 7. 약속을 해요 8. 친해지고 싶어요 9. 어깨동무해요 10. 우리 교실을 꾸며요 11. '학교에 가면' 안녕!

o 3월 입학식 다음부터 진행되는 학교생활과 공간에 대한 이해, 학급 친구들에 대한 이해를 중심으로 구성된 단원입니다. 보통은 창의적 체험 활동으로 입학 적응기 교육을 편성하기 때문에 이 둘을 통합해서 진행합니다. 3월 말, 입학 적응기 교육을 마치고 한 달간의 적응 기간을 잘 마친 것을 축하해 주는 의미로 교과서를 나누어 주는 것도 의미가 있습니다.

	성취 기준	단원명	차시명	
	2바02-02 봄에 볼 수 있는 동식물을 소중히 여기고 보살핀다. 2슬02-03 봄이 되어 볼 수 있는 다양한 동식물을 찾아본다. 2슬02-04 봄에 씨앗이나 모종을 심어 기르면서 식물이 자라는 모습을 관찰한다. 2즐02-03 봄에 볼 수 있는 동식물을 다양하게 표현한다. 2즐02-04 여러 가지 놀이나 게임을 하면서 봄나들이를 즐긴다.	2. 도란도란 봄동산	1. 도란도란 봄 동산 〈눈으로 살펴보아요〉 2. 봄이 왔어요 3. 봄 친구들을 만나요 4. 봄아! 반가워 5. 봄을 따라 해요 6. 봄 동산에 사는 친구들 7. 생명은 소중해요 8. 씨앗을 심어요 〈마음으로 가꿔요〉 9. 새싹과 친구가 되어 10. 싹이 자라요	11. 새싹과 꽃 12. 우리가 도와줄게 13. 나무야, 사랑해 14. 조물조물 봄과 놀기 〈온몸으로 즐겨요〉 15. 약속해요 16. 봄놀이 가요 17. 봄놀이 다녀왔어요. 18. '도란도란 봄 동산' 안녕!

o 학교생활에 어느 정도 익숙해지면 3월 중순 학교 화단과 운동장을 산책하는 것으로 봄에 볼 수 있는 동식물을 찾아보고 관찰합니다. 개나리, 진달래, 산수유, 목련 같은 나무와 냉이, 민들레, 애기똥풀 같은 풀은 일 년 내내 관찰할 수 있습니다. 돋보기나 확대경을 준비해 두면 좋습니다. 아이들은 식물보다는 동물에 더 관심을 보입니다. 참새나 까치, 개구리 알과 올챙이, 벌이나 개미, 거미 등은 보편적으로 관찰 가능합니다.
o 씨앗 심기는 여름 놀이로 봉숭아 물들이기와 연결할 수 있도록 '봉숭아씨'를 우유갑이나 재활용 종이컵에 심어서 관찰합니다. 매일 물을 주고 관찰하는 과정은 싹이 나서 자라는 과정을 역할극으로 만드는 데 도움이 됩니다.

대주제	성취 기준	단원명	차시명	
여름	2바03-01 가족 및 친척 간에 지켜야 할 예절을 실천한다. 2슬03-01 우리 가족의 특징을 조사하여 소개한다. 2슬03-02 나와 가족, 친척의 관계를 알고 친척과 함께 하는 행사나 활동을 조사한다. 2즐03-01 가족 구성원이 하는 역할을 고려하여 고마운 마음을 작품으로 표현한다. 2즐03-02 가족이나 친척이 함께 한 일을 다양한 방법으로 표현한다.	1. 우리는 가족입니다	1. 우리는 가족입니다 〈가족사진 발표회〉 2. 가족사진을 살펴봐요 3. 우리가 상상한 가족사진 4. 가족사진 어때요 〈누구랑 찍었니〉 5. 누구랑 찍었나요 6. 가족 말판 놀이를 해요 7. 가족 소개 카드를 만들어요 8. 가족과 함께 달렸어요 9. 가족을 그렸어요 10. 우리 집은 웃음바다	〈무엇을 했니〉 11. 이런일이떠올라요 12. 함께 해서 좋아요 13. 가족과 함께 놀아요 14. 예절을 지켜요 15. 실천해 봐요 〈고마운 가족〉 16. 감사의 마음을 전해요 17. 마음을 표현해요 18. 사이좋게 불러요 19. '우리는 가족입니다' 안녕!

ㅇ 어버이날 행사 등과 연계해서 운영할 수 있는 단원입니다. 가족사진 발표회는 다양한 가족 구성원들에 대한 아이들의 이해가 선행될 필요가 있지만 이에 관련된 성취 기준은 2학년에 있습니다. 한부모 가정이나 다문화 가정에 대해 올바른 접근을 하기 어렵다면 가족사진 발표회를 하기보다는 내가 커서 자라는 모습을 담은 사진으로 대체할 수 있습니다. 가족 역할놀이를 먼저 해서 다양한 가족 구성에 대한 아이들의 경험이 어떻게 드러나는지 확인하는 방법도 있습니다. 친척 관계와 호칭은 어린이 개념 발달에서 연합체나 수집체의 속성을 넘어서는 과업이기 때문에 신중하게 접근해야 합니다.

ㅇ 소고, 리듬막대, 탬버린, 트라이앵글, 캐스터네츠 등은 교실에 두어 언제든지 활용할 수 있게 합니다.

| | 2바04-01 여름철의 에너지 절약 수칙을 알고 습관화한다.
2슬04-01 여름 날씨의 특징과 주변의 생활 모습을 관련짓는다.
2슬04-02 여름에 사용하는 생활 도구의 종류와 쓰임을 조사한다.
2즐04-01 여름의 모습과 느낌을 창의적으로 표현한다.
2즐04-02 여름에 사용하는 생활 도구를 여러 가지 방법으로 표현한다. | 2. 여름 나라 | 1. 여름 나라
2. 여름 나라로 떠나요
〈해 마을로 떠나요〉
3. 해야 해야 나오너라
4. 햇볕은 쨍쨍
5. 해 마을에 이런 일이
6. 더위를 날려요
7. 우리 함께 해 봐요
8. 여름날 더운 날
〈비 마을로 떠나요〉
9. 구슬 비
10. 비가 온다 뚝뚝
11. 태풍을 피해요 | 12. 우산 만들기
13. 비 마을에 이런 일이
〈또 다른 마을로 떠나요〉
14. 한 방울도 소중해
15. 빗방울 똑똑
16. 여름에 꼭 필요해
17. 여름 나라에 다녀왔어요
18. 여름을 그려요
19. '여름 나라' 안녕! |

ㅇ 에너지 절약 수칙을 배울 때는 낭비석 접근보다, 이린이 스스로 할 수 있는 수준의 약속을 하는 게 좋습니다. 가정에서 결정 권한이 아이들에게 없는 경우, 교실 에너지 절약 수칙을 정해 실천합니다.

ㅇ 여름 날씨의 특성은 경험적으로 이미 잘 알고 있기 때문에 이를 개념으로 정리할 수 있도록 도와주어야 합니다.

표14 1학년 2학기 통합 주제별 성취 기준 및 유의점

대주제	성취 기준	단원명	차시명	
가을	2바05-01 공공장소의 올바른 이용과 시설물을 바르게 사용하는 습관을 기른다. 2슬05-01 이웃과 더불어 생활하는 모습을 조사하고 발표한다. 2슬05-02 이웃과 함께 쓰는 장소와 시설물의 종류와 쓰임을 탐색한다. 2즐05-01 이웃의 모습과 생활을 다양하게 표현하고 이웃과 함께 할 수 있는 놀이를 한다. 2즐05-02 주변의 장소와 시설물을 이용하여 놀이한다.	1.내이웃 이야기	1. 내 이웃 이야기 〈이웃을 만나요〉 2. 이사 온 동준이 3. 놀이터에서 만난 이웃 4. 버스에서 만난 이웃 5. 버스 타고 가요 6. 식당에서 만난 이웃 7. 길에서 만난 이웃 8. 옛날 사람들은 어디에서 모였을까? 〈이웃을 찾아요〉 9. 하루 동안 동준이가 본 이웃 10. 나눔 장터에서 찾은 이웃 11. 이웃과 나눠요	12. 정다운 이웃 13. 서로 돕는 이웃 14. 옛날 이웃들은 이렇게 지냈어요 〈이웃과 함께 해요〉 15. 이웃들과 노래를 불러요 16. 이웃집에서 소리가 들려요 17. 이웃과 만나면 하하호호 놀아요 18. '도와주세요' 소리를 들었어요 19. 우리 가족과 이웃 20. 이웃과 함께 해요. 21. '내 이웃 이야기' 안녕!

∘ 마을 공동체에 대한 자치단체의 지원이 다양화되고 관심이 늘어나도 '내 이웃 이야기'를 주제로 수업을 하는 것은 쉽지 않습니다. 이웃에 대한 경험이나 이사를 해서 이웃이 바뀌게 된 경험을 나누면서 시작하고, 그것을 중심으로 수업을 구성하는 것이 좋습니다.

∘ 이 단원은 공공장소에서 지켜야 할 예절, 이웃들과 함께 했던 경험을 중심축으로 하면서도 '옛날 사람들의 생활 모습'이 중간에 끼어들어서 흐름을 방해하기도 합니다. 옛이야기를 많이 접해 보지 않은 요즘의 초등학교 저학년 학생들이 옛날 사람의 모습을 상상하는 것은 쉽지 않기 때문에 이웃과 관련된 전래동화 등을 여러 편 읽어 주면서 접근합니다.

| | 2바06-02 추수하는 사람들의 수고에 감사하는 태도를 기른다.
2슬06-02 여러 가지 자료를 활용하여 가을의 특징을 파악한다.
2슬06-03 추석에 대해 알아보고 다른 세시 풍속과 비교한다.
2즐06-02 가을과 관련한 놀이를 한다.
2즐06-03 여러 가지 민속놀이를 한다. | 2. 현규의 추석 | 1. 현규의 추석
〈추석〉
2. 추석입니다!
3. 큰 명절, 추석
4. 추석빔
5. 추석을 준비해요
6. 할머니, 할아버지 댁에 왔어요
7. 맛있는 음식이 한가득
8. 추석 상차림
9. 밤 따러 가자
10. 감사합니다
11. 파란 하늘이 좋아요 | 12. 반가워! 가을 친구들
13. 가을 잠자리
14. 잠자리를 잡아라
15. 낙엽을 밟으며
〈가을놀이〉
16. 흥겨운 소리가 울려 퍼져요
17. 투호야, 비사야 놀자!
18. 달두 달두 밝다
19. 달님, 감사해요
20. 추석을 보내고
21. 현규의 추석 이야기
22. '현규의 추석' 안녕! |

대주제	성취 기준		단원명	차시명

o 추석 명절의 시기에 따라 차시 조정이 필요합니다. 추석 전에 배우고 가도록 구성할 수도 있고, 추석을 보내고 난 경험을 나누면서 배울 수도 있습니다. 창의적 체험 활동과 연계해서 더 다양한 활동을 구안할 수도 있습니다.

o 가능하면 매일 학교의 화단이나 운동장을 산책하면서 봄, 여름, 가을, 겨울 자연의 변화를 관찰할 수 있는 기회를 주어야 합니다. 가을을 단순히 파란 하늘과 잠자리, 단풍과 낙엽으로 이해하지 않도록 도와줍니다.

o 여러 가지 민속놀이는 한두 차시만 경험하는 것이 아니라 1학기부터 꾸준히 해야지 충분히 익혀서 즐길 수 있습니다.

대주제	성취 기준	단원명	차시명	
겨울	2바07-01 우리와 북한이 같은 민족임을 알고, 통일 의지를 다진다. 2슬07-01 우리나라의 상징과 문화를 조사하여 소개하는 자료를 만든다. 2슬07-02 남북한의 공통점과 차이점을 비교한다. 2즐07-01 우리나라의 상징을 여러 가지 방법으로 표현한다. 2즐07-02 남북한에서 하는 놀이를 하고, 통일을 바라는 마음을 다양하게 표현한다.	1. 여기는 우리나라	1. 여기는 우리나라 〈전통문화〉 2. 재미난 우리 놀이 3. 색이 고운 우리 옷 4. 얼씨구나 우리 노래 5. 맛나고 정겨운 우리 음식 6. 아름다운 우리 그릇 7. 조상의 지혜가 담긴 우리 집 8. 알록달록 우리 문양 〈우리나라의 상징〉 9. 우리나라 국기, 태극기 10. 우리나라 노래, 애국가	11. 우리나라 꽃, 무궁화 12. 노래로 부르는 우리나라 13. 우리나라를 소개해요 〈통일을 바라는 마음〉 14. 무엇이 똑같을까 15. 같은 놀이, 다른 노래 16. 우리는 한민족 17. 통일이 된 우리나라 18. 통일 비행기 19. '여기는 우리나라' 안녕!

o 우리의 전통문화를 놀이, 옷, 노래, 음식, 그릇, 문양으로 나누어 살펴보는 것으로 시작합니다. 오늘의 식의주락과 비교하면서 차이를 찾아보는 활동으로 구성하면 이해하는 데 도움이 됩니다. 관련 그림책들이 많으므로 적절하게 활용합니다.

o 우리나라를 상징하는 것의 기원을 전통문화에서 찾을 수 있도록 연결해 보는 것도 좋습니다.

o '통일'이라는 주제는 좀 더 깊이 고민해야 합니다. 남과 북의 같은 점과 다른 점을 찾아보고, 남과 북이 함께 참여한 대회에서 북한 팀을 응원하는 이유에 대한 설명, 통일이 되면 할 수 있는 일 찾기로 이어집니다. 이 정도의 구성이 1학년에 적절한가 미리 고민하고 접근해야 합니다. 피상적인 통일 교육은 아이들에게 논리보다는 당위를 제공하고, 현실적 모순 앞에서 당위는 큰 힘이 없습니다.

대주제	성취 기준	단원명	차시명	
겨울	2바08-01 상대방을 배려하며 서로 돕고 나누는 생활을 한다. 2슬08-01 겨울 날씨의 특징과 주변의 생활 모습을 관련짓는다. 2슬08-02 겨울철에 쓰이는 생활 도구의 종류와 쓰임을 조사한다. 2즐08-01 겨울의 모습과 느낌을 창의적으로 표현한다. 2즐08-02 여러 가지 놀이 도구를 만들어 겨울 놀이를 한다.	2. 우리의 겨울	1. 우리의 겨울 〈땅에서 오는 겨울〉 2. 꽁꽁, 땅이 얼었어요 3. 추워도 신나요 4. 겨울 놀이터에서 5. 얼음 위에서 빙글빙글 6. 동장군이 왔어요 7. 추운 겨울을 건강하게 〈하늘에서 오는 겨울〉 8. 송이송이 하얀 꽃송이 9. 눈송이 10. 온 세상이 하얗게 바뀌었어요	11. 눈사람을 만들어요 12. 꼬마 눈사람 13. 쌓인 눈을 치우며 14. 하얀겨울을즐겨요 15. 도화지 속 겨울 〈마음에서 오는 겨울〉 16. 우리 이웃을 둘러봐요 17. 비밀 친구가 되어 18. 사랑의 마음 19. 다 함께 즐겨요 20. 마음을 전해요 21. '우리의 겨울' 안녕!

∘ 겨울 날씨의 특징과 주변 생활모습의 변화, 겨울에 필요한 생활도구는 경험적으로 접근하기 쉬운 주제입니다. 경험에서 출발해서 이것을 기초적인 개념을 체계화할 수 있도록 합니다.

∘ '마음에서 오는 겨울'은 우리 이웃을 둘러보는 활동, 친구들에게 고마움을 표현하는 활동 외에 우리 학교에서 고마운 분들을 찾아서 감사의 마음을 전하는 활동을 추가할 수 있습니다. 학교 보안관, 조리사, 보건 교사, 주무관 등 보이지 않는 곳에서 학교를 위해 애써 주시는 것에 감사의 마음을 표현합니다.

한 측면적 이해와 주제별 교육과정을 구성하면서 만들어진 어려움이 아닌가 합니다. 교사용 지도서에는 "겨울의 모습과 느낌을 창의적으로 다양하게 표현합니다"라는 평가 기준을 주고 도화지 한 장에 "겨울 모습을 다양한 재료로 나타내 보세요"라는 지시문만 주고 있습니다. 과정 중심 평가를 강조하면서도 결과 중심 평가지를 만들어 제시하고 있습니다. 결국 교사가 교육과정에 어떻게 개입하느냐가 중요한 문제라는 것을 확인하게 됩니다.

1학년 어린이에게 '짝짝 짝짝짝' 박수를 치고 몇 번을 쳤냐고 물어보면 "다섯 번"이라고 말합니다. 아이들은 박수를 칠 때 손가락을 꼽거나 "하나둘 셋넷다(섯)" 소리를 내어 세거나 마음속으로 수를 세거나 했을 것입니다.

그 다음 '짝짝짝짝 짝짝' 박수를 치고 몇 번이냐고 물어보면 여기저기 웅성웅성 소리가 들리다가 "여섯 번"이라는 답이 어디선가 나올 것입니다. 아이들은 손가락으로 꼽다가 박자를 놓치거나, "하나둘셋넷 다" 하다가 말소리와 리듬을 맞추지 못하거나, 마음속으로 수를 세다가 실패합니다. 그러다가 어느 순간 '짝짝짝짝+짝짝'으로 연속된 소리를 분화하고, 이를 다시 '짝짝짝짝+짝짝=4+2=6'으로 재구조화하는 지적 해결책을 찾아냅니다.

그 다음은 '짝짝 짝짝짝 짝짝짝짝 짝짝' 박수를 치고 몇 번이냐고 물어보면 혼란은 더 오래 지속됩니다. 교사가 쳐 준 박수 소리를 들으며 손가락을 꼽다가 포기하거나 "하나둘 셋넷다 여섯일곱여덟……" 소리를 내어 세다가 포기합니다. 마음속으로 세다가 포기하려는 찰나, '짝짝 짝짝짝 + 짝짝짝짝 짝짝=5+6=11'이라는 지적인 해결책을 찾는 아이들이 나타납니다.

주어진 문제 상황을 해결하기 위해 1학년 어린이들이 대응하는 양식은 위에서 확인한 것처럼 다양합니다. 박수를 한 번이나 두 번, 혹은 세 번, 네 번, 다섯 번을 치고 몇 번이냐고 물으면 가장 익숙한 방식에 따라 소리를 내어 수를 세거나 손가락을 꼽거나 마음속으로 수를 세어 답을 합니다(비위기). 이것은 조건반사적 행동이라고 할 수 있습니다. 그러나 여섯 번을 다른 템포로 치는 순간 이전까지의 조건반사적 행동, 즉 소리 내서 수를 세거나, 손가락을 꼽거나, 마음속으로 수를 세는 것은 더 이상 불가능해집니다(위기). 아주 예외적인 경우를 제외하면 박수 소리를 두 부분으로 나누어 덧셈을 하는 지적인 해결책을 사용해야 답을 할 수 있습니다(위기의 해결, 반응의 재구조화).

열한 번으로 넘어갔을 경우, 어떤 아이들은 여전히 조건 반응적으로 수를 세려고 하겠지만, 어떤 아이들은 박수 여섯 번의 교훈을 통해 지적인 해결책으로 넘어가게 됩니다. 박수 소리 세어 보기는 수업 속에서 우리가 흔히 볼 수 있는 장면을 일곱 살의 위기와 어린이의 지적 발달의 측면에서 살펴보기 위한 한 사례일 뿐입니다.

우리는 흔히 발달이 양적인 성장을 통해 이루어진다고 생각하는 경향이 있습니다. 어린이의 말 발달은 어휘 수의 누적이고, 수 개념의 발달은 단순 계산으로부터 복합 계산으로의 선형적이고 연속적인 이행이라고 생각하는 것입니다. 그러나 우리는 박수 소리 세기와 같은 사례를 통해서 아주 단순한 행동도 난관(위기)에 직면했을 때 더 이상 과거의 방식으로는 해결되지 않는다는 것과 행동 양식의 질적 변화를 통해서만 해결이 가능하다는 것을 볼 수 있습니다.

박수 소리 세기에 나타난 인간의 행동은 피라미드의 세 층위로 구획 지을 수 있습니다. 박수 소리를 듣는 무조건반사는 본능의 층위로 가장 아래에 자리 잡습니다. 그 위에는 소리를 내며 수를 세거나, 손가락을 꼽거나, 마음속으로 수를 세는 조건반사적 행위로 습관의 층위가 있고, 가장 상층부에는 박수 소리를 분해해서 4 + 2 = 5, 5 + 6 = 11처럼 지적으로 해결하는 지성의 층위가 있습니다.

따라서 통합 교과를 통해 우리가 고민해야 할 부분은 "1, 2학년 학생의 발달 단계적 특성과 배움 방식에 맞"추는 것이 아니라 발달의 다음 영역을 진단하며 발달을 이끄는 교수-학습을 펼쳐 가는 것입니다. "그들이 삶에서 이미 익숙해져 잇는 교과 통합적으로 학습하는 것"이 아니라 삶에서, 생활 경험에서 출발하여 지적, 의지적 고양을 이끌어 낼 수 있도록 발달의 사회적 상황을 창출하는 것입니다.

유아기의 발달을 이끌었던 단순한 모방 행동은 어린이의 '말' 발달에 저항하며, 더 이상 새로운 발달을 이끌 수 없습니다. 어른의 말을 따라서 하는 것으로는 상황에 맞는 자신의 말을 할 수 없기 때문입니다. 따라서 이런 기계적인 반복은 발달의 주변 노선으로 물러나야 하고, 지적으로 모방하는 새로운 연령기(초기 유년기)가 출현하게 됩니다. 지적으로 모방하는 것이 바로 협력의 한 형태입니다. 그러나 지적인 모방은 일곱 살의 위기와 함께 발달의 주변 노선으로 물러나게 됩니다. 단순히 타인과 협력하는 경험을 넘어 어린이 스스로 주관적 체험이 갖는 의미를 생성하는, 지적으로 독립되고, 의식적으로 파악하는 신형성이 등장하게 됩니다.

자신의 경험을 의미화하는 것, 즉 체험의 의미화는 화를 내는 어린이가 스스로 화가 났다는 것을 자각하는 것과 같습니다. 자신의 체험을 일반화할 수 있어서 체험의 의미화가 가능합니다. 체험의 의미화는 어린이가 어린이 자신을 인식할 수 있다는 것입니다. 박수 소리 세기 같은 단순 활동에서 교사는 어린이의 행동을 보며 그것이 습관의 층위인지 지적 해결의 층위인지 진단할 수 있습니다.

한 교실에 존재하는 다양한 어린이들을 보면서 "교사는 어린이들 속에서 발달을 발견하고, 다른 어린이들이 협력적 모방을 할 수 있도록 이를 부각시켜 주어야 합니다. 이를 위해 우선 필요한 것은 진정한 발달 노선을 중심으로 조직된 교육과정"[*]입니다. 어린이 발달에 대한 이해에 토대한 통합교과 교수-학습은 발달의 최전선을 사는 어린이들이 자신의 삶을 가꾸어 가는 방식을 본능과 습관의 층위를 넘어 지성과 의지의 층위로 고양할 수 있도록 지원하는 것입니다.

---

[*] 비고츠키, 수업과 수업 사이, pp.162~163.

내 얼굴 그려서 모았더니 우리 반 얼굴

3월, 어린이들이 낯선 공간에 적응하는 것은 그 자체가 최고의 과제가 됩니다. 공간적 확장이 가져오는 부담은 초등학생이 되었다는 존재의 변화와 맞물려 있습니다. 처음부터 아무렇지도 않은 듯 행동하는 아이들도 있고, 너무 경직되어 잘 할 수 있는 것도 하지 못하게 되는 아이들도 있습니다. 즉, 동일한 환경의 변화이고, 동일한 교실에 같은 교사라는 조건이지만 대응하는 어린이의 주관적 반응은 어린이마다 다를 수 있다는 것입니다. 이런 상황에서 교사는 아이들마다 행동하는 방식의 차이나 특성에 주목하게 됩니다. 3월 한 달은 입학 적응기라는 이름에 걸맞게 끊임없이 진단하고 확인하는 과정입니다.

3월 한 달은 지금 여기에 모인 우리가 각각 개별적 존재이면서 동시에 하나의 학급이라는 수집 복합체적 공동체라는 것을 인식해 가는 과정입니다. 그래서 3월 프로그램에는 반드시 '자기 소개하기'라는 활동을 포함하게 됩니다. 도화지에 자기 얼굴을 그리고 하단에 이름을 쓴다. 그리고 자기소개를 합니다.

"나는 개똥이입니다. 내가 좋아하는 것은 축구입니다."

복잡하지 않은 두 문장의 자기소개에서도 교사는 아이들을 진단합니다. 기계적으로 반복하면서 이름과 좋아하는 것만 바꾸어 넣는 아이, 일어서서 큰소리로 말을 해야 한다는 중압감에 앞뒤 문장을 바꿔서 말하거나 개미처럼 기어들어가는 소리로 말하는 아이, 심지어 아무 말도 하지 않거나 울음을 터뜨리는 아이도 있습니다.

"안녕, 얘들아, 나는 말똥이야. 나는 고양이랑 아
이스크림을 좋아해."

이렇게 창조적으로 변형하는 아이도 있습니다. 이렇게 다양
한 반응 속에서 아이들에게 주어진 과업은 어느 친구가 무엇
을 좋아하는지 기억해 보라는 것입니다. 친구들의 소개가 모두
끝나면 아이들이 그린 그림을 칠판에 붙입니다. 'ㄹ' 모양으로
이어 붙인 그림은 그 자체로 놀이용 말판이 됩니다. 아이들은
한 명씩 돌아가면서 주사위를 던집니다. 주사위에 나온 수대로

말이 움직이고, 그 친구의 이름을 '부른/읽은' 다음 그 친
구가 좋아한다고 한 것이 무엇인지 기억을 떠올려 맞
춥니다. 주사위를 던진 친구가 맞추지 못하면 나머
지 아이들에게 기회를 줍니다. 그러면 그 그림 카드
는 뒤집어집니다. 다음 어린이가 나와 주사위를 던지
고 말을 움직이고 맞추는 과정을 우리 반 아이들 수만큼 반복
합니다. 22명이면 22번이니 매우 지루할 것이라고 예상할 수
있지만, 여기에는 좋아하는 것이 무엇인지 맞추어야 한다는 긴
장감과 언제 내 차례가 돌아올 것인지 기대하는 긴장감이 있
기 때문에 매우 집중력 있게 게임이 진행됩니다.

이 게임을 끝낸 다음에 아이들에게 자신의 그
림 카드를 가져가라고 하고 가위로 자기 얼굴
의 모양을 따라 오리게 합니다. 그리고 교사는

아이들의 얼굴을 하나하나 게시판에 모아 붙입니다. 그리고 이름을 붙입니다. 우리 반 얼굴은 일 년 동안 우리 교실에 붙어 있습니다. 어쩌다 저 얼굴 그림 중 하나가 자극이 될 수도 있겠지만, 1학년 아이들에게 체험의 의미화 혹은 공동 일반화는 발달하는 중이기 때문에 그런 기억들이 쉽게 떠오르지는 않을 것입니다.

학년말이 되었을 때, 이제 우리가 모두 헤어져 2학년이 된다는 것을 실감하게 될 때, 교사는 우리 반 얼굴을 하나하나 떼어서 아이들의 작품집에 붙여 줍니다. 우리가 만나고 놀이하고 배우고 싸우고 자랐던 기억들은 아이들의 기억 속에서는 희미해지겠지만, 3월 어느 날 그린 그 그림에는 어느 한 날의 기억이 기록되어 있을 것입니다.

봄, 여름, 가을, 겨울 책 만들기

어린이의 생각 발달에서 지각은 유아기 발달의 중심 노선이지만 초기 유년기에 지각은 배경으로 물러나고 주의 발달이 전면에 등장합니다. 전학령기에는 주의는 배경으로 물러나고 기억이 발달의 전면에 등장합니다. 학령기는 주의, 지각, 기억은 배경으로 물러나고 말로 하는 생각이 발달의 전면에 등장합니다. 즉, 생각이 발달의 전면에 등장한다는 것은 주의를 끄는 주변적인 것들, 구체물로 지각해야 하는 것, 기억했던 대로 재생하는 것을 넘어서 새로운 지적 이해, 추상적 사고가 가능해진다는 것입니다.

7세의 위기적 국면을 경험하고 있는 1학년 어린이에게 발달의 다음 영역은 바로 말로 생각하는 것입니다. 이것은 "말에 따라 행동할 수 있으며 생각을 말로 표현할 수 있고, 심지어 새로운 행동 형태를 고안하기 위해 생각을 이용할 수 있게 된다"[*]는 것입니다. 학령기 어린이의 생각 발달은 글말의 발달과 연결됩니다. 말은 생각에 작용하고 생각을 재구조화시킵니다. 통합 교과에서 다루는 일상적인 경험과 개념들은 교수-학습을 통해서 과학적 개념의 맹아를 이끌어 내야 합니다. 그 과정에 대화, 글말, 그리기, 놀이, 낱말 의미가 동시적으로 작용합니다.

통합 교과에서 지향하는 '하기'에서 '알기'로의 고양, 경험·활동·체험에 대한 정의·설명·보여 주기로의 마무리는 교실에

---

[*] 비고츠키, 의식과 숙달, p.11.

서 볼 수 있는 외적 활동을 내적 의미로 개별화하는 과정에서 완성될 것입니다. 따라서 봄, 여름, 가을, 겨울 대주제 학습을 통해 기록된 모든 흔적들이 교실 뒤의 게시판에 붙어 있다가 다른 주제가 제시되면 사라지는 것이 아니라 언제나 꺼내 보고 숙고할 수 있는 개인 기록으로 남겨 둡니다. 언제든 꺼내 보았을 때 지난 체험을 의미화하는 토대가 될 수 있습니다.

봄, 학교 화단 산책을 하면서 관찰했던 것 중 기억나는 것을 그리거나 글로 쓴 흔적들, 학교 오는 길에 만나는 것들을 말판놀이로 만들어 본 것들, 우리 가족에 대해 쓴 소개 카드, 가족 역할놀이를 하고 나서 나누었던 소감들, 개구리 알이 올챙이가 되고 개구리가 되는 과정을 담은 기록, 추석에 대해 배운 내용들은 모두 모아 네 권의 책이 됩니다. 하나의 대주제 학습이 끝나 한 권의 책이 완성될 때마다 붙임 쪽지와 함께 가정으로 보내고, 가정에서는 붙임 쪽지에 책에 대한 감상평을 담아 다시 학교로 보냅니다.

봉숭아와 함께 하는 한해살이

입학 적응기가 끝나는 3월 말, 건강하게 잘 보낸 것을 축하하기 위한 잔치를 합니다. 과자와 젤리를 조금 준비하고 초를 준비해서 모두를 격려해 주고 축하해 줍니다. 그리고 4월부터 새로 배우게 될 교과서를 나누어 주고 책에 이름을 씁니다. 이런 의례는 무심한 듯 흘러가는 시간에 분절적 계기를 마련해 줍니다. 이제 더 이상 3월의 1학년이 아니라 교과서로 공부하는 4월의 1학년이 된다는 것을 인식하는 것은 앞으로의 학교생활을 위해서 중요한 일입니다.

과자를 나누어 담아 주었던 종이컵을 잘 모아 두었다가 4월이 되면 이 종이컵을 화분으로 씁니다. 컵에 구멍을 뚫고 봉숭아 씨앗을 심을 거라고 예고합니다. 종이컵에 그림을 그리고 이름을 써서 나만의 화분을 만듭니다. 그리고 볕 좋은 날 학교 화단에 나가 종이컵에 작은 돌멩이들을 주워 담고, 그 다음 배양토와 흙을 적당히 섞어 두었던 것을 종이컵에 담습니다. 세 살 아이들은 종이컵을 화분이라고 부르지 못하지만, 1학년은 종이컵이 화분이 된다는 것을 충분히 이해합니다.

먼저 물을 흠뻑 주고 손가락 하나로 '콕' 집어 구멍을 만들고 거기에 봉숭아 씨앗 세 개를 심습니다. 그러면서 옛날 사람들은 땅에 콩을 심을 때 꼭 세 알씩 심었다는 것을 알려 줍니다. 한 알은 새가 먹고, 한 알은 땅속의 벌레가 먹고, 한 알은 싹이 나고 자라서 내가 먹을 거라는 뜻이었다는 이야기 말이지요. 세 알의 씨앗에 흙을 살짝 덮어 주고 그날부터 우리는 새싹이 나기를 기다립니다.

씨 씨 씨를 뿌리고 꼭꼭 물을 주었죠.

한나절 하룻밤 쉿쉿쉿 뽀드득 뽀드득 뽀드득

싹이 안 났어요.

씨 씨 씨를 뿌리고 꼭꼭 물을 주었죠.

하룻밤 이틀 밤 쉿쉿쉿 뽀드득 뽀드득 뽀드득

싹이 안 났어요.

씨 씨 씨를 뿌리고 꼭꼭 물을 주었죠.

하룻밤 이틀 밤 삼일 밤 쉿쉿쉿 뽀드득 뽀드득 뽀드득

싹이 안 났어요.

씨 씨 씨를 뿌리고 꼭꼭 물을 주었죠.

하룻밤 이틀 밤 삼일 밤 사일 밤 오일 밤 육일 밤 칠일 밤

쉿쉿쉿 뽀드득 뽀드득 뽀드득

싹이 났어요!!!

싹 싹 싹이 났어요. 또 또 물을 주었죠.

하룻밤 이틀 밤 삼일 밤 어어어 뽀로롱 뽀로롱

뽀로롱 떡잎이 보여요.

칠 일이 지나야 싹이 났고, 싹이 보이고 난 다음 삼 일이 지나야 떡잎이 보였습니다. 22명 모든 아이들의 종이컵 화분에서 싹이 날 때까지 기다리면서 싹들이 해를 좋아하는 것을 보여 주기 위해 오늘은 교실 안쪽을 보던 화분을 모두 창밖을 보도록 돌려놓습니다. 몇 번 하면 아이들이 먼저 알아서 화분을 돌려놓습니다. 모두 싹이 나면 종이컵 화분은 가정으로 보냅니다. 분갈이를 하고 잘 키우라는 뜻입니다. 교실에는 관찰용 화분만 남겨 두고 시간 날 때마다 관찰합니다.

그렇게 여름이 되어 잎은 무성해지고 꽃이 피면 봉숭아 물들이기를 합니다. 집에서 키웠던 봉숭아 잎을 두 개씩만 따 오라고 하고, 교실에서 키웠던 봉숭아에서도 입을 땁니다. 막자

사발에 넣고 한 사람이 열 번씩 찧어 보게 합니다. 겉으로 보기에는 초록색 잎뿐인데 실제 염료는 붉은 색이라는 신기한 체험을 합니다. 매염제는 백반을 약간 사용합니다.

봉숭아 물들이기가 끝나면 봉숭아 화분은 교실 밖 화단으로 내보냅니다. 자연이 주는 비와 햇볕을 받고 자랄 것이고 여름방학이 끝나고 돌아오면 몇 알의 씨앗을 채집할 수 있습니다. 그리고 그 씨앗은 내년 1학년 동생들이 심을 수 있도록 물려준다는 이야기를 완성합니다. 이 이야기 속에는 '식물' 중 '한해살이 식물'에 대한 개념 체계가 담겨 있습니다.

가족 역할놀이

가족이란 무엇일까요? 가족사진을 보면서 어린 시절의 기억을 떠올리고, 친척을 부르는 호칭을 배우고, 가족 소개 카드를 만들고, 가족과의 추억을 회상하고, 감사의 마음을 전하는 것은 '가족'에 대한 우리의 일상적 개념을 반영하는 것입니다. 초등학교 1학년 아이들에게 가족이란 어떤 것으로 경험되고 이해되는 것일까요? 한부모 가정의 아이가 스스럼없이 "나는 엄마랑 같이 안 사는데?" 말을 하고, "왜 엄마랑 안 살아?" 스스럼없이 물어보는 교실에서의 사건 속에서 교사는 '가족' 개념을 어떻게 가르치고 있는지요?

가족에 대해 배울 때 항상 신경을 씁니다. 가족 구성원을 칭할 때 엄마, 아빠, 할아버지, 할머니, 이모, 고모, 삼촌을 줄줄이

나열합니다. 할머니가 엄마가 될 때도 있고, 삼촌이 아빠가 될 때도 있고, 이모랑 고모가 엄마가 될 수도 있다고 합니다. 우리 아이들의 경험 속에는 이미 그런 가족의 유형이 아무런 거리낌이나 불편함 없이 들어와 있는데 어른의 인식과 생각으로 감추려 드는 것은 아닌가, 생각합니다. 발달의 사회적 상황을 구성하는 어른들과 교사들의 '가족' 개념은 과연 과학적일까요? 아니면 인습적일까요?

가족 역할놀이를 합니다. 먼저 네다섯 명으로 가족을 구성합니다. 어떤 역할을 할지는 모둠별로 정합니다. 어떤 가족은 '할아버지, 아빠, 삼촌, 언니, 나'로 구성되고, 어떤 가족은 '엄마, 아빠, 나, 아기'로 구성되기도 합니다. 교사는 온갖 사물을 펼쳐놓고 시장을 운영하고, 각 가족은 누가 돈을 벌어 올지 정합니다. 어느 집은 아빠, 어느 집은 엄마와 아빠, 어느 집은 엄마가 돈을 법니다. 월급날이 되면 교사는 매쓰링크 열 개씩 다섯 묶음을 급여로 제공합니다. 각 가정은 그 돈으로 시장에서 물건을 사고 장을 봐서 밥상을 차리고 설거지를 합니다.

그러다 보면 가족에서 다툼이 발생합니다. 엄마가 돈을 안 줘서, 사 달라는 것을 안 사 줘서, 혹은 아이를 돌봐야 할 할아버지가 돈이 없어서 시장에 일을 하러 가겠다고 해서 각종 갈등이 나타나면 교사는 판사 역할을 하면서 중재를 해 줍니다. 어떤 가정은 사치재인 스마트폰을 사는 데 급여의 80퍼센트를 써서 먹을 게 없으니 초등학교 1학년 아이가 시장에 와서 아르

모두 다른 가족들

3월, "우리말 우리글" 공부 시간에 'ㅈ'이 들어가는 낱말을 돌아가면서 말할 때였습니다. 어느 순간 엄마 이름에 'ㅈ'이 들어가는 아이들이 너도나도 엄마 이름을 말합니다. 그러다 한 아이가 "우리 엄마는 잠실에 사는데. 어쩌다 토요일에 엄마 집에 가는데."라고 말합니다. 한부모 가정 아이라는 것이 낙인이 되었던 시절의 구태를 벗지 못하고, 한부모 가정이면 어떨 것이라는 왜곡된 인식의 수준을 벗어나지 못하는 시대에 이런 상황은 교사에게 위기를 초래합니다.

"어, 선생님도 남편이랑 같이 안 사는데. 토요일에 만나. 그렇게 사는 집도 있지."

이렇게 넘어가기엔 부담이 큰 문제입니다. 보호자에게 연락을 하고 상담을 합니다. 오늘 학교에서 이런 일이 있었는데 ○○이는 이 상황을 어떻게 받아들이고 인식하고 있는지 조심스럽게 물어봅니다.

네 살 때 "왜 우리는 엄마랑 안 살아?" 한 번 물어보고 그다음부터는 어떤 말도 없다고 했습니다. 그럼, 오늘 같은 상황이 있을 때 교사가 어떻게 하는 게 좋겠느냐고 조심스럽게 또 물어봅니다. 아이가 스스럼없이 말하는 거라면 그냥 자연스럽게 두는 게 좋겠다고 말씀을 해 주시니 교사의 부담은 한결 덜어집니다.

바이트를 하겠다고 하기도 합니다.

이런 엄청난 이야기는 교사가 일일이 기록하기 어렵습니다. 교사는 끝도 없이 변신하면서 다양한 역할을 수행해야 하기 때문입니다. 80분이 넘는 시간 동안의 활동을 마치고 나면 각자 느낌을 나누는 시간을 갖습니다. 이 시간을 통해 모두의 체험은 자신의 체험으로 의미화됩니다. 가장 재미있었던 점이나 속상했던 점, 기분이 좋았거나 나빴던 점을 모두 돌아가면서 나눕니다. 그리고 교사는 다시 기록자가 되어 컴퓨터의 모니터를 텔레비전에 띄우고 아이들의 말을 기록합니다.

나눔 장터와 경매, 나눔과 기부

가을은 추수의 계절이고 겨울을 준비하는 계절입니다. '이웃' 주제에 나오는 나눔 장터 활동을 '우리나라' 대주제의 '통일을 바라는 마음'과 '마음에서 오는 겨울'을 연계해서 운영합니다. 나에게는 쓸모가 없지만 다른 사람들에게는 쓸모가 있을 거 같은 물건들을 준비합니다. 아이들은 어려운 이웃을 위한 모금으로 3천 원 이하의 돈을 가져옵니다. 교사는 천 원에 매쓰링크 열 개씩 한 묶음으로 교환해 줍니다. 매쓰링크 한 개가 백원인 셈입니다. 책, 신발, 옷, 장난감, 학용품 등을 가져옵니다. 각자 가게 이름을 정해서 간판을 만들고 가져온 물건에 가격표를 만들어서 붙입니다.

첫째 장터는 각 모둠의 첫째 아이들이 가게를 여는 날입니다. 나머지 아이들은 손님이 됩니다. 교사는 호박엿이나 젤리, 사탕 등을 준비해서 팝니다. 물건을 살 때는 매쓰링크를 사용합니다. 너무 높은 가격표가 붙은 물건은 흥정의 대상이 되기도 합니다. 둘째 장터에서는 각 모둠의 둘째 아이들이 가게를 열고 나머지 아이들이 장을 봅니다. 그렇게 네 번의 장터가 열리면 팔린 물건과 안 팔린 물건, 산 물건으로 구분됩니다. 그리고 처음 시작했을 때 갖고 있었던 매쓰링크가 몇 개 남았는지 이야기합니다. 거의 다 써 버린 아이들도 있고, 처음보다 더 많아진 아이들도 있습니다.

산 물건을 정리하고 난 다음 안 팔린 물건을 어떻게 할 것인지 이야기합니다. 두 가지 선택지가 있습니다. 다른 곳에 기부를 하거나 도로 집으로 가져가는 것입니다. 다른 곳에 기부하

겠다는 아이들의 물건을 모읍니다.

그 다음 교사는 기부 받은 물건을 경매합니다. 경매에 사용되는 화폐는 장터를 통해 쓰고 벌고 남은 매쓰링크입니다. 교사는 물건의 쓰임과 장점을 알려 주고 경매를 시작합니다. 보통 1학년 아이들의 눈으로는 보이지 않는 쓸모들이 있습니다. 경매를 통해 교사에게 지불한 돈은 그대로 기부금이 됩니다.

경매를 마친 후 각자 가지고 있는 매쓰링크를 헤아립니다. 그 매쓰링크를 어려운 이웃을 위해 기부할 것인지, 돈으로 바꾸어서 가져갈 것인지 물어봅니다. 항상 그렇지만 아이들은 기부를 선택합니다. 남은 물건은 물건을 가려서 일부는 폐기를 하고 일부는 〈아름다운가게〉에 기증합니다. 가장 마지막에 기부한 금액을 기록합니다. 이 모든 과정에 4차시 이상의 시간이 소요됩니다.

그렇게 1학년 모든 학급에서 나눔 장터를 마무리하면 각 반에 모아진 금액을 어디에 기부할 것인지 아이들과 투표로 정합니다. 우리 학교에 여러 도움을 주는 복지관, 통일 교육 프로그램을 무료로 운영해 준 〈남북어린이 어깨동무〉, 세계 어린이를 위한 다양한 사업을 운영하는 〈초록우산 어린이재단〉에 대해 각 단체가 하는 일들을 공부한 다음 한 표씩 행사합니다. 그리고 가장 많은 표를 얻는 단체에 우리가 모은 금액을 기부하고 기부 증서를 받습니다. 받은 증서는 모두 컬러로 인쇄해서 아이들에게 나누어 줍니다.

새 학년을 준비하며

1월, 겨울방학을 마치고 돌아오면 이제 1학년을 마무리하고 새 학년을 준비해야 합니다. 한해살이로 배운 것들을 문집이나 앨범으로 갈무리하고, 2학년이 되어 다짐할 것들을 나누기도 합니다. 우리가 학교생활을 잘할 수 있도록 보이지 않는 곳에서 애써 주신 보안관님, 주무관님, 조리실무사님, 보건 선생님, 교장 선생님께 편지를 써서 전달하는 활동도 합니다.

그리고 가장 중요한 것은 내년에 우리 교실을 사용하게 될 후배들을 위한 준비입니다. 먼저 입학식에서 함께 불러 줄 축하의 노래를 연습하고 준비합니다. 지난 3월 입학식에서 그렇게 축하를 받으며 1학년이 되었듯이 우리도 동생들을 위해 노래를 불러 주는 것입니다. 그 다음 입학식 선물을 담아 줄 부직포 선물 가방에 축하의 마음을 담아 글을 쓰거나 그림을 그립니다. 마지막으로 그동안 사용했던 사물함과 책상, 의자를 깨끗하게 정리합니다. 우리가 그렇게 물려받았듯이 우리도 그렇게 물려준다는 것을 경험으로 배우고 의미화 할 수 있도록 합니다.

삶을 가꾸는 어린이를 위한 통합 교육은 체험의 의미화를 통해서 고양됩니다. 오늘의 즐거웠던 경험이, 기분 나빴던 어떤 사건이 나에게 어떻게 의미화 되는가는 객관적 환경에 대한 인간의 주관적 대응을 어떻게 구성해 가는가와 관련된 매우 중요한 과업입니다.

체험의 의미화를 통해 말과 생각이 발달하고 조건 반응적 고정적 대응이 새로운 지적 해결로 변환될 수 있습니다. 이 과정에 교사의 역할은 너무나 막중함을 날마다 깨치고 날마다 배웁니다.

창의적 체험 활동:
빈틈 메워 가기

창의적 체험 활동 톺아보기

창의적 체험 활동은 "교과와 상호 보완적 관계 속에서 앎을 적극적으로 실천하고 심신을 조화롭게 발달시키기 위하여 실시하는 교과 이외의 활동"입니다. 기존의 특별활동을 2009개정 교육과정에서 창의적 체험 활동으로 명칭을 바꾸었습니다. 창의적 체험 활동은 자율 활동, 동아리 활동, 봉사 활동, 진로 활동의 네 개 영역으로 구성되지만, "학생의 발달 단계와 교육적 요구 등을 고려하여 학교 급별, 학년(군)별, 학기별로 영역 및 활동을 선택하여 집중적으로 운영"*할 수 있습니다.

초등학교의 창의적 체험 활동은 "공동체 생활에 필요한 기

---

* 교육부(2015), 초등학교 교육과정, 교육부 고시 제2015-80호 [별책 2](교육부 고시 제2015-74호외 부칙 개정). p.471.

본 생활 습관을 형성하고 개성과 소질을 탐색하고 발견하는 데 중점"을 둔다고 밝히고 있습니다. 창의적 체험 활동은 "모든 학교 급에서 학생과 교사가 공동으로 계획을 수립하고 역할을 분담하여 실천"하며, 창의적 체험 활동 교육과정의 "편성·운영의 주체는 학교"라는 것을 국가 교육과정 고시문에서 분명하게 밝히고 있습니다. 국가와 지역 교육청은 "학교와 지역의 특색을 고려하여 전문성을 갖춘 인적·물적 자원을 충분히 제공할 수 있는 기반을 마련"할 것을 권고하고 있습니다.

창의적 체험 활동의 편성 운영 주체로서 학교의 자율성을 강조하고, 학교 급별·학년별·학기별로 영역과 활동을 선택하여 집중 편성·운영 가능하며, 교과와 창의적 체험 활동 간의 연계와 창의적 체험 활동 영역과 활동 간의 연계 통합 강조하고 있지만 학교 현장에서 느끼는 실제는 전혀 다르다는 문제가 있습니다. 지역 교육청마다 법적으로 이수해야 할 각종 필수 교육 시간을 몇 시간 이상 창의적 체험 활동으로 편성할 것을 강제하는 사례들이 있습니다. 법적으로 이수해야 할 필수 교육 시간을 범교과 학습으로 정리하여 단위 학교로 내려 보내면 그 시수를 맞추느라 실제 학년의 교과 교육과정과 연계한 창의적 체험 활동을 편성하고 운영하기 어려워집니다.

현실적으로 이런 한계가 존재하지만 1학년의 창의적 체험 활동 최소 시수는 "안전한 생활"을 포함하여 2백 시간이므로 다른 학년보다는 자율적 편성·운영이 가능한 측면이 있습니다. 2009개정 교육과정에서는 창의적 체험 활동의 네 영역을 모두 학년에 모두 편성하라는 왜곡된 현상이 나타나서, 2015 개정 교육과정에서는 총론 고시문 속에 학생의 발달 단계와 교육적 요구를 고려하여 학년(군)별, 학기별로 영역과 활동을 선택하여 편성할 수 있도록 명시되어 있습니다.

창의적 체험 활동 편성·운영 지침 중 공통 지침에는 초등학교 1~2학년군에 안전한 생활 편성·운영 관련 조항과 자율 활동 지침으로 입학 초기 적응 활동 편성을 다음과 같이 밝히고 있습니다.

⑮ 초등학교 1~2학년군에서는 창의적 체험 활동 시간을 활용하여 '안전한 생활'을 편성·운영한다. 이때, 관련 교과 및 창의적 체험 활동의 영역별 활동과 연계하여 운영할 것을 권장한다.
② 초등학교에서는 학생의 입학 초기 학교생활 적응과 학습 격차 해소 등을 위하여 지역의 특색과 학생의 교육적 요구 등을 반영하여 입학 초기 적응활동의 적용 시기와 시수 및 활동 내용을 결정하여 편성·운영한다.

이에 따라 1학년에 안전한 생활을 30시간, 입학 초기 적응 활동을 3월에 집중적으로 70시간 내외로 편성하는 것이 일반적입니다. 그러나 2015개정 교육과정에서 "안전한 생활"을 별도의 교과로 신설하여 개발할 목적으로 추진되던 것으로 고시

직전에 교과 신설과 관련된 법적 문제로 인하여 억지춘향처럼 창의적 체험 활동에 끼워 넣게 된 맥락이 있습니다. 교육과정 고시문에도 "창의적 체험 활동"과 "안전한 생활"은 별도로, 내용 체계조차도 통합되지 못한 채 고시되어 있습니다.

"안전한 생활"은 "초등학교 1~2학년 학생들이 일상생활과 재난 상황에서 접하게 되는 위험을 알고 안전하게 생활하는 방법을 익혀 위험을 예방하고 위험 상황에 대처할 수 있는 능력을 기르는 데 중점"을 두는 창의적 체험 활동의 한 영역입니다. 그러나 처음부터 교과로 개발되어서 교과 이외의 활동인 창의적 체험 활동과 달리, 성취 기준과 교수·학습 및 평가의 방향, 교과서 및 지도서까지 개발되었습니다.

〈표15〉는 창의적 체험 활동의 내용 체계입니다. 네 가지 영역별로 활동이라는 하위 영역을 제시하고, 초,중,고등학교별 중점 사항 중 초등 관련 내용만 정리해서 제시하고 있습니다. 그러나 네 영역을 모두 편성할 필요도 없고, 각 영역별 활동으로만 편성할 필요도 없습니다. 1학년의 교과 교육과정과 연계하여 교수-학습을 이끄는 어린이 발달을 지원할 수 있는 다양한 프로그램으로 운영할 수 있습니다.

〈표16〉은 "안전한 생활"의 성취 기준입니다. 생활안전, 교통안전, 신변안전, 재난안전 네 개의 영역으로 구성되어 있고, 각 영역은 다시 두세 개의 하위 영역으로 구분되어 있습니다. 그러나 성취 기준 상의 네 영역은 2014년 11월 발표된 교육부의

표15 초등학교 창의적 체험 활동의 내용 체계

영역	활동	학교 급별 교육의 중점
자율 활동	•자치·적응 활동 •창의 주제 활동 등	•입학 초기 적응 활동, 사춘기 적응 활동 •민주적 의사 결정의 기본 원리 이해 및 실천 •즐거운 학교생활 및 다양한 주제 활동 •진로·진학과 관련된 전문 분야의 주제 탐구 수행
동아리 활동	•예술·체육 활동 •학술 문화 활동 •실습 노작 활동 •청소년단체 활동 등	•다양한 경험과 문화 체험을 통한 재능 발굴 •신체 감각 익히기와 직접 조작의 경험 •소속감과 연대감 배양
봉사 활동	•이웃돕기 활동 •환경보호 활동 •캠페인 활동 등	•봉사 활동의 의의와 가치에 대한 이해 및 실천
진로 활동	•자기 이해 활동 •진로 탐색 활동 •진로 설계 활동 등	•긍정적 자아 개념 형성 •일의 중요성 이해 •직업 세계의 탐색 •진로 기초 소양 함양

표16 초등학교 1~2학년 안전한 생활 성취 기준

영역		성취 기준	
생활 안전	학교에서의 안전생활	2안01-01	교실과 특별실에서 활동할 때 질서를 지켜 안전하게 생활한다.
		2안01-02	학용품의 위험 요인을 알고 안전하게 사용한다.
		2안01-03	운동장이나 놀이터에서의 위험 요인을 알고 안전하게 놀이한다.

3장 1학년 아이들은 무엇을 공부할까?

영역		성취 기준	
생활 안전	**가정에서의 안전생활**	2안01-04	가정에서 발생하는 사고의 종류를 알고 안전하게 생활한다.
		2안01-05	가정생활 도구의 안전한 사용법을 익힌다.
		2안01-06	응급 상황 발생 시 신고 등의 방법으로 주변에 알린다.
	사회에서의 안전생활	2안01-07	현장 체험 학습이나 캠핑 등 야외 활동에서의 위험 요인을 알고 사고를 예방한다.
		2안01-08	일상생활에서 접하게 되는 여러 가지 시설물의 위험 요인을 알고 안전하게 이용한다.
		2안01-09	공중위생을 지키기 위한 여러 가지 방법을 알고 생활에서 실천한다.
교통 안전	**보행자 안전**	2안02-01	신호등과 교통 표지판을 알고 바르게 길을 건넌다.
		2안02-02	신호등이 없는 거리에서의 위험 요인을 알고 안전하게 보행한다.
		2안02-03	골목에서 놀 때의 위험성을 알고 바르게 대처한다.
	자전거 자동차 안전	2안02-04	자전거를 탈 때 보호 장구를 착용하고 안전한 장소에서 탄다.
		2안02-05	자동차에서의 안전 수칙을 알고 실천한다.
		2안02-06	대중교통을 안전하게 이용하는 방법을 알고 실천한다.
신변 안전	**유괴·미아 사 고 예방**	2안03-01	낯선 사람이 접근할 때의 대처 방법을 알고 바르게 행동한다.
		2안03-02	미아가 되었을 때의 대처 방법을 안다.
	학교 폭력, 성 폭력, 가정 폭 력	2안03-03	집단 따돌림의 해로움을 알고 예방한다.
		2안03-04	학교폭력의 유형을 알고 대처한다.
		2안03-05	좋은 접촉과 나쁜 접촉을 구별하고 바르게 대처한다.
		2안03-06	가정폭력이 발생되었을 때 도움을 요청하는 방법을 안다.
재난 안전	**화재**	2안04-01	화재가 발생하는 요인을 알고 예방하는 생활을 한다.
		2안04-02	화재 발생 시의 대피 방법을 알고 안전하게 행동한다.
	자연재난	2안04-03	지진, 황사, 미세먼지 등의 위험성을 알고 상황 발생 시 대처 방법을 적용한다.
		2안04-04	계절에 따른 자연 재난 발생 시의 행동요령을 익혀 생활화한다

"안전교육 7대 영역 표준안" 중 약물·사이버 중독, 직업 안전, 응급처치 영역을 포함하고 있지 않습니다. 또한 성폭력 예방교육은 해마다 15시간 이상을 의무적으로 교육해야 함에도 신변안전의 1학년 성취 기준에서는 제외되었고, 해당 교과서에도 기술되지 않았습니다. 따라서 이런 부분과 관련해서는 교과 연계나 안전한 생활 교육과정 재구성 등을 통해 별도의 교육시간을 마련할 필요가 있습니다.

"창의적 체험 활동"과 "안전한 생활"의 어울리지 않는 조합은 실제 1학년 교육과정을 편성하는 과정에서도 불협화음을 초래합니다. 국가 교육과정 고시문처럼 따로 편성되고 따로 운영됩니다. 1학년 "안전한 생활" 성취 기준 중 생활안전, 교통안전, 신변안전 관련 내용은 3월 입학 초기 적응 활동 기간에 집중 편성을 해서 학교생활 적응 활동과 연계해서 운영하고, 재난안전 관련 내용만 화재 대피 훈련이나 재난 안전 한국 훈련과 연계해서 편성·운영할 수도 있습니다.

2학기에는 지자체별로 설립·운영 중인 안전체험관 현장학습을 통해 실제적인 재난안전 및 생활·교통안전, 응급처지 교육을 받을 수 있습니다. 그러나 안전 교육과 관련해서 가장 중요한 것은 별도의 교과를 통한 교육 외에 일상적인 학교생활과 연계해서 실제적인 안전 교육을 실시하는 깃입니다. 요즘처럼 하루가 멀다 하고 큰 사건 사고가 발생하는 위험사회에서는 안전 교육만큼 습관화가 필요한 게 또 있을까 싶을 정노입니다.

일상적인 안전에 소홀하지 않도록, '식별하기, 예방하기, 벗어나기, 알리기'를 생활화하고 체화할 수 있도록 해야 합니다.

교과 학습의 빈틈을 메우는 창의적 체험 활동

안전 교육이 일상생활 속에서 언제나 강조되어야 할 것이라면 창의적 체험 활동은 교과 학습과 연계하되 교과 학습의 빈틈을 메우는 역할을 할 수 있도록 해야 합니다. 인류의 역사에서 학교와 교사는 인간의 자연적 발달이 아닌 문화적 발달을 이끌기 위해서 인공적으로 만들어 낸 '문화'입니다. 고등동물의 세계에는 기록의 수단도 없지만, 학교도 없습니다. 학교에서의 수업은 "어린이 발달을 지지하고 심지어 이끌기 위해 의도적으로 고안된 것"[*]입니다. 이는 교과 수업이든, 비교과 수업이든 학교에서 이루어지는 모든 교육활동이 형식 교육과 비형식적 교육을 아우르는 방향으로 나가야 하는 이유입니다.

인간의 문해가 보편화되고 문화적 기능들이 첨단을 향해서 갈 때 학교의 교수-학습은 무엇을 지향해야 할까요? 교사가 아니어도 주변의 여러 성인이 이미 완성된 발달의 최종 형태로 존재하고 있고, 학교의 교사뿐 아니라 여러 교사를 아주 쉽게 만날 수 있는 오늘의 현실에서 학교에서의 교육활동이 의미

[*] 비고츠키, 수업과 수업 사이, p.173.

있다는 것은 무엇일까요? 아마도 많은 사람들이 우리 사회의 문화 제도들을 꼽을 것입니다. 의무 취학과 의무 교육을 규정한 법령과 제도는 한 사회의 규범적 삶의 양태를 유지하는 동시에 제한합니다. 그러나 이런 규범적 삶은 이미 많은 부분에서 해체되고 있고, 그 해체는 가속화되고 있습니다.

학교에 대한 도전은 이미 시작되었고, 다양한 실험학교들이 존재합니다. 실험학교임에도 '학교'라는 낱말을 사용하는 것은 학교가 공적 기관 여부와 상관없이 '인간의 발달과 문화화를 위한 곳'이라는 기능적 의미는 여전히 유효하기 때문일 것입니다. 그렇다면 우리는 여기에서 시작해야 합니다. '인간의 발달과 문화화'를 위해 초등학교 1학년 교실은 어때야 할까요? 형식적인 교과 수업과 비형식적인 쉬는 시간, 점심시간, 놀이 시간을 구분해서 접근해야 할까요? 오히려 형식적인 배움보다는 비형식적인 배움이 더 쉽게 내면화되며 더 강력하지는 않을까요?

학교의 교수-학습은 자연적으로 이루어지는 비형식적인 배움과 매우 효과적으로 사전에 계획되고 고안된 형식적인 수업 사이에 존재해야 합니다. 이 둘의 다리를 놓는 작업을 수행할 수 있어야 합니다. 창의적 체험 활동의 의미 역시 여기에서 찾아야 합니다. 범교과 학습이라는 명목으로, 각종 법률이 강제하는 의무 이수 교육 시간을 채우기 위한 수단으로 창의적 체험 활동이라는 교육활동을 전용해서는 안 됩니다. 형식 교육과 비형식 교육, 교과 학습과 비교과 학습, 학습과 생활, 배움과 실천을 서로 연결하여 길항작용이 가능하도록 해야 합니다. 교과 학습이라는 형식적인 배움이 자연적인 학습과 만났을 때 교사들은 학생들의 실제 발달 수준과 잠재적 발달 수준을 진단할 수 있습니다.

노래를 담은 시집

어린이 발달에서 문해는 핵심적인 기능을 합니다. 말 발달과 생각 발달의 노선은 둘이 분리되어 발생하지만 '의사소통'을 위한 말에서, 자기 자신에게 말하는 '혼잣말', 그리고 마음속으로 말하는 '내적 말'을 거쳐 생각 발달 노선과 결합하여 '말로 하는 생각'으로 질적 변이의 과정을 거칩니다. 말로 하는 생각을 통해 어린이는 자기 자신의 생각에 대해 생각하고 체험을 의미화할 수 있으며, 일반화를 넘어선 추상화라는 사고 기능을 발달시키기 때문입니다.

'말로 하는 생각'을 이끄는 과정에 필수적으로 등장하는 것이 글말입니다. 유아의 어떤 몸짓이 '가리키기'라는 지시적 기능을 획득하면서 의사소통적 기능을 얻게 되고, 이 몸짓은 입말로 분화되어 말 발달을 이끕니다. 이 몸짓은 다른 한편으로 놀이라는 새로운 기능으로 분화되고, 놀이는 그리기로 분화됩니다. 그리고 그리기는 글말 발달의 선先 역사가 됩니다. 우리는 흔히 읽기와 쓰기와 연결되어 있다고 생각하지만, 발생적 기원을 보면 쓰기의 발생적 기원은 그리기입니다. 즉, 내가 생각하는 것을 그리는 것에서 쓰기로 발달했다는 것입니다. 그러니 더 이상 "글은 잘 읽는데 글은 왜 못 쓰는지" 의아해 할 필요가 없습니다.

따라서 초등학교 1학년의 글말 학습과 발달은 읽기 다음에 쓰기로 진행되는 것이 아니라 읽기와 쓰기가 동시에 진행되어야 합니다. 그러나 현재 우리의 국어 교육과정과 교과서는 듣기, 말하기, 읽기, 쓰기의 영역별로 분화되었던 교과서는 통합되었지만 여전히 분절적으로 접근하고 있습니다. 자음과 모음에서 낱자, 낱자에서 낱말, 낱말에서 문장, 문장에서 글로 계층화하고 있으며, 동시에 이런 기능적 학습이 주를 이루다 보니 실제 함께 읽고 느낌을 나눌 텍스트가 1학기 교과서에는 거의 없습니다.

1학년 1학기 읽기 숙달은 매우 중요한 과업인데 짧은 그림일기 이상의 텍스트는 거의 없고, 문자는 대부분 '지시문'입니다. 이 간극을 해소하기 위해서 1학기에는 노래놀이를 자율활동으로 매주 1차시씩 편성하고 "노래를 담은 시집"이라는 책을 함께 만듭니다. 백창우 선

생님의 노래나 김희동 선생님의 노래집 등에서 봄, 여름, 가을, 겨울의 흐름에 맞는 노래, 어린이들의 마음을 표현한 노래, 동시에 붙인 노래 등을 선별합니다. 그리고 매주 한 곡씩 노래 가사를 인쇄해 나누어 줍니다.

아이들은 종합장 한쪽에 노래 가사를 풀로 붙입니다. 노래를 먼저 들려주기도 하고, 노래 가사를 시처럼 먼저 낭송하기도 합니다. 처음에는 선생님을 따라 읽고 나중에는 한목소리로 읽습니다. 그 다음에는 혼자서 읽습니다. 읽기 어려우면 아는 글자만 동그라미 치면서 읽으면 됩니다. 노래를 들어 보고, 시를 읽어 보고 난 느낌을 그 다음 페이지에 표현합니다. 그림을 그려도 되고, 만화로 그려도 되고, 글씨로 써도 됩니다. 아이들이

ⓒ권금상

초등학교 1학년 열두 달 이야기

선택한 결과는 아이들을 진단하는 중요한 도구가 됩니다.

한 주에 한 곡씩 시로 읽고 노래를 부르면서 "노래를 담은 시집"이 완성됩니다. 4월이 되면 매일 아침열기로 '노·담·시'를 합니다. 하루에 서너 명씩 돌아가면서 부르고 싶은 노래를 고르고 그 노래를 함께 부르는 것입니다. 통합 교과서에 제시된 노래는 너무나 주제 중심적인 제제곡들이라 학교생활 틈틈이 부르며 즐길 노래가 거의 없습니다. 창의적 체험 활동으로 이렇게 노래도 하고 놀이도 하면서 국어 교과와 통합 교과, 학교에서의 일상적인 삶은 연결됩니다.

생태 놀이

봄, 여름, 가을, 겨울 통합 교과의 대주제는 교과서 안의 활동으로만 가두어 둘 수 없는 주제입니다. '생태'라는 낱말은 인간이 지구라는 별에서 자연을 비롯한 모든 생명들과 어떤 관계를 맺으며 살아야 하는가를 배우고 깨닫게 해 주는 말입니다. 매우 익숙해진 이 낱말이 나무와 풀의 이름을 배우고 아는 것으로 이해되는 현상은 매우 안타깝습니다. 일상적인 개념에서 과학적인 개념으로 아직 발달하지 못한 탓이라고 생각합니다.

20년도 더 전에 생태 교육에 대해 여러 공부를 했습니다. 이름 모를 풀꽃의 이름을 알아가는 깃으로 시작했지만 그 후의 긴 시간은 생태 교육의 개념을 거기에 한정해서는 안 된다는 것을 배워 가는 과정이었습니다. '생태'의 개념은 국어, 수학, 통합 모든 교과 속에 있으며 결국 인간이 궁구해야 할 삶의 자세를 배우는 윤리적 나침반이 될 수 있다고 생각합니다. 그래서 우리 반 아이들을 데리고 아침마다 학교 화단을 산책하는 것으로 시작했습니다.

요즘은 점심을 먹기 위해 학교 식당으로 이동을 하면서 화단 산책을 합니다. 그러나 우리 반만 하는 것보다 1학년이 모두 함께 하는 것이 좋을 거 같아서 어떻게든 궁리를 해서 예산을 따 옵니다.

이전 근무 학교는 혁신학교여서 충분한 예산이 있었습니다. 현재 근무하고 있는 학교에서는 학교의 기본 예산에서 얼마의 지원과, 구청의 교육 경비 보조금의 얼마, 서울시 교육청의 공모 사업 예산을 보태서 생태 수업을 하고 있습니다.

한 반에 두 명의 생태 강사 선생님이 오십니다. 한 반을 두 모둠으로 나누어 10~12명의 아이들이 한 선생님과 2차시 블록 수업으로 생태 수업을 진행합니다. 격주로 한 번씩 하기에는 예산이 부족해서 학기당 세 번 정도 합니다. 그 정도만 해도 4월에 봤던 개구리 알이 5월에는 올챙이가 되어 있고, 어떤 놈은 벌써 뒷다리가 나와 있는 것을 볼 수 있습니다. 6월이 되면 풀밭에서 뛰는 작은 개구리를 볼 수 있습니다.

지난 4월에는 학교 뒷산에 나가 봄의 생명들을 찾아보고 물가에서 개구리 알과 도롱뇽을 찾아 관찰했습니다. 개구리 알이 올챙이가 되고 올챙이가 개구리가 된다는 걸 아이들은 다 알고 있습니다. 개구리 알이 서로 뭉쳐 있는 이유가 물살에 떠내려가지 않으려고 하는 것이라는 설명을 들었습니다. 그리고 개구리 알은 여러 산새들의 먹이가 된다고도 배웠습니다. 〈도란도란 봄동산〉이라는 단원에는 역할극이나 몸으로 표현하기가 나옵니다. 그래서 생태 수업에서 배운 이야기를 여러 가지 놀이로 만들어서 활용합니다. 다음은 그중 한 사례입니다.

ⓒ 김이주

개구리 알과 까치 놀이

먼저, 개구리 알을 하고 싶은 아이들과 까치를 하고 싶은 아이들을 나눈다. 개구리 알은 교실 한쪽에 서로 뭉쳐 있게 한다. 까치들은 교실 주변을 날아다니면서 탐색을 한다. 교사가 "땡" 종을 울리면 제한된 시간(5초) 동안 까치는 개구리 알을 잡을 수 있다. 서로 뭉쳐 있는 개구리 알 중에서 한 명을 떼어 내는 놀이다.

이 놀이는 "동아따기"라는 전통놀이에서 가져왔다. 시간이 끝나면 교사는 "땡땡" 종을 울리고 다시 까치들은 주변을 배회하면서 날아다닌다. 그렇게 세 번 정도 반복한다.

놀이가 끝나고 이야기를 나눈다. 까치한테 잡힐 뻔했는데 서로 꼭 안고 있어서 잡히지 않았다는 얘기도 있고, 까치가 너무 세게 잡아당겨서 아팠다는 이야기도 있지만 대세는 이 놀이를 또 하자는 것이었다. 그래서 한 번 더 한다.

처음에는 개구리 알을 하겠다는 아이들이 월등히 많았다. 그런데 두 번째 놀이에서는 까치를 하겠다는 아이들이 두 배 많았다. 그래서 이번에는 세 번 반복하는 동안 개구리 알을 하나도 잡지 못한 까치는 굶어 죽는다는 조건을 하나 더 추가했다.

결과는 개구리 알은 하나도 살아남지 못했고, 까치의 절반은 굶어 죽어야 했다. 개구리 알은 적은데 까치가 많으면 개구리 알도 살아남지 못하고, 개구리도 사라지고, 결국 까치도 먹을 게 없어서 사라지게 된다는 이야기를 나누었다. 그리고 역시나 "한

판 더!"를 외친다.

　그러사 아이들은 까치가 되고 싶어도 개구리 알을 선택했다. 그래야 놀이가 오랫동안 지속될 수 있다는 걸 깨달은 것이다. 물론 그래도 끝까지 자신은 까치만 하겠다고 하는 아이들도 있다. 아직 전체를 조망해서 생각하지 못하고 자기가 하고 싶은 것만 해야 하는 단계인 것이다. 지적 해결 단계 수준까지 올라가지 못하고 본능적 흥미와 조건반사적 반응에 머물러 있는 것이다. 그런 아이들의 다음 발달 영역은 어디가 되어야 하는지 교사들은 직관적으로 간파하게 된다.

　그 다음 날에는 개구리와 뱀 놀이를 했다. 개구리를 하고 싶은 아이들과 뱀을 하고 싶은 아이들로 나눴다. 전날의 교훈을 아이들은 기억하고 개구리의 개체수가 뱀보다 많아야 한다는 걸 깨달았던 아이들은 개구리가 되었다.

또 다음 날에는 뱀과 독수리 놀이를 했다. 이 날 역시 아이들은 뱀의 개체수를 더 많게 유지해야 하고 독수리가 뱀을 다 잡아먹으면 안 된다는 걸 잘 기억하고 놀이를 했다.

이 수업 경험을 〈비고츠키 연구회〉에서 나누었더니 켈로그 교수님은 왜 최상위 포식자인 인간이 없느냐고 물음을 던지셨습니다. 그래서 다음에는 인간을 넣어 놀이를 해 보았습니다. 인간 역할은 교사인 내가 했습니다. 그 결과 인간의 힘을 당할 개구리 알도, 개구리도, 까치도, 뱀도, 독수리도 없다는 것을 확인할 수 있었습니다. 그리고 우리가 나눈 이야기는 '인간의 힘을 어떻게 써야 하는가?' 였습니다.

독서 체험 활동

독서 체험 활동은 1학년용 "온책 읽기"라고 생각하면 됩니다. 1학기 말(7월)과 2학기 말(12월)에 한 주 동안 하루에 책을 한 권씩 읽고 그 책과 관련된 여러 주제 통합 학습을 시도해 보는 활동입니다. 그림책을 중심으로 하기 때문에 하루에 2차시 편성을 하는데 3차시까지 운영해야 하는 경우도 있습니다. 1학년 교사들이 함께 책을 선정하고, 각 책마다 함께 할 수 있는 활동을 구안합니다.

책은 한 학급 어린이들이 모두 읽을 수 있게 25권 이상 구입합니다. 한 번 준비해 두면 1학년이 해마다 쓸 수 있습니다. 책을 구입할 예산은 어떻게든 만들어 냅니다. 어떤 경우에는 1학년 교육과정 운영비로, 부족하면 학급 운영비를 충당하거나 이런저런 지원 사업 예산으로 구입했습니다. 가장 손쉬웠던 경우는 학교 예산 중 도서 구입비를 활용하는 것입니다. 도서 선정 위원회에서 논의를 통해 한 번 구입하면 매년 1학년이 사용할 수 있다는 것을 강조해서 1학기 6종, 2학기 6종의 책을 마련할 수 있었습니다.

7월 즈음이면 이제 아이들의 읽기가 어느 정도 숙달되어야 하는 시기입니다. 숙달의 정도는 텍스트의 주제나 내용, 길이와 형식 등에 따라 다르겠지만 1학년 국어 교과의 주 텍스트인 문학 작품과 생활글 정도입니다.

6월 문장 만들기 활동을 하면서 '하루 십 분 소리 내어 책읽기' 가정 학습 과제를 냅니다. 아이들은 그날 읽은 책 제목을 표에 적어서 일주일 단위로 담임교사에게 확인을 받습니다. 그렇게 4~6주를 운영합니다. 더듬거리면서 읽던 아이들도 확연하게 진보하는 걸 확인할 수 있습니다. 비고츠키는 "최적 학습을 위한 발달의 최적기(최대기)가 존재한다"고 했는데, 한글을 너무 일찍 가르치는 것도, 시기를 놓쳐 버리는 것도 올바른 아동학적 접근은 아니라는 것을 아이들을 보면서 매번 확인합니다.

그렇게 읽기 숙달의 열매를 매일 한 권씩 다 같이 읽고 흥미로운 체험을 해 보는 독서 체험 주간을 통해 거두는 셈입니다. 하루에 한 권씩 반별로 책을 돌려 읽으면서 독서 체험 주간을 운영합니다. 먼저 아이들에게 책을 읽도록 나누어 줍니다. 책 표지와 작가를 소개해 주고 각자 읽어 보도록 시간을 줍니다. 그 다음엔 교사가 읽어 주고, 그 다음에는 서로 번갈아 가면서 읽거나 큰따옴표가 되어 있는 부분만 학생들이 읽거나, 서로 돌아가면서 한 문장씩 읽을 수 있습니다. 그리고 돌아가면서 느낌이나 소감을 말해 보거나 가장 재미있는 장면을 말해 보거나 어려운 낱말이 있으면 무엇인지 찾아보는 등 그 책에 맞는 대화를 주고받습니다.

《개구리네 한솥밥》을 읽고 사슬처럼 이어져 가는 이야기의 흐름을 따라 해 보고 등장인물 캐릭터를 그려 볼 수도 있습니다. 《겁쟁이 빌리》를 읽고 나만의 걱정 인형을 그리거나 만들어서 가방에 매달아 줄 수도 있습니다. 《오른발 왼발》을 읽고 할아버지나 할머니께 편지를 써 볼 수도 있고, 《종이 봉지 공주》를 읽고 협동화로 종이봉지 옷을 만들어 볼 수도 있습니다. 《아무도 모를 거야 내가 누군지》를 읽고 마음에 드는 탈을 그려 보거나 내가 써 보고 싶은 탈을 그려 볼 수도 있습니다. 《공기》를 읽고 비닐봉지에 공기를 담아 부풀려서 묶은 다음 치면서 놀아보는 활동도 하고, 빨대로 스티로폼 공을 불어서 간이 축구 게임을 할 수도 있습니다. 숨을 들이마셔서 빨대에 스티

초등학교 1학년 열두 달 이야기

로폼 공이 붙어 있게 했다가 훅 불어서 멀리 보내는 놀이를 할 수도 있습니다.

2학기 12월에는 《가장 멋진 크리스마스》를 읽고 쓰고 남은 색종이나 학습 준비물을 가지고 성탄 트리를 만들 수도 있고, 《깃털 없는 기러기 보르카》를 읽고 보르카에게 편지를 써 보거나 보르카에게 종이 털옷을 입혀 주는 활동을 할 수도 있습니다. 《다다다 다른 별》을 읽고 나는 어느 별에서 왔고 어느 별로 가고 싶은지를 동그란 색종이에 표현할 수도 있습니다. 《까막나라에서 온 삽사리》를 읽으면서 우리 신화의 맛을 보고 청룡, 백호, 주작, 현무 캐릭터를 만들어 볼 수도 있습니다. 《팥죽 할머니와 호랑이》를 읽고 동지와 동지 팥죽 이야기도 나누고,

나무젓가락에 캐릭터를 만들어 붙이거나 인형극을 만들어 볼 수도 있습니다.

1학년 교육과정과 어린이 발달에 맞는 그림책은 무궁무진하고, 그런 그림책을 선택해서 할 수 있는 활동도 너무나 많습니다. 이런 활동을 국어 교과 시간에 하기에는 역부족이기 때문에 창의적 체험 활동의 자율 활동으로 편성해서 운영합니다. 지루한 듯 길어지는 학기말의 시간들이 역동적인 배움의 시간이 될 수 있습니다.

생일 카드

생일은 우리에게 무슨 의미일까요? 이미 충분히 축하를 받는 아이들에게 별도의 생일 축하를 학교에서 또 해 줄 필요가 없다고 생각하던 시절이 있었습니다. 그런데 충분히 축하를 받지 못하는 아이들도 있으며, 몇몇이 모여서 하는 생일 파티에 참석하지 못해서 속상해하는 아이들도 있다는 걸 깨닫게 되면서 생일마다 생일 카드를 쓰고 생일 노래를 불러 주는 시간을 갖습니다.

해마다 3월, 우리 반 아이들 명단을 받으면 가장 먼저 하는 일이 탁상 달력에 아이들의 생일을 기록하는 것입니다. 생일날 아침이 되면 오늘이 누구의 생일이라는 것을 알리고 작은 색종이를 모두에게 나누어 줍니다. 나도 생일인 아이를 위해 축하의 카드를 쓰고, 우리 반 아이들도 모두 축하 카드를 씁니다.

카드는 글로만 쓸 수 있는 게 아니니까 그림으로 그려도 됩니다. 생일인 아이는 부모님께 감사의 카드를 씁니다.

아이들은 카드를 쓰기 전에 "개똥아, 너 뭐 좋아해?", "게임 좋아해?", "고양이 좋아해?" 등등을 물어보면서 그 친구가 좋아하는 걸 그림으로 그려 줍니다. 카드를 쓰는 색종이를 고르면서도 "무슨 색 좋아해?"를 먼저 물어봅니다. 그러니 아이들이 자기중심적이라는 말은 잘못된 선입견이 아닐까 싶습니다. 자기중심적이라는 말의 뜻을 이기적이라는 것으로 해석해도 곤란합니다. 초등학교 1학년 아이들이 지각하고 이해하는 방식이, 그걸 표현하는 방식이 우리 어른들과 다를 뿐입니다.

그렇게 쓴 카드를 모아서 카드 책을 만듭니다. 한 장씩 반을 접어서 계속 이어 붙이면 됩니다. 시간이 좀 걸리지만 그냥 낱장으로 주는 것보다 충분히 의미 있습니다. 점심을 부지런히 먹고 작업을 해야 하지만 이 생일 책을 보고 또 보고 열어 보고 또 읽어 본다는 얘기를 들으면 그런 수고는 수고롭지 않게 여겨집니다. 표지 그림을 그리고 책등에 마스킹 테이프를 붙이면 완성입니다.

모든 수업이 끝날 즈음, 생일인 친구를 앞으로 부르고 생일 책을 건네줍니다. 그리고 어떤 노래를 생일 선물로 받고 싶은지 물어봅니다. 그 친구가 부르고 싶은 노래를 다 같이 힘차게 불러 줍니다. '교가'를 부르고 싶다는 아이도 있습니다. 그리고 노래를 마치면 "개똥아, 생일 축하해"를 외칩니다. 생일을 맞은 아이는 "고마워" 정도의 말을 건넵니다.

생일 카드를 쓰는 과정은 글말의 기원이 그리기라는 것을 확인하는 과정이기도 합니다. 글쓰기에 능숙한 아이들은 그리기보다 글로 쓰는 게 더 편하고 좋습니다. 그림만 그리라고 하면 오히려 힘들어합니다. 말주머니를 넣어 만화로 그리거나 줄글을 쓰거나 하는 것도 아이들의 선택입니다. 그래서 읽기가 매우 더딘 아이도 "생일 축하해"는 쓸 수 있게 됩니다. 글쓰기가 익숙하지 않아도 괜찮습니다. 쓰고 싶은 말이 있으면 "낱말 수첩"을 가지고 나와서 어떻게 쓰는지 물어보면 되기 때문입니다.

그날을 어찌나 기다리는지, 일주일 전부터 "선생님, 내 생일 알아요?" 물어보며 확인하는 아이도 있고, "내 생일은 방학인데……."를 되뇌며 몇 번이나 잊지 말라고 하는 아이도 있습니다. 걱정 말라고, 방학 전에 미리 해 준다고 해도 걱정이 되나 봅니다. 생일 카드를 쓸 때마다 "선생님 생일은 언제예요?"를 물어보는 아이도 있습니다. 생일이 되면 알려 준다고 합니다. 학년말이 되면 아이들에게 선생님이 너희들에게 생일 편지 써 주었던 것처럼 너희들도 선생님에게 편지를 써 달라고 합니다. 그럼 아이들은 "선생님, 좋아하는 게 뭐예요?", "무슨 차 좋아해요?", "좋아하는 과일이 뭐예요?"를 끝도 없이 물어봅니다.

지능정보화 사회와 초연결 사회를 사는 우리에게 학교가 존재하는 이유는 무엇일까요? 학교에서의 학습이 의미 있는 이유는 무엇일까요? 초등학교 1학년 아이들에게 돌봄 이상의 무엇이 필요한 것일까요? 학교는 보육 기관이 아니라 교육 기관이 맞을까요? 지난 몇 년의 경험은 이런 묵직한 질문에 답을 찾는 과정이었습니다.

나는 그 답을 비고츠키의 인간 발달에서 찾고 있습니다. 찾았다고 말하기는 어렵습니다. 여전히 찾고 있는 중입니다. 비고츠키가 그의 저작과 강연, 실험과 연구를 통해 발달해 갔듯이, 우리도 학교에서의 실천과 진단, 공부와 성찰을 통해 발달해 가기를 바라는 마음으로 말입니다.

함께 발달하며 공존하는
교실 생태계를 위하여

교실의 삶은 해마다 반복되는 일상 속에 계절에 걸맞게 씨앗을 뿌리고 꽃피우고 갈무리하고 돌아볼 것들이 끝없이 이어지는 농사짓기와 같습니다. 10월쯤 되면 1학년 교실은 그야말로 놀이판이 벌어집니다. 모든 것이 낯설었던 3월은 이미 옛이야기가 되어 기억조차 남아 있지 않고 도대체 오늘은 무엇을 하고 놀까 온갖 궁리들이 펼쳐집니다.

1999년 처음 발령을 받았을 때 2학년 우리 반은 42명이었습니다. 책상을 다닥다닥 붙여 놓으면 앞뒤 공간과 통행할 수 있는 자리가 겨우 나는 그런 곳이 '교실'이었습니다. 2019년 1학년 우리 반은 22명입니다. 책상을 둥글게 원으로 둘러놓으면 교실 가운데는 다양한 변신이 가능한 원형극장 같은 공간이 탄생합니다. 그 자리에서 우리는 여러 가지 놀이도 하고, 책도

읽고, 뒹굴거리기도 합니다.

아이들이 서로 낯선 3월에는 손가락의 힘도 키울 겸 실뜨기 놀이를 알려 줍니다. 꼭 둘씩 해야 하는 놀이니까 누군가가 제안을 하고 누군가는 그 제안을 받아야 합니다. 유치원을 같이 다녔다거나 이미 아는 사이라면 모르지만 "우리 실뜨기 같이 할래?" 제안하는 것은 큰 용기가 필요한 일입니다. 처음엔 어려웠지만 지금은 거리낌 없이 "같이 하자"고 할 수 있습니다. 그렇게 되기까지 교실 앞자리에는 실뜨기용 실 11개가 언제나 걸려 있습니다. 물론 책도 읽고, 그림도 그리고, 색종이도 접고, 선택지는 다양합니다.

5교시 수업을 견녀야 하는 4월이 되면 새로운 놀이와 도전이 필요합니다. 우유팩으로 딱지 만드는 법을 알려 줍니다. 우유팩을 씻어서 말리고 자르고 접는 과정이 처음에는 절대 쉽지 않습니다. 당연히 교사의 도움이 필요합니다. 그러나 익숙해진 다음부터는 알아서 스스로 하거나 친구들끼리 서로 도와가면서 딱지를 만듭니다. 교실에서는 언제나 틈만 나면 딱지놀이가 펼쳐집니다. 색깔펜을 갖고 딱지에 색칠을 하며 알록달록 꾸미는 일에도 언제나 열심입니다. 그러다 누군가가 딱지를 돌려 봅니다.

"우와!"

"야, 이것 좀 봐!"

아이들의 탄성이 들려옵니다. '피젯스피너'를 갖고 놀아 본 경험이 있는 아이들은 너도 나도 딱지 돌리기에 매진합니다. 정사각형 딱지에 색깔과 무늬를 어떻게 입히느냐에 따라 다른 세상이 펼쳐지는 것을 황홀하게 바라봅니다. 나도 신기해하면서 동영상을 찍어 줍니다. 그러면 어디선가 누군가가 가위질을 하기 시작합니다. 정사각형 딱지에 날개를 붙이거나 딱지를 서너 개씩 연결을 해서 새로운 팽이를 만들어 냅니다. 그리고 이제 딱지치기가 아니라 팽이 싸움을 시작합니다. 피젯스피너 배틀을 모방하는 것이지만 아이들의 경험의 경로가 이렇게 새로운 상황을 만드는 것을 막을 이유는 없습니다. 딱지가 피젯스피너로 변신하는 과정은 작년에도 그랬고 올해도 그랬고. 아이들 중 누군가가 그렇게 찾아내었습니다. 교사인 나는 한걸음

떨어져서 놀이의 변신을 지켜보고 기록할 뿐입니다.

딱지와 팽이놀이 열기는 1학기가 끝나도록 식지 않습니다. 딱지는 바둑돌로 변신, 교실 바닥은 바둑판으로 변신해서 딱지 알까기 놀이가 됩니다. 덧셈과 뺄셈 놀이를 위해 교실 바닥에 마스킹 테이프로 만들어 놓은 가로 세 칸, 세로 두 칸으로 된 사각형에서 딱지를 놓고 알까기를 하기 시작하더니, 며칠 지나니까 그 중 한 칸은 '바다'라고 하고, 다른 한 칸은 '지옥'이라고 하면서 스스로 규칙을 만들어 냅니다. 바다나 지옥에 빠지면 죽는다고 하면서 그 아슬아슬함을 즐깁니다.

그러나 3×2 사각형은 교실 가운데 하나밖에 없었습니다. 아이들은 서로 그 사각형을 차지하고 싶어했습니다. 언제나 그렇듯 1학년 교실이든 6학년 교실이든 목소리가 큰 아이들은 존재하고 그 아이들이 그 사각형 사용을 주도했습니다. 그랬더니 몇몇 아이들은 '한줄 따먹기'라는 놀이를 만들어 냈습니다. 교실 한 쪽에 아이들에게 출발선의 의미로 붙여 두었던 빨간색 마스킹 테이프 양 끝에 딱지를 놓고 손가락으로 딱지를 튕기는 것입니다. 그렇게 조심조심 조금씩 앞으로 전진해서 상대방 딱지를 그 줄에서 떨어지게 하면 이기는 놀이를 만들어 낸 것입니다.

아이들은 언제나 새로운 것에 환호합니다. 딱지로 팽이 돌리기에서 딱지로 알까기 놀이로 진화했듯이, 다시 한 줄 따먹기 놀이가 대세가 됩니다. 그럼 나는 두 줄이었던 빨간 줄을 교실

바닥에 더 만들어 줍니다. 하나뿐인 사각형 알까기 판보다 여섯 개가 있는 한 줄 따먹기는 누구나 하고 싶으면 참여하는 놀이가 되고, 사각형 알까기 판에는 다른 아이들이 들어오게 됩니다.

이쯤 되면 우유팩으로 만든 딱지가 100개가 넘는 아이들도 있고, 몇몇 아이들의 사물함은 딱지를 만들려고 씻어 놓은 우유팩이 차고 넘치기도 합니다. 그러니 아이들은 우유팩 씻으랴, 딱지 만들랴, 딱지에 그림 그리랴, 그 많은 딱지를 정리하랴 언제나 놀이로 바쁩니다. 이제 너무 익숙해진 아이들 얼굴에서는 학교라는 공간이 주는 불편함이나 쉬는 시간과 수업 시간 구분이 주는 긴장 자체는 완전히 사라진 것처럼 보입니

초등학교 1학년 열두 달 이야기

다. 그럼, 나는 좀 더 규칙이 다양한 몇 가지 놀이를 제안합니다. 오목, 알까기, 사방치기, 체스, 장기, 할리갈리 같은 여러 보드게임 같은 것들입니다. 언제나 확인하게 되는 것은 이런 놀이들도 아이들과 함께 진화하여 전혀 새로운 놀이 규칙들을 만들거나 놀잇감을 변형해서 논다는 것입니다.

알까기에 매진하는 서너 명의 남자 아이들이 있었습니다. 알까기 판으로 쓰던 바둑판의 경첩이 떨어져 버렸습니다. 선생님이 이걸 고쳐 줄 수는 없다고 했더니 아이들은 반쪽짜리 판을 그냥 붙여서 알까기를 하기 시작했습니다. 그 다음날 보니까 그 알까기 판은 T자 모양으로 변신해 있었습니다. 또 며칠 후에는 십자가 모양으로 엇갈려 놓고 놀이를 하더니, 그 다음에

는 아래판과 위판 사이에 필통을 끼워서 층 높이를 두고 놀이
를 하고 있었습니다. 놀이판이 변신할 때마다 규칙은 달라지고
그 규칙에 대해 서로 합의를 했습니다. 나의 도움은 거의 필요
없었습니다.

20년 넘게 교실살이를 이어 가면서 언제나 확인하는
것은 결핍이야말로 창조의 원천이 된다는 것입니다.
그래서 가끔 나는 '놀잇감 없이 노는 시간'을 정해 주
기도 합니다. 처음에는 뭘 하고 놀아야 할지 몰라 우왕좌왕하
는 것처럼 보입니다. 그런데 그 다음에는 놀라운 일이 펼쳐집
니다. 주사위와 연필을 갖고 모의 하키 놀이를 합니다. 처음에

초등학교 1학년 열두 달 이야기

는 책상 위에서 하다가 주사위가 자꾸 떨어지고 불편하니까 그 다음에는 교실 바닥으로 내려와서 합니다. 그랬더니 주사위가 제멋대로 굴러가니까 다리를 서로 벌려서 이어놓고 합니다. 경계를 만드는 것입니다.

어떤 아이는 이면지 종이를 갖고 쓱싹쓱싹 가위질을 합니다. 자르고 붙이고 색칠하고 하더니 타노스의 반지가 박힌 팔을 만들어 냅니다. 그 후 며칠 동안 우리 반 아이들은 타노스의 반지 팔 만들기에 열중했습니다. 어떤 아이는 이면지를 이어 붙여서 직접 놀이판을 만들었습니다. 지도를 그려서 따라가며 원정 게임을 하는 것인데 지도는 계속 확장되었고 놀이에 참여하거나 놀이를 따라 하는 아이들도 늘어났습니다. 모두 자기 캐릭터를 그려서 참여합니다. 이 놀이는 계속 진화 중입니다.

2012년의 일입니다. 학교 놀이터 안전 점검을 받았는데 시소, 미끄럼틀, 정글짐이 모두 불합격 판정을 받았습니다. 사용 금지 팻말과 붉은 출입 금지선이 만들어졌고, 며칠 후 포크레인 같은 중장비들이 들어와 시소와 미끄럼틀과 정글짐을 뽑아 갔습니다. 휑한 놀이터에는 모래밖에 없었습니다. 다음 날, 아이들은 돌멩이를 주워 오고 나뭇가지를 주워 오더니 땅을 파기 시작했습니다. 호수를 만든다고 물을 퍼다 붓더니 다음 날에는 강을 만든다고 호수와 호수를 연결하는 물길을 파기 시작했습니다. 거의 보름에 걸려 아이들은 거대한 강과 호수의 미로를 만들어 냈습니다.

우리 아이에게 충분하게 모든 것을 다 해 주지 못한다고 자책하지 않아도 됩니다. 모든 것은 완벽할 수 없고 완벽하다고 해서 모든 것이 잘 되지도 않습니다. 부족한 가운데 문제를 해결해 가는 창의적 방법이 나오고, 결핍을 느끼며 그에 대한 대체물을 찾아가는 것이 인간입니다. 유전만으로도, 환경만으로도 인격은 완성되지 않으며 주어진 조건에 대한 우리 자신의 주체적인 대응으로 완성되는 것입니다.

교실이라는 공간은 이렇게 서로 다양한 결핍을 지닌 아이들이 만나 교사와 함께 서로 배우며 결핍을 채워 가는 발달의 이야기가 가득한 곳입니다. 무균 상태의 완결한 평화의 지대가 아니라 다양한 균들이 우글거리는 가운데 다투고 상처 입고 상처 입히면서 삶의 면역력을 키워 가는 공간이기도 합니다. 교사는 오늘의 실수를 통해 내일의 도약을 예비하는 존재입니다. 우리 아이들도 마찬가지입니다. 오늘의 부족함은 내일의 충만함을 위한 원천입니다.

이 책《초등학교 1학년 열두 달 이야기—교사와 학부모를 위한 교실 생태계 안내》는 모두 내 어제의 실수와 부족함이 어떻게 오늘의 도약과 충만을 만들어 왔는지를 기록한 것입니다. 이 역시 어제의 실수와 부족함의 기록이 될 수 있는 것은 나는 오늘도 배우며 성장하고 있기 때문입니다.

평생을 가르치고 배워야 하는 존재인 '교사'로 살면서 오늘

의 이 글쓰기를 통해 더 나은 내일로 나아갑니다. 그 길에 함께
해 주셔서 감사합니다.

2019년 12월
교사 한희정

참고 문헌

곽병선 외(2009). 미래형 교육과정 방향 및 실행체제 개발 조사연구. 교육과학기술부 정책연구보고서.

교육부(2015-a). 초등학교 교육과정. 교육부 고시 제2015-74호 별책 2. 일러두기.

교육부(2015-b). 초등학교 교육과정. 교육부 고시 제2015-80호 별책 2 (교육부 고시 제2015-74호의 부칙개정).

교육부(2017-a). 초등학교 국어 1학년 1학기 교사용 지도서.

교육부(2017-b). 초등학교 국어 1학년 2학기 교사용 지도서.

교육부(2017-c). 초등학교 수학 1학년 1학기 교사용 지도서.

교육부(2017-d). 초등학교 수학 1학년 2학기 교사용 지도서.

교육부(2017-e). 초등학교 교사용 지도서 1-1: 바른 생활, 슬기로운 생활, 즐거운 생활.

교육부(2017-f). 초등학교 교사용 지도서 1-2: 바른 생활, 슬기로운 생활, 즐거운 생활.

교육부(2017-g). 안전한 생활 초등학교 교사용 지도서.

교육부(2018). 학부모회 활성화 기본계획: 학부모가 함께 키우는 교육 민주주의. 교육부 지방교육자치강화추진단.

권점례 외(2016). 2015 개정 교육과정에 따른 초중학교 수학과 평가 기준 개발. 연구보고 CRC 2016-2-6. 한국교육과정평가원.

김은영 외(2018). 초·중학교 학부모의 학부모회 인지도 및 참여 관련요인 분석. 학습자중심교과교육연구. 18(16). pp.509~525.

김인태 외(2017). 부모와 교사의 평정에 기반한 학생 정서·행동특성 검사에 대한 인식 조사. 소아청소년정신의학, 28(4). pp.260~267.

박경선 외(2016). 2015 개정 교육과정에 따른 초등학교 통합교과 평가 기준 개발. 연구보고 CRC 2016-2-13. 한국교육과정평가원

비고츠키, 데이비드 켈로그, 배희철, 김용호 역(2011). 생각과 말-심리학적 탐구. 서울:살림터.

비고츠키. 비고츠키연구회 역(2012). 도구와 기호-어린이 발달. 서울:살림터.

비고츠키. 비고츠키연구회 역(2013). 어린이 자기행동숙달의 역사와 발달 I. 서울:살림터.

비고츠키, 비고츠키연구회(2014). 어린이 자기행동 숙달의 역사와 발달Ⅱ. 서울:살림터.

비고츠키, 비고츠키연구회 역(2015). 성장과 분화-비고츠키 아동학 강의Ⅰ. 서울: 살림터.

비고츠키, 비고츠키연구회 역(2016). 연령과 위기-비고츠키 아동학 강의Ⅱ. 서울: 살림터

비고츠키, 비고츠키연구회 역(2017). 의식과 숙달-비고츠키 아동학 강의Ⅲ. 서울: 살림터.

비고츠키. 마이클 콜 외 편, 정회욱 역(2009). 마인드 인 소사이어티. 서울:학이시습.

비고츠키연구회(2016-a). 수업과 수업 사이-비고츠키 근접발달영역, 교실 속 진단 도구. 서울:살림터.

비고츠키연구회(2016-b). "비고츠키의 교육심리학은 무엇인가?". 진보교육 62호. 서울: 진보교육연구소.

비고츠키연구회(2017). "비고츠키 아동학강의3 『의식과 숙달』: 비고츠키의 마지막 강의, 아동학적 발달영역으로서의 근접발달영역", 진보교육 65, 서울:진보교육연구소.

서울시교육청(2019). 2019 학생 정서·행동특성 검사 및 관리 매뉴얼.

엄훈(2012). 학교속의 문맹자들. 우리교육

유안진(1990). 한국 전통사회의 유아교육. 서울: 서울대학교 출판부

이미경 외(2016). 2015개정교육과정에 따른 초·중학교 교과 평가 기준개발연구(총론). 연구보고 CRC 2016-2-1. 한국교육과정평가원. p.24.

이오덕(2010). 민주교육으로 가는 길. 고인돌.

장경주(2019). 한국의 교사들은 어떻게 동원되는가. 2019 교사들의 업무실태 조서결과 보고서. 서울교사노동조합.

초등교육과정연구모임(2013). 성장과 발달을 돕는 초등교육과정 길라잡이. 전국교직원노동조합 초등위원회.

한희정(2013-a). 이야기도 아닌 스토리텔링? 오개념 양산하는 교과서. 수학 사교육 고통 해결을 위한 대책 마련 2차 토론회 자료집. 사교육걱정없는세상.

한희정(2013-b). 1학년 교실에서 발달과 교수학습. 제12회 전국참교육실천대회 비고츠키 분과 자료집. 전국교직원노동조합.

한희정(2014). 1학년 교과서, 빛 좋은 개살구? 2011개정교육과정에 따른 1학년 교과서 분석. 제13회 전국참교육실천대회 초등교육과정 분과 자료집. 전국교직원노동조합.

한희정(2015-a). 제대로 놀아보면 알게 되는 것들. 민들레 99호. 서울:도서출판 민들레.

한희정(2015-b). 혁신학교 효과. 서울:맘에드림.

한희정(2015-c). 초등학교 1학년 우리말 교육, 무엇이 문제이고, 어떻게 할 것인가. 2015 교육과정 연속 토론회-초등 국어교육과정 개정 토론회 자료집. 사교육걱정없는세상.

한희정(2015-d) 평가의 전문성과 역량 강화. 전국 초등 참실 연수 평가 역량 강화 자료집. 전국교직원노동조합 초등위원회.

한희정 외(2016). 성장과 발달을 돕는 초등평가혁신. 서울:맘에드림.

한희정(2016). 생활교육으로서의 청소. 민들레 106호. 서울:도서출판 민들레.

한희정(2017). 입문기 문자 교육의 지난함과 생생함. 민들레 114호. 서울:도서출판 민들레.

한희정(2018-a). 학교의 사회적 기능을 다시 생각하며. 민들레 116호. 서울:도서출판 민들레.

한희정(2018-b). 돌봄 문제, 학교가 해결할 수 있는가. 민들레 119호. 서울:도서출판 민들레.

한희정(2019). '선생님'과 '쌤' 사이. 민들레 121호. 서울:도서출판 민들레.

현광일(2017). 교사와 부모를 위한 발달교육이란 무엇인가?. 서울:살림터